Ihre Arbeitshilfen zum Download:

Die folgenden Arbeitshilfen stehen für Sie zum Download bereit:

Tabellen:
- Mietminderungstabelle

Musterbriefe:
- Unerheblichkeit des Mangels
- Kenntnis des Mangels bei Vertragsabschluss
- Schadensverursachung durch den Mieter
- Schäden durch falsches Wohnverhalten
- Mieter vereitelt Erhaltungsmaßnahmen
- Mietminderung bei energetischer Modernisierung
- Ankündigung einer Besichtigung

Gesetze:
- Energieeinsparverordnung 2014
- Heizkostenverordnung

und viele mehr...

Den Link sowie Ihren Zugangscode finden Sie am Buchanfang.

Mietminderung und Mietmängel

Birgit Noack
Martina Westner

Mietminderung und Mietmängel

Praxiswissen für Vermieter

Birgit Noack
Martina Westner

1. Auflage

Haufe Gruppe
Freiburg · München

Bibliografische Information der Deutschen Nationalbibliothek
Die Deutsche Nationalbibliothek verzeichnet diese Publikation in der Deutschen Nationalbibliografie; detaillierte bibliografische Daten sind im Internet über http://dnb.dnb.de abrufbar.

Print ISBN: 978-3-648-05039-2 Bestell-Nr. 06766-0001
EPUB ISBN: 978-3-648-05040-8 Bestell-Nr. 06766-0100
EPDF ISBN: 978-3-648-05041-5 Bestell-Nr. 06766-0150

Birgit Noack, Martina Westner
Mietminderung und Mietmängel
1. Auflage

www.haufe.de
info@haufe.de
Produktmanagement: Jasmin Jallad

Lektorat: Cornelia Rüping, 81245 München
Satz: Reemers Publishing Services GmbH, 47799 Krefeld
Umschlag: RED GmbH, 82152 Krailling
Druck: fgb – freiburger graphische betriebe, 79108 Freiburg

Inhaltsverzeichnis

Einleitung

Das Mietverhältnis stellt ein Dauerschuldverhältnis dar. Die Mietparteien sind auf kürzere oder längere Zeit vertraglich miteinander verbunden. Während der Dauer des Mietverhältnisses kann es zu mehr oder weniger starken Veränderungen der Mietsache oder der Wohn- und Nutzungsverhältnisse kommen, sei es durch Eingriffe des Mieters, des Vermieters oder durch Dritte. Daneben können Immissionen, zum Beispiel Lärm, Staub oder Strahlung, den Gebrauchswert der Mieträume und das Wohlbefinden der Mieter beeinflussen, ohne dass an der Bausubstanz der Mietsache Änderungen festzustellen sind. Bauliche Veränderungen oder Beschädigungen am Mietobjekt können ebenfalls dazu führen, dass das Verhältnis der Vertragsparteien negativ beeinflusst wird, zum Beispiel durch eine Baustelle.

Die Frage, ob die Mietsache mangelhaft ist und der Mieter daraus Gewährleistungsrechte herleiten kann, birgt in der Mietberatungspraxis ein hohes Konfliktpotenzial. Ist nämlich ein Mangel an der Mietsache vorhanden, so trifft den Vermieter grundsätzlich die Instandhaltungspflicht, während der Mieter neben dem Anspruch auf Mängelbeseitigung meist Gewährleistungsrechte geltend machen kann. Als Gewährleistungsrechte des Mieters kommen Mietminderung, Schadens- und Aufwendungsersatzansprüche oder auch der Ausspruch einer außerordentlichen Kündigung in Betracht.

Das vorliegende Fachbuch befasst sich daher schwerpunktmäßig mit den Fragen:

- Wann liegt ein Mangel vor?
- Steht dem Mieter ein Minderungsrecht zu?
- Welche Rechte und Pflichten hat der Vermieter?

Das Buch gibt hierauf umfassend Antwort und orientiert sich dabei an zahlreichen Fällen aus der Praxis. Berücksichtigt werden selbstverständlich die aktuelle Rechtsprechung und Gesetzgebung. Die Arbeitshilfen online leisten darüber hinaus praktische Unterstützung.

München, Mai 2014
Birgit Noack und Martina Westner

z.B. 250,– € i. WAV →
BGH hat nicht/noch nicht entschieden;
wohl nicht b. WAV mgl.;
bei GAV wohl schon!

1 Mangelbegriff

Die Geltendmachung von Gewährleistungsrechten knüpft an das Vorliegen eines Mangels an der Mietsache an. Die rechtliche Beurteilung und Behandlung eines Sachverhalts hängt daher maßgeblich davon ab, ob das Bestehen eines Mangels bejaht werden kann oder nicht.

1.1 Hauptpflichten der Mietparteien (§ 535 BGB)

Verstöße gegen vertragliche oder gesetzliche Verpflichtungen können zu Ansprüchen der jeweiligen Vertragspartner führen. Um zu prüfen, ob ein entsprechender Verstoß und in der Folge eventuell ein Mangel an der Mietsache vorliegt, muss zunächst geklärt werden, welche Pflichten und Aufgaben der Vermieter bzw. der Mieter zu erfüllen hat.

1.1.1 Pflichten des Vermieters

Zu den Hauptpflichten des Vermieters aus dem Mietverhältnis zählt zum einen die Verpflichtung zur Überlassung der Mietsache und zum anderen die Erhaltung der Mietsache (§ 535 Abs. 1 BGB). Danach hat der Vermieter dem Mieter die Mietsache in einem zum vertragsgemäßen Gebrauch geeigneten Zustand zu überlassen und sie während der Mietzeit in diesem Zustand zu erhalten. Den Vermieter trifft daher grundsätzlich die Instandhaltungs- und Instandsetzungspflicht im Bezug auf die Mietsache. Der Vermieter ist stets dafür verantwortlich, dass der Gebrauch der Mietsache während der gesamten Mietdauer für den Mieter uneingeschränkt möglich ist.

Die Beantwortung der Frage, welche Räume und Bereiche eines Anwesens oder Grundstücks zur Mietsache gehören, richtet sich nach den zwischen den Parteien im Mietvertrag getroffenen Vereinbarungen. Was zur Mietsache gehört, ist — sofern keine eindeutigen Vereinbarungen getroffen wurden — durch Auslegung zu ermitteln (§§ 157, 242 BGB). Aus der Tatsache, dass der Vermieter über einen längeren Zeitraum hinweg die Nutzung von Grundstücksteilen oder Räumen durch den Mieter geduldet hat, kann nicht hergeleitet werden, dass diese nunmehr zum Vertragsgegenstand zählen. Es handelt sich bei einer solchen Duldung durch den Vermieter in der Regel nur um eine Gestattung, die jederzeit widerrufen werden kann (vgl. KG Berlin, Urteil vom 1.12.2008, 8 U 121/08, WuM 2009, 654).

1.1.2 Pflichten des Mieters

Die Hauptpflicht des Mieters besteht darin, dem Vermieter die vereinbarte Miete zu zahlen (§ 535 Abs. 2 BGB). Die Fälligkeit der Mietzahlung ergibt sich für Mietverträge über Wohnraum aus § 556b Abs. 1 BGB und für Geschäftsraummietverträge aus § 555b Abs. 1 und § 579 Abs. 2 BGB. Danach muss die Miete zu Beginn, spätestens bis zum dritten Werktag der einzelnen Zeitabschnitte entrichtet werden. Üblicherweise ist die Mietzahlung vom Mieter monatlich geschuldet, sodass sie am dritten Werktag eines Monats im Voraus fällig wird. Mit Ablauf des dritten Werktags gerät der Mieter bei Nichtzahlung der Miete in Verzug. Der Samstag zählt dabei nicht als Werktag (BGH, Urteil vom 13.7.2010, VIII ZR 129/09, WuM 2010, 495).

! **WICHTIG**

Über die im Gesetz als Hauptpflichten genannten Verpflichtungen hinaus treffen Vermieter und Mieter Nebenpflichten. Werden diese Pflichten nicht eingehalten, kann dies auch zu Ansprüchen der jeweiligen Vertragspartner führen, zum Beispiel wenn falsches Wohn- und Heizverhalten des Mieters zu Feuchtigkeitsschäden führt oder wenn der Vermieter die Wartung der Heizung unterlässt, sodass die Anlage ausfällt mit der Folge, dass die Räume unbeheizt sind.

1.1.3 Folge bei Pflichtverstoß

Verstößt der Vermieter gegen die Verpflichtung, den Gebrauch der Mietsache zu gewähren und sie in vertragsgemäßem Zustand zu erhalten (§ 535 Abs. 1 BGB), liegt ein Mangel vor. Der Mieter ist bei Vorliegen eines Mangels grundsätzlich berechtigt, Gewährleistungsansprüche geltend zu machen. Dazu stehen dem Mieter folgende Rechte zu:

- Mietminderung (§ 536 BGB)
- Schadensersatzanspruch (§ 536a Abs. 1 BGB)
- Aufwendungsersatzanspruch (§ 536a Abs. 2 BGB)
- Außerordentliche Kündigung (§ 543 Abs. 3 Satz 2 BGB)

Verstößt der Mieter gegen seine Verpflichtung, die Miete pünktlich zu zahlen, kann der Vermieter den Mieter abmahnen und bei weiteren Verstößen gegen die rechtzeitige Zahlungspflicht das Mietverhältnis ordentlich oder ggf. außerordentlich fristlos kündigen. Zahlt der Mieter die Miete gar nicht, so kann der Vermieter, wenn die Voraussetzungen des § 543 Abs. 2 Nr. 3 BGB vorliegen, das Mietverhältnis ohne vorherige Abmahnung fristlos kündigen. Er kann das Mietverhältnis aber auch ordentlich kündigen (§ 573 Abs. 2 Nr. 1 BGB; siehe auch Kapitel 4.5). Sowohl die nicht rechtzeitige als auch die unterbliebene Zahlung können zum Ausspruch der Kündigung des Mietverhältnisses durch den Vermieter führen.

1.2 Sachmangel

Die Geltendmachung von Gewährleistungsansprüchen, so auch von Mietminderung, setzt voraus, dass ein Mangel an der Mietsache vorliegt. Die Mietsache ist mangelhaft, wenn sie zur Zeit der Überlassung an den Mieter einen Fehler aufweist, der ihre Tauglichkeit zum vertragsgemäßen Gebrauch aufhebt oder mindert, oder wenn während der Mietzeit ein solcher Fehler entsteht (§ 536 Abs. 1 BGB).

Inwieweit die Mietsache mit einem Mangel bzw. Fehler behaftet ist, wird anhand des vertraglich vereinbarten Zustands und des vereinbarten Mietzwecks bewertet. Maßgeblich ist hierbei, welche Beschaffenheit und welche Eigenschaften Vermieter und Mieter für das Mietobjekt bei Vertragsabschluss festgelegt haben. Der „Sollzustand" beschreibt danach die Tauglichkeit zum vertragsgemäßen Gebrauch, das heißt, wie sich die Parteien den Zustand der Mietsache vorstellen. Eine Abweichung von diesem „Sollzustand" wird als „Istzustand" bezeichnet. Nur wenn der „Istzustand" vom „Sollzustand" negativ abweicht, das heißt, zu Lasten des Mieters, liegt ein Mangel der Mietsache vor (sogenannter subjektiver Fehlerbegriff; OLG Celle, RE vom 19.7.1984, 2 UH 1/84, WuM 1985, 9; Schmidt-Futterer, § 536 Rn 19).

! WICHTIG

Maßgeblich für die Beantwortung der Frage, ob ein Mangel vorliegt, sind die von den Parteien getroffenen vertraglichen Vereinbarungen. Es kommt daher nicht darauf an, was unter objektiven Gesichtspunkten als mangel- oder fehlerhaft angesehen wird.

▶ BEISPIEL

Der Vermieter vermietet eine Wohnung, in der sich ein 20 Jahre alter Teppichboden befindet. Der Mieter mietet diese Wohnung in Kenntnis des alten bzw. schlechten Zustands des Bodens an. Objektiv gesehen ist die Wohnung mit einem Mangel behaftet, da sie einen abgenutzten, beschädigten Bodenbelag aufweist. Subjektiv gesehen ist jedoch als Vertragsobjekt eine Wohnung mit altem Bodenbelag vermietet. Der „Istzustand" weicht daher nicht vom „Sollzustand" der Mietsache ab, ein Mangel liegt nicht vor (LG Köln, Beschluss vom 6.7.2004, 1 S 122/04, WuM 2005, 240).

→ Zur Sicherheit: detailliertes Übergabeprot. (Foto ~) mit Unterschrift

Mietet der Mieter eine sanierungsbedürftige Wohnung an, so hat er sich bewusst für dieses Objekt und dessen Zustand entschieden, sodass als vertragsgemäßer Zustand gerade auch die Sanierungsbedürftigkeit der Mietsache vereinbart ist. Nach objektiven Kriterien sind jedoch sanierungsbedürftige Mieträume in der Regel als mangelhaft anzusehen.

Als Mangel bzw. Fehler einer Mietsache kommen der Sachmangel (§ 536 Abs. 1 BGB), der Rechtsmangel (§ 536 Abs. 3 BGB) oder das Fehlen einer zugesicherten Eigenschaft (§ 536 Abs. 2 BGB) in Betracht.

1.2.1 Vertragsgemäßer Zustand

Weichen die tatsächlichen Verhältnisse („Istzustand") von denjenigen ab, die mietvertraglich geschuldet sind („Sollzustand"), ist ein Mangel an der Mietsache vorhanden. Der Fehlerbegriff knüpft an den vertraglich geschuldeten Zustand an. Wichtig ist es deshalb bei Abschluss eines Mietvertrags, darauf zu achten, den Mietgegenstand so genau wie möglich zu definieren. Das erfolgt meist dadurch, dass Vereinbarungen beispielsweise über die Beschaffenheit, den Zustand und die Ausstattung der Mietsache getroffen werden. Je genauer und präziser die Beschreibung des Mietobjekts erfolgt, desto besser kann im Streitfall beurteilt werden, ob eine Abweichung oder Veränderung vom vereinbarten Zustand des Mietobjekts eingetreten ist.

! WICHTIG

Durch ein sorgfältig ausgefülltes Vertragsformular sowie entsprechende Zusätze können beide Vertragspartner sichergehen, dass ausreichend dokumentiert wird, was als Mietsache und als vertraglich vereinbarter Zustand gelten soll.

Mietvertragsformulare sehen vor, dass neben der Bezeichnung der Vertragsparteien und der Adressenangaben weitere Beschreibungen des Mietobjekts durch das Ausfüllen von Lückentexten eingetragen werden können, zum Beispiel Angaben zur Anzahl und Art der Räume oder zum Nutzungszweck. Darüber hinaus können Räume, Anlagen oder Grundstücksteile, die dem Mieter zur Mitbenutzung zur Verfügung stehen sollen, im Mietvertrag bezeichnet werden, zum Beispiel Terrasse, Garten, Fahrradkeller, Schwimmbad.

Zur Mietsache zählen darüber hinaus, ohne dass dies im Mietvertrag vermerkt werden muss, Gemeinschaftsräume. Diese stehen dem Mieter grundsätzlich zur Mitbenutzung zur Verfügung, zum Beispiel Treppenhaus, Wasch- und Trockenräume,

Zugänge, Aufzugsanlage oder Ähnliches. Ausstattungen und Einrichtungen, mit denen die Mieträume bei Vermietung versehen sind, zählen ebenfalls zur Mietsache, zum Beispiel Waschbecken, Armaturen, Heizung, Fliesen, Bodenbeläge oder auch Küchengeräte.

Hat ein Mieter dagegen von einem Vormieter oder dem Vermieter selbst Gegenstände oder Einrichtungen abgelöst, stehen diese Sachen im Eigentum des Mieters. Der Mieter hat in der Regel durch Zahlung eines Geldbetrags Einrichtungsgegenstände gekauft, sodass er durch die Ablösevereinbarung Eigentümer des Kaufgegenstands geworden ist. Für Schäden oder Mängel an diesen erworbenen Gegenständen ist daher allein der Mieter verantwortlich, den Vermieter trifft diesbezüglich keine Erhaltungspflicht. Dies gilt selbstverständlich auch für Gegenstände, die der Mieter selbst in die Mietsache eingebracht oder mit denen er die Mieträume ausgestattet hat.

BEISPIEL

Der neue Mieter einigt sich mit dem bisherigen Mieter dahingehend, dass dieser die Küchenausstattung gegen einen Kaufpreis von 1.500,00 Euro in der Wohnung belässt. Der neue Mieter erwirbt durch Zahlung der Ablöse bzw. des Kaufpreises die Kücheneinrichtung zu Eigentum.
Gleiches gilt, wenn der bisherige Mieter die Küchenausstattung nicht gegen Zahlung einer Ablösesumme, sondern gegen Übernahme von Schönheitsreparaturen durch den neuen Mieter diesem überlässt.

Haben bisheriger und neuer Mieter entsprechende Ablöse- oder Abstandsvereinbarungen getroffen, sollte sich auch der Vermieter diese unbedingt in schriftlicher Form aushändigen lassen. Er kann dann im Zweifel beweisen, dass zum Beispiel die Küchengeräte gerade nicht zum Vertragsgegenstand gehören und somit eine Erhaltungspflicht hinsichtlich dieser Geräte seinerseits nicht besteht.

Alternativ kann der Vermieter einen entsprechenden Hinweis in den Mietvertrag aufnehmen:

„Die vorhandene Einbauküche bestehend aus Herd, Spülmaschine, Kühlschrank, Ober- und Unterschränke ist Eigentum des Mieters.“

Oder:

„Die Einbauschränke im Flur und im Schlafzimmer sind Eigentum des Mieters.“

Wenn ein neuer Mieter durch entsprechende Vereinbarungen mit dem Vormieter Einrichtungen übernimmt, sollte der Vermieter bei Vertragsabschluss zudem eine Klausel aufnehmen, wonach er nicht verpflichtet ist, die vom Mieter abgelösten Einrichtungen oder Gegenstände bei Beendigung des Mietverhältnisses zu übernehmen.

> *„Der Vermieter ist bei Beendigung des Mietverhältnisses nicht verpflichtet, dem Mieter gehörende Gegenstände, Einrichtungen oder vom Mieter vorgenommene bauliche Veränderungen abzulösen."*

Die dem Vermieter obliegende Erhaltungspflicht (§ 535 Abs. 1 BGB) umfasst alles, was zur Mietsache gehört. Nicht nur muss der Vermieter die vermieteten Räume instand setzen, er hat auch für die notwendige Erhaltung des Gebäudes und des Grundstücks Sorge zu tragen. Wenn ein Baum, der auf dem Grundstück steht, bruchgefährdet ist, obliegt es dem Vermieter, diese Gefährdung zu beseitigen. Sind Dachziegel locker oder ist die Fassade beschädigt, trifft auch diesbezüglich den Vermieter die Verpflichtung zur Reparatur.

Die Durchführung von Kleinreparaturen und Schönheitsreparaturen fällt ebenfalls unter die Erhaltungspflicht des Vermieters gemäß § 535 Abs. 2 BGB. Der Vermieter trägt grundsätzlich das umfassende Risiko für die Instandhaltung bzw. Instandsetzung der Mietsache. Allerdings finden sich in den meisten Mietverträgen Klauseln, die die Kosten für Kleinreparaturen und die Durchführung von Schönheitsreparaturen dem Mieter auferlegen. Sind die entsprechenden Vertragsklauseln wirksam, übertragen sie insoweit dem Mieter solche Pflichten, die ohne diese Klauseln den Vermieter treffen würden.

! WICHTIG

Die Festlegung und Definition des vertragsgemäßen Zustands ist wichtig, um entscheiden zu können, ob eine Abweichung und somit ein Mangel vorliegt oder nicht. Darüber hinaus kommt es für die Beurteilung der Frage, ob eine Mietwohnung Mängel aufweist, in erster Linie auf die von den Mietvertragsparteien vereinbarte Beschaffenheit der Wohnung an. Nicht maßgebend ist, ob bestimmte technische Normen eingehalten wurden (BGH, Urteil vom 6.10.2004, VIII ZR 355/03, WuM 04, 715).

Ratsam ist es außerdem, dass bei Beginn des Mietverhältnisses, das heißt bei Übergabe der Mieträume an den Mieter, ein Übergabeprotokoll erstellt wird. Hierin sind ebenfalls Beschreibungen des Mietobjekts aufzunehmen, sodass der Zustand, die Ausstattung und die Beschaffenheit der Mieträume bei der Übergabe festgehalten werden. Im Streitfall lässt sich so leichter beweisen, in welchem tatsächlichen Zustand der Mieter die Mietsache übergeben bekommen hat. Hiervon kann es abhängen, ob ein Gewährleistungsausschluss zu Lasten des Mieters vorliegt oder nicht. Der Mieter kann Mietminderung, Schadens- und Aufwendungsersatzansprüche dann nicht geltend machen, wenn er bei Annahme der Mietsache, also bei Übergabe, den Mangel bereits kannte (§ 536b Satz 3 BGB; vgl. Kapitel 3.2).

Im Übergabeprotokoll sollen darüber hinaus vorhandene Einrichtungsgegenstände und deren Zustand sowie vorliegende Schäden an der Mietsache dokumentiert werden. Diese Feststellungen können hilfreich sein, wenn es darum geht festzustellen, in welchem tatsächlichen Zustand sich die Mieträume bei der Übergabe befunden haben, zum Beispiel neuwertig, schlecht, verkratzt etc.

1.2.2 Konkludente Beschaffenheitsvereinbarung

Problematisch sind diejenigen Streitigkeiten, bei denen sich aus dem Mietvertrag und dem Protokoll keine Angaben zur Ausstattung oder zum Zustand der Mietsache entnehmen lassen. In diesen Fällen ist es schwierig, den vertragsgemäßen Zustand zu definieren. Hierzu hat der BGH entschieden, dass mietvertragliche Abreden zur Beschaffenheit der Mietsache auch konkludent getroffen werden können. Dies kann in der Form erfolgen, dass der Mieter dem Vermieter bestimmte Anforderungen an die Mietsache zur Kenntnis bringt und dieser zustimmt bzw. hierauf zustimmend reagiert. Allerdings genügen einseitige Vorstellungen des Mieters noch nicht, um von einer konkludenten Vereinbarung ausgehen zu können (BGH, Urteil vom 23.9.2009, VIII ZR 300/08, WuM 2009, 659). Maßgeblich sind die jeweiligen Umstände des Einzelfalls. So kann zum Beispiel die Vereinbarung einer niedrigen Miete darauf hindeuten, dass ein schlechter baulicher Zustand des Mietobjekts ausgeglichen werden soll und die vorhandenen Mängel somit als vertraglich vereinbart gelten. Ebenso muss der Mieter einer Altbauwohnung mit Feuchtigkeit und Nässe im Keller rechnen, ohne dass dies ausdrücklich im Mietvertrag vermerkt ist (LG Berlin, Urteil vom 7.1.2011, 67 S 61/10, GE 2011, 408; AG Ansbach, Urteil vom 5.2.2013, 2 C 2268/11, ZMR 2013, 638).

Weiß der Mieter bei Vertragsabschluss über das Alter und die geringwertige Ausstattung der Wohnung Bescheid, sind bestimmte Mängel im Hinblick auf den im Zeitpunkt der Errichtung der Wohnung geltenden Bauzustand, zum Beispiel Undichtigkeiten der Türen oder Fenster, als vertragsgemäße Beschaffenheit der Mietsache anzusehen (LG Düsseldorf, Urteil vom 19.3.1998, 21 S 451/97, DWW 2000, 26). Konkludente Beschaffenheitsvereinbarungen können sich auch auf das Wohnumfeld beziehen, wenn zum Beispiel in der Nachbarschaft Baulücken oder abbruchreife Gebäude vorhanden sind und daher künftig mit Bautätigkeiten gerechnet werden muss (LG Berlin, Urteil vom 7.10.2011, 63 S 59/11, GE 2012, 64).

1.2.3 Vertragsgemäßer Zustand in sonstigen Fällen

Fehlt es an einer Vereinbarung zum vertragsgemäßen Gebrauch und kommt auch keine konkludente Vereinbarung hierzu infrage, so kann sich der zum vertragsgemäßen Gebrauch geeignete Zustand der Mietsache auch aus anderen Kriterien ergeben.

Verkehrsanschauung

Ein solches Kriterium kann zum Beispiel die Verkehrsanschauung darstellen. Danach wird unter Berücksichtigung des vereinbarten Nutzungszwecks sowie des Grundsatzes von Treu und Glauben der vertragsgemäße Zustand der Mietsache ermittelt (§ 242 BGB; BGH, Urteil vom 19.12.2012, VIII ZR 152/12, WuM 2013, 154).

Zur Bestimmung des vertragsgemäßen Zustands können auch die maßgeblichen technischen Normen angewandt werden. Dabei ist nach der Verkehrsanschauung immer der Maßstab maßgeblich, der zum Zeitpunkt der Errichtung des Gebäudes galt (BGH, Urteile vom 5.6.2013, VIII ZR 287/12, WuM 2013,481 und vom 6.10.2004, VIII ZR 355/03, WuM 2004, 715). Eine Wohnung in einem älteren Gebäude weist beispielsweise, wenn nicht vertraglich etwas anderes vereinbart ist, in schallschutztechnischer Hinsicht keinen Mangel auf, sofern der Trittschallschutz den zur Zeit der Errichtung des Gebäudes geltenden DIN-Normen entspricht. Das gilt auch dann, wenn sich während der Mietzeit der Schallschutz gegenüber dem Zustand bei Anmietung der Wohnung verschlechtert hat (BGH, Urteil vom 17.6.2009, VIII ZR 131/08, WuM 2009, 457).

Anders ist die Rechtslage dann zu beurteilen, wenn der Vermieter das Dachgeschoss zu Wohnraum ausbauen lässt. Dann kann der Mieter verlangen, dass die im Zeitpunkt des Dachgeschossausbaus geltenden Grenzwerte für Trittschall eingehalten werden (BGH, Urteil vom 6.10.2004, VIII ZR 355/03, WuM 2004, 715). Nunmehr hat der BGH jedoch in einer neueren Entscheidung eine weniger strenge Auffassung vertreten: Bei baulichen Veränderungen, die der Vermieter an einem älteren Gebäude vornimmt, kann der Mieter nur dann erwarten, dass der Tritt- und Luftschallschutz anschließend den höheren Anforderungen der zur Zeit der baulichen Veränderung geltenden DIN-Normen genügt, wenn die Maßnahmen von der Intensität des Eingriffs in die Gebäudesubstanz mit einem Neubau oder einer grundlegenden Veränderung des Gebäudes vergleichbar sind. Dies ist jedenfalls nicht schon dann gegeben, wenn lediglich der Fußbodenbelag ausgetauscht oder eine Begradigung des Estrichs vorgenommen wird (BGH, Urteil vom 5.6.2013, VIII ZR 287/12, WuM 2013, 481).

Auslegung

Eine weitere Möglichkeit, um zu klären, was zum vertragsgemäßen Zustand einer Mietsache gehört, ist der Versuch, Vertragsbestimmungen auszulegen (§ 157 BGB). Fehlt es an einer konkreten Beschaffenheitsvereinbarung im Hinblick auf das Wohnumfeld und die davon ausgehende Beeinträchtigung, muss der geschuldete Standard durch Auslegung ermittelt werden.

Äußere Einwirkungen auf das Mietobjekt, zum Beispiel Lärm, stellen grundsätzlich einen Mangel dar, wenn sie nicht vertraglich vorausgesetzt sind. Es ist dabei auf die Verkehrsanschauung abzustellen. Danach kann nicht schon jede nachteilige Veränderung des Wohnumfelds und der Geräuschsituation als Mangel der Mietsache angesehen werden. Entscheidend geht es darum, ob der Mieter bestimmte Eigenschaften seines Wohnumfelds als unveränderlich voraussetzen durfte oder ob er mit bestimmten nachteiligen Veränderungen rechnen musste, zum Beispiel angesichts Baulücken.

Als vertraglich vorausgesetzte Beschaffenheit der Mietsache darf vom Mieter grundsätzlich die Einhaltung der Immissionsrichtwerte der TA Lärm erwartet werden. Werden diese Werte nicht überschritten, liegt ein Mangel nur ausnahmsweise vor. Das ist dann der Fall, wenn Lärmbelästigungen dennoch objektiv zu einer (erheblichen) Gebrauchswertbeeinträchtigung führen. Geräusche, die nach Art und Intensität gebietstypisch sind, begründen keinen Mangel (LG Heidelberg, Urteil vom 26.2.2010, 5 S 95/09, WuM 2010, 148). Ebenso wenig stellen normale Wohngeräusche einen Mangel der Mietsache dar. Das Rauschen von Duschen oder WC-Spülungen, Geräusche von Aufzugsanlagen, Schritte im Treppenhaus oder normale nachbarliche Lautäußerungen sind als vertragsgemäß hinzunehmen (AG Hamburg, Urteil vom 6.3.2005, 49 C 165/05, juris-i; vgl. Kapitel 5).

! **WICHTIG**

Die Immissionsrichtwerte der TA Lärm gelten als öffentlich-rechtliche Norm im Mietrecht nicht unmittelbar, können jedoch als Auslegungskriterien für die Frage, was vertraglich als geschuldeter „Lärmzustand" gilt, herangezogen werden (Flatow, jurisPR-MietR 7/2010 Anm. 1).

Allein der Verstoß gegen technische Normen führt daher nicht dazu, dass ein Mangel der Mietsache angenommen werden kann. Vielmehr muss sich der Verstoß negativ auf die Mietsache auswirken. So hat auch das LG Berlin entschieden, dass aus dem Fehler einer Heizungsanlage, der auf Nichteinhaltung einer DIN-Norm beruht, nicht zwingend ein Mangel der Mietsache folgt (LG Berlin, Urteil vom 8.6.2012, 63 S 423/11, WuM 2012, 658). Solange sich das Nichteinhalten einschlägiger Vorschriften nicht negativ auf die Mietsache auswirkt, liegt kein Mangel vor.

Sind dem Mieter bei Vertragsabschluss die Ausstattung der Wohnung und das Alter bekannt, können bestimmte Mängel als vertragsgemäße Beschaffenheit angesehen werden, wenn auf den im Zeitpunkt der Errichtung des Gebäudes geltenden Baustandard abgestellt wird (LG Berlin, Urteil vom 7.2.2011, 67 S 61/10, GE 2011, 408).

Mindestanforderungen

Zur Bestimmung des vertragsgemäßen Zustands und der damit verbundenen Frage, welche Gebrauchsmöglichkeiten eine Mietsache bieten muss, wird in Ermangelung vertraglicher Regelungen auch auf die an die Mietsache zu stellenden Mindestanforderungen abgestellt. Der Mieter von Wohnraum kann danach einen Mindeststandard der Elektrizitätsversorgung erwarten, der ein zeitgemäßes Wohnen ermöglicht und den Einsatz der für die Haushaltsführung allgemein üblichen elektrischen Geräte erlaubt. Ebenso kann der Mieter erwarten, dass das Badezimmer über eine Stromversorgung verfügt, die neben der Beleuchtung die Benutzung kleinerer elektrischer Geräte erlaubt (BGH, Urteile vom 10.2.2010, VIII ZR 343/08, WuM 2010, 235 und vom 26.7.2004, VIII ZR 281/03, WuM 2004, 527).

Das Vorhandensein einer Wasch- und Trockenmöglichkeit gehört nach Auffassung des AG Wiesbaden zum Kernbereich des Mietgebrauchs bei der Vermietung von Wohnraum (Urteil vom 29.3.2012, 91 C 6517/11, WuM 2012, 263).

! **WICHTIG**

Die Grenze, ob zwischen den Vertragsparteien eine konkludente Beschaffenheitsvereinbarung getroffen wurde oder ob anhand des Grundsatzes von Treu und Glauben bzw. anhand der Verkehrsanschauung eine Auslegung des Mietvertrags im Hinblick auf die Beschaffenheit der Mietsache erfolgt, ist fließend. Für die Bewertung der Frage, ob ein Mangel vorliegt, sind immer auch die jeweiligen Umstände des Einzelfalls maßgeblich. Mit welcher Begründung das Vorliegen eines Mangels behauptet wird, spielt letztendlich für die rechtliche Bewertung keine Rolle. Die Gewährleistungsrechte des Mieters sind für Mängel, gleich welcher Art, immer dieselben.

1.2.4 Fallgruppen für Sachmängel

Von einem Sachmangel spricht man, wenn entweder die Mietsache selbst fehlerhaft ist, Einflüsse von außen auf die Mietsache einwirken (Umweltfehler) oder öffentlich-rechtliche Beschränkungen die vertragsgemäße Nutzung verhindern bzw. einschränken.

Beschaffenheit/Zustand der Mietsache

Ein Sachmangel kann in Form eines Mangels an der Beschaffenheit oder des Zustands der Mietsache vorliegen. Betreffen kann dies daher nicht nur die vermieteten Räume, sondern auch die zur Mitbenutzung zur Verfügung stehenden Räumlichkeiten. Ein Sachmangel kann auch Anlagen bzw. Grundstücken, die zum Mietobjekt gehören, anhaften.

BEISPIELE

- Nicht funktionierende Heizungsanlage
- Ausfall der Aufzugsanlage
- Zugige Fenster und Türen
- Undichtes Dach
- Rohrverstopfung
- Feuchte- und Schimmelbefall in der Wohnung
- Defekter Rollladen
- Nicht funktionierendes Garagentor
- Balkon oder Terrasse wegen eines Gerüsts nicht nutzbar
- Bruchgefährdete Bäume auf dem Grundstück
- Nicht funktionierende Einrichtungen, zum Beispiel Spülmaschine
- Schlaglöcher in der Einfahrt
- Risse in der Fassade

Umweltmangel

Ist die Mietsache selbst nicht fehlerhaft, kann die Tauglichkeit zum vertragsgemäßen Gebrauch dennoch beeinträchtigt sein, wenn Einflüsse von außen auf die Mietsache einwirken. Diese bezeichnet man als Umweltmängel.

BEISPIELE

- Lärmbelästigung durch Mieter, Tiere, Gaststätten, Baustellen
- Gerüche, Zigarettenrauch
- Rauchimmissionen von Grillgeräten, Kaminen, Gaststätten
- Umweltgifte, Strahlung, Elektrosmog
- Staub und Dreck durch Baustellen
- Bordell in der Nachbarschaft/im Haus ! (Tatsache des Betriebs – neg. Prägung d. Gebiets)
- Blenden durch Beleuchtungsanlage auf Nachbargrundstück (Weihnachtsbeleuchtung, Spiegelungen durch Blendung)
- Aussicht durch Bauvorhaben oder Bäume versperrt (See-blick durch wachsende Bäume versperrt → kein Anspruch auf Fällen d. Baums)
- Glascontainer
- Bus-/Tramhaltestelle vor dem Anwesen

Die Definition und die Feststellung, ob ein Umweltmangel vorliegt, sind in der Praxis nicht ganz leicht und unproblematisch. Anders als bei Materialfehlern, zum Beispiel zerbrochene Fensterscheibe oder defekte Heizungsanlage, kann das Vorliegen von Umweltfehlern nicht ohne Weiteres bejaht werden. Nicht jedes Geräusch, jede Staubentwicklung oder jede Rauchimmission, die wahrgenommen wird, stellt einen Mangel dar und berechtigt zur Minderung der Miete. Vielmehr muss das Ausmaß der festgestellten Immissionen eine besondere Gewichtung annehmen, damit eine Beeinträchtigung der Tauglichkeit der Mietsache bejaht werden kann. Nur wenn eine Beeinträchtigung erheblich ist, kann sie zur Minderung berechtigen (vgl. Kapitel 3.1).

Die Frage, wann von einem (Umwelt-)Mangel ausgegangen werden kann, lässt sich, sofern entsprechende Richtlinien vorhanden sind, anhand der Einhaltung dieser Werte beurteilen. So werden zum Beispiel für die Beurteilung von Geräuschen die Werte der TA Lärm herangezogen (siehe auch Kapitel 5), für die Feststellung einer erhöhten Strahlenbelastung die Bestimmungen der einschlägigen Immissionsschutzgesetze.

Öffentlich-rechtliche Beschränkungen

Neben Immissionen können öffentlich-rechtliche Beschränkungen zu einer Beeinträchtigung des vertragsgemäßen Gebrauchs der Mietsache führen. Es liegt dann ebenfalls ein Sachmangel vor. Voraussetzung ist, dass aufgrund öffentlich-rechtlicher Vorschriften der vertraglich vereinbarte Nutzungszweck nicht oder nur eingeschränkt möglich ist (Chr. Spielbauer in Spielbauer/Schneider, § 536 Rn 72 ff.). Der Mangel muss sich dabei gerade aus der Beschaffenheit und Beziehung der Mietsache zur Umwelt ergeben.

Kann der vertraglich vereinbarte Nutzungszweck des Mietobjekts aus Gründen, die in der Beschaffenheit des Mietobjekts selbst liegen, nicht erfüllt werden, liegt ein Mangel der Mietsache vor (BGH, Urteil vom 24.10.2007, XII ZR 24/06, ZMR 2008, 274). Wird jedoch dem Mieter die Konzession zum Führen der Gaststätte versagt, weil er persönlich nicht als geeignet gilt, so hat es der Mieter selbst zu vertreten, wenn er den Miet- oder Pachtvertrag nicht erfüllen kann. Ein Mangel am Mietobjekt ist dann nicht gegeben (BGH, Urteil vom 2.3.1994, XII ZR 175/92, ZMR 1994, 253).

Liegen öffentlich-rechtliche Nutzungsbeschränkungen im Hinblick auf die Mieträume vor, kann der Mieter gleichwohl nicht mindern, wenn die Nutzbarkeit der Mietsache mangels Einschreitens der zuständigen Behörden nicht eingeschränkt ist. Erst wenn die zuständige Behörde eine Nutzungsuntersagung ausspricht oder ein behördliches Einschreiten ernsthaft ansteht, liegt eine konkrete Gebrauchsbeeinträchtigung der Mietsache vor, die den Mieter zur Mietminderung berechtigt (BGH, Urteile vom 16.9.2009, VIII ZR 275/08, WuM 2009, 661 und vom 29.9.2009, VIII ZR 242/08, WuM 2009, 663; OLG Düsseldorf, Urteil vom 5.5.2009, 1-24 U 87/08, GE 2009, 1020). Lediglich die Mitteilung einer Behörde, dass die beantragte Nutzungsänderung nicht genehmigungsfähig sei, begründet noch keinen Mangel an der Mietsache, da es dem Mieter grundsätzlich zuzumuten ist, eine Bescheidung seines Änderungsantrags abzuwarten (BGH, Urteil vom 20.11.2013, XII ZR 77/12, GE 2014, 141).

BEISPIELE

- **Nutzungsuntersagung bezüglich der Mieträume**
- **Zweckentfremdung**
- **Konzessionsentzug für Gaststätte aus baurechtlichen Gründen**
- **Fehlende Baugenehmigung**

Ein behördlich oder gesetzlich angeordnetes Rauchverbot berechtigt den Mieter einer Gaststätte nicht zur Minderung der Miete oder Pacht. Ein Rauchverbot, zum Beispiel das in § 7 Abs. 1 Nichtraucherschutzgesetz Rheinland-Pfalz, stellt keinen Mangel einer verpachteten Gaststätte dar. Der Verpächter ist nicht verpflichtet, auf Verlangen des Pächters durch bauliche Maßnahmen die Voraussetzungen zu schaffen, dass dieser einen gesetzlich vorgesehenen Raucherbereich einrichten kann (BGH, Urteil vom 13.7.2011, XII ZR 189/09, WuM 2011, 520). Zwar können öffentlich-rechtliche Hindernisse einen Sachmangel darstellen, allerdings nur dann, wenn sie sich auf die konkrete Beschaffenheit der Miet- bzw. Pachtsache beziehen. Das gesetzlich verordnete Rauchverbot bezieht sich jedoch ausschließlich auf die Nutzungsart des Objekts, somit auf die Betriebsführung durch den Mieter. Die Beschaffenheit und der Zustand der Pachtsache an sich sind fehlerfrei. Eine vergleichbare Situation ist gegeben, wenn öffentlich-rechtliche Sperrzeitregelungen zu eingeschränkten Öffnungszeiten führen. Auch in diesen Fällen ist die Betriebsführung durch den Mieter betroffen, nicht die Beschaffenheit der Pachträume.

! WICHTIG

Das Verwendungsrisiko für die Mieträume obliegt allein dem Mieter (BGH, Urteil vom 21.9.2005, XII ZR 66/03, GuT 2006, 19).

1.2.5 Nachrüstpflicht des Vermieters

Eine Verpflichtung des Vermieters, die von ihm vermietete Mietsache nachzurüsten, das heißt, an moderne, aktuelle Standards anzupassen, besteht nur dann, wenn der Gesetzgeber dies vorschreibt. So ergeben sich Verpflichtungen zu Modernisierung oder Nachrüstung von Immobilien zum Beispiel aus der Energieeinsparverordnung (EnEV) oder der Heizkostenverordnung (HeizKV). Die Ausstattung von Räumen mit Rauchwarnmeldern ergibt sich aus den jeweiligen Landesbauordnungen.

Allerdings führt allein ein Verstoß gegen technische Normen nicht automatisch dazu, dass ein Mangel an der Mietsache vorliegt. Erst eine dadurch verursachte erhebliche Beeinträchtigung der Tauglichkeit der Mietsache kann einen Mangel an dieser begründen (vgl. Kapitel 3.1).

Gerade im Bereich des Trittschallschutzes wird immer wieder darüber gestritten, ob es einen Anspruch des Mieters oder auch eines Wohnungseigentümers auf Beibehaltung eines vorhandenen, die Mindestanforderungen überschreitenden Schutzes gibt. Dies hat der BGH verneint (Urteil vom 1.6.2012, V ZR 195/11, WuM 2012, 464). Ebenso wenig hat der Mieter ohne eine dahingehende vertragliche Regelung Anspruch auf einen gegenüber den Grenzwerten der zur Zeit der Errichtung des Gebäudes geltenden DIN-Norm erhöhten Schallschutz (BGH, Urteil vom 7.7.2010, VIII ZR 85/09, WuM 2010, 482).

Energieeinsparverordnung

Die EnEV beinhaltet öffentlich-rechtliche Verpflichtungen unter anderem für Gebäudeeigentümer. Allein ein Verstoß gegen die Nachrüstverpflichtungen, die die EnEV dem Gebäudeeigentümer auferlegt, führt nicht ohne Weiteres zu einer erheblichen Beeinträchtigung der Tauglichkeit der Mietsache (Börstinghaus, NZM 2005, 566).

Eine allgemeine Verpflichtung des Vermieters, Wohnungen auf den für Neubauten maßgeblichen Stand zu bringen oder an geänderte technische Normen anzupassen, besteht nicht (BGH, Urteile vom 17.6.2009, VIII ZR 131/08, WuM 2009, 457 und vom 26.7.2004, VIII ZR 281/03, WuM 2004, 527). So stellt auch eine Einfachverglasung keinen Mietmangel dar, sofern eine Isolierverglasung mietvertraglich nicht geschuldet ist. Auch der Umstand, dass wegen der Einfachverglasung hohe Kosten durch die Beheizung der Mieträume entstehen, begründet nicht die Annahme eines Mangels, sofern die Einfachverglasung den bei Errichtung des Gebäudes geltenden Bestimmungen der Wärmeschutzverordnung entspricht (OLG Saarbrücken, Urteil vom 8.5.2013, 2 U 3/13, GE 2013, 943).

Die Novellierung der EnEV, beschlossen am 16.10.2013, tritt zum 1.5.2014 in Kraft und sieht für den Vermieter unter anderem vor, dass ältere Heizkessel stillgelegt werden müssen. Aus der Verpflichtung zur Stilllegung älterer Heizungsanlagen, das heißt über 30 Jahre alter, folgt, dass der Vermieter zur Aufrechterhaltung der ordnungsgemäßen Beheizung des Anwesens die Heizungsanlage nachrüsten oder erneuern muss. Zudem muss gemäß den Bestimmungen der EnEV künftig bei Verkauf oder Vermietung nach Vertragsabschluss dem Käufer oder dem Mieter eine Kopie des Energieausweises übergeben werden.

Wirtschaftlichkeitsgebot

Ein Modernisierungsanspruch des Mieters ergibt sich auch nicht aus dem „Wirtschaftlichkeitsgebot". Nach Auffassung des BGH lässt sich daraus eine Verpflichtung des Vermieters zur Modernisierung einer vorhandenen alten, aber die Wärmeversorgung der Wohnung sicherstellenden Heizungsanlage nicht herleiten (BGH, Urteil vom 31.10.2007, VIII ZR 261/06, WuM 2007, 700). Auch wenn eine dem vertragsgemäßen Zustand entsprechende Heizungs- und Belüftungsanlage hohe Energiekosten verursacht, ist dies für die Beurteilung, ob ein Mangel der Mietsache vorliegt, ohne Bedeutung. Vielmehr geht es darum, ob die Anlage dem bei Errichtung des Gebäudes einschlägigen technischen Standard entspricht und fehlerfrei arbeitet (BGH, Urteil vom 18.12.2013, XII ZR 80/12, juris-i).

Aus einem Fehler der Heizungsanlage, der auf Nichteinhaltung einer DIN-Norm beruht, folgt nicht schon zwingend ein Mangel an der Mietsache. Nur eine unzureichende Beheizung des Mietobjekts beeinträchtigt deren Tauglichkeit, nicht schon der Verstoß gegen DIN-Normen (LG Berlin, Urteil vom 8.6.2012, 63 S 423/11, WuM 2012, 670).

Auch außergewöhnlich hohe Heizkosten stellen als solche keinen Fehler der Mietsache dar, der zur Minderung berechtigt. Beruhen die hohen Heizkosten auf einem Fehler der Heizungsanlage, kann allerdings ein Mangel der Mietsache vorliegen, wenn die Anlage schon nach dem Stand der Technik zur Zeit der Errichtung des Gebäudes oder ihres Einbaus als mangelhaft zu beurteilen war (OLG Düsseldorf, Beschluss vom 8.7.2010, I-24 U 222/09, Grundeigentum 2011, 132). Als Mangel wird auch nicht anerkannt, dass bei einer Einrohrheizung die Heizkörper selbst bei abgedrehten Ventilen über die Frostschutzfunktion hinaus Wärme abgeben, wenn es dem Standard entspricht (hier Plattenbau), dass eine Einrohrheizung verwendet wird (LG Berlin, Beschluss vom 1.11.2011, 63 S 341/11, WuM 2012, 264).

! **ACHTUNG**

Funktioniert eine Heizungsanlage fehlerfrei und sind die Energiekosten hoch, stellt dies keinen Mangel dar. Wenn aber die Heizungsanlage nicht fehlerfrei arbeitet und dadurch hohe Energiekosten entstehen, liegt ein Mangel vor.

Sicherheitsstandards

Der Vermieter ist auch nicht verpflichtet, die Sicherheitsstandards eines Mietobjekts veränderten Sicherungskenntnissen anzupassen. Wenn zum Beispiel eine Einbruchserie in dem Gebäude vorausgegangen war und die Mieter nunmehr vom Vermieter einen verbesserten Einbruchschutz fordern, muss der Vermieter dem nicht nachkommen (OLG Düsseldorf, Urteil vom 6.6.2000, 10 U 12/01, NZM 2002, 737). Allein der Verstoß gegen Vorschriften und Richtlinien führt nicht zu einem Mangel an der Mietsache. Dies zeigt auch eine Entscheidung des OLG Düsseldorf. Vermietet war eine Arztpraxis, die jedoch aus baurechtlicher Sicht nicht den einschlägigen Brandschutzvorschriften entsprach. Das Vorliegen eines Mangels wurde vom Gericht verneint, da die zuständige Behörde trotz der festgestellten Verstöße die Nutzung des Mietobjekts duldete und der Gebrauch der Arztpraxis darüber hinaus nicht erheblich beeinträchtigt war (OLG Düsseldorf, Beschluss vom 19.7.2011, 24 U31/11, DWW 2012, 11).

Eine Nachrüstpflicht des Vermieters mit Rauchwarnmeldern besteht nur dann, wenn die jeweiligen Landesbauordnungen dies vorschreiben. Stattet der Vermieter die Mieträume entgegen dieser Verpflichtung nicht mit Rauchmeldern aus, hat das wiederum nicht zwingend eine Beeinträchtigung der Tauglichkeit der Mietsache zur Folge. Ein Mangel an der Mietsache liegt daher allein wegen des Verstoßes gegen die Nachrüstpflicht nicht vor.

Mindeststandard

Eine Verpflichtung des Vermieters zur Durchführung von Modernisierungsmaßnahmen an der Mietsache kann dann bestehen, wenn deren Ausstattung ein zeitgemäßes Wohnen nicht ermöglicht. Der Vermieter hat nämlich einen Mindeststandard des Mietobjekts zu gewährleisten, der eine Haushaltsführung auch unter Einsatz gewöhnlicher technischer Hilfsmittel erlaubt (BGH, Urteile vom 26.7.2004, VIII ZR 281/03, WuM 2004, 527 und vom 10.2.2010, VIII ZR 343/08, WuM 2010, 235; vgl. Kapitel 1.2.3).

! **ACHTUNG**

Ein Mieter hat grundsätzlich keinen Anspruch auf Modernisierung, das heißt auf eine Verbesserung des Mietobjekts. Es gilt der Grundsatz „angemietet wie besehen und besichtigt“.

1.2.6 Erhaltungsanspruch

Liegt ein Mangel im Sinne des § 536 BGB vor, stehen dem Mieter grundsätzlich Gewährleistungsansprüche zu (Mietminderung, Schadens- oder Aufwendungsersatz, Kündigung). Unabhängig von diesen Rechten kann der Mieter die Instandsetzung der Mietsache verlangen, das heißt die Wiederherstellung eines mangelfreien Zustands. Der Vermieter ist gemäß § 535 Abs. 1 Satz 2, 2. Halbsatz BGB verpflichtet, den Gebrauch der Mietsache auch während der Mietzeit in einem zum vertragsgemäßen Gebrauch geeigneten Zustand zu erhalten. Dieser Erhaltungsanspruch des Mieters ist während der Mietzeit unverjährbar (BGH, Urteil vom 17.2.2010, VIII ZR 104/09, WuM 2010, 238).

Die Verpflichtung des Vermieters, die Mietsache zu erhalten bzw. instand zu setzen, ist grundsätzlich unabhängig von der Höhe der hierfür erforderlichen Kosten. Allerdings kann die Instandsetzungspflicht ausnahmsweise dann entfallen, wenn der Renovierungsaufwand für den Vermieter unzumutbar ist. Das Überschreiten der „Opfergrenze“ muss von Fall zu Fall geprüft werden. Die Unzumutbarkeit kann allerdings nicht nur aus der Gegenüberstellung der erforderlichen Sanierungskosten und des Verkehrswerts eines Objekts hergeleitet werden, vielmehr sind die Umstände des Einzelfalls maßgeblich. In dem vom BGH entschiedenen Fall war die Opfergrenze erreicht, weil der Reparaturaufwand mehr als das Dreifache des Verkehrswerts des Mietobjekts betrug (BGH, Urteil vom 21.4.2010, VIII ZR 131/09, WuM 2010, 348).

Die Opfergrenze kann auch dann erreicht sein, wenn das Mängelbeseitigungsverlangen des Mieters mit einem krassen Missverhältnis zwischen Reparaturaufwand und Nutzen der Reparatur sowie der Höhe der Miete einhergeht (OLG Hamburg, Urteil vom 8.11.2000, 4 U 205/99, WuM 2001, 542).

! **ACHTUNG**

Der Mängelbeseitigungsanspruch des Mieters unterliegt während der Dauer des Mietverhältnisses nicht der Verjährung.

Die Erhaltungspflicht des Vermieters umfasst nicht nur die Durchführung von Reparaturen und das Beseitigen von Schäden (Instandsetzung). Sie beinhaltet auch eine Überprüfungspflicht in Bezug auf das Mietobjekt. So hat der Vermieter Heizungs- und Warmwasseranlagen sowie Aufzugsanlagen regelmäßig zu warten. Begrifflich handelt es sich hierbei nicht um eine Instandsetzung, sondern um vorsorgliche Maßnahmen, die der Vermeidung von Schäden oder Gefahren dienen (Instandhaltung).

1.3 Rechtsmangel

Dem Sachmangel im Sinne des § 536 Abs. 1 BGB ist der sogenannte Rechtsmangel gleichgestellt. Ein Rechtsmangel liegt vor, wenn dem Mieter der vertragsgemäße Gebrauch der Mietsache durch das Recht eines Dritten ganz oder teilweise entzogen wird (§ 536 Abs. 3 BGB). Als Rechte Dritter kommen regelmäßig dingliche Rechte infrage, zum Beispiel Eigentum, Wohnungseigentum, Nießbrauch, Grunddienstbarkeit oder Erbbaurecht (Eisenschmid in Schmidt-Futterer, § 536 Rn 281 ff.). Rechte im Sinne des § 536 Abs. 3 BGB sind nur Privatrechte, die bei Vertragsabschluss bestehen oder danach entstehen und gegen den Mieter wirken (Weidenkaff in Palandt, § 536 Rn 27).

▶ **BEISPIEL**

Ein Eigentümer vermietet sein Mietobjekt an zwei verschiedene Mieter. Die beiden geschlossenen Mietverträge sind unabhängig voneinander wirksam, der Vermieter kann jedoch nur einen erfüllen. Jeder Mieter hat aus dem mit ihm geschlossenen Mietvertrag einen Anspruch auf Übergabe der Mieträume gegenüber dem Vermieter. Derjenige Mieter, dem die Mietsache nicht übergeben werden kann, da sie bereits vom anderen Mieter in Besitz genommen wurde, kann gegenüber dem Vermieter einen Schadensersatzanspruch gemäß § 536a Abs. 1 BGB in Verbindung mit § 536 Abs. 3 BGB geltend machen.

Eine solche Doppelvermietung stellt einen Rechtsmangel der Mietsache dar (Brandenburgisches OLG, Urteil vom 25.2.2009, 3U 54/08, juris-i).

! **WICHTIG**

Ein Rechtsmangel im Sinne des § 536 Abs. 3 BGB ist nicht gegeben, wenn öffentlich-rechtliche Nutzungsbeschränkungen vorliegen. In diesem Fall handelt es sich um einen Sachmangel im Sinne des § 536 Abs. 2 BGB.

1.4 Zugesicherte Eigenschaft

Fehlt eine zugesicherte Eigenschaft des Mietobjekts oder fällt sie später weg, steht dem Mieter, wie bei Vorliegen eines Mangels, ein Minderungsrecht zu (§ 536 Abs. 2 BGB). Als Eigenschaft einer Mietsache kann deren materielle Beschaffenheit, zum Beispiel bestimmte Ausstattungsmerkmale, oder ihr Bezug zur Umwelt, zum Beispiel ruhige Wohnlage, in Betracht kommen (Chr. Spielbauer in Spielbauer/Schneider, § 536 Rn 113 ff.).

Die Frage, wann eine bestimmte Eigenschaft oder Beschaffenheit des Mietobjekts als zugesichert gilt, ist in der Praxis nicht immer leicht zu beantworten. Oft werden in Mietverträgen oder Übergabeprotokollen Beschreibungen oder Merkmale der Mietsache aufgenommen, die – wie sich dann erst später herausstellt – nicht oder nicht entsprechend vorhanden sind.

Bei Angaben im Mietvertrag, im Protokoll oder in Zusätzen ist zu unterscheiden, ob es sich um bloße Beschreibungen des Mietobjekts handelt oder ob sie darüber hinausgehen, sodass es sich um Eigenschaften handelt, die der Vermieter dem Mieter zugesichert hat.

Eine Zusicherung liegt nur dann vor, wenn der Vermieter eine vertraglich bindende Erklärung abgibt, die über die bloße Angabe des Verwendungszwecks und eine Beschreibung hinausgeht. Aus der Zusicherung muss sich ergeben, dass der Vermieter bestimmte Eigenschaften der Mietsache garantieren und dafür auch einstehen will (Eisenschmid in Schmidt-Futterer, § 536 Rn 321).

BEISPIEL

Im Mietvertrag steht, dass die Wohnung eine Einbauküche enthält. Es handelt sich hierbei nicht um eine bloße Beschreibung der Wohnung, sondern der Mieter durfte davon ausgehen, dass die Wohnung mit einer Einbauküche ausgestattet ist, sodass deren Vorhandensein als zugesichert gilt. Fehlt die Einbauküche, kann der Mieter mindern, da eine zugesicherte Eigenschaft der Mietsache fehlt.

Wenn allerdings der Mietvertrag keine Vereinbarung oder Beschreibung hinsichtlich der Küchenausstattung enthält, liegt ein Mangel nicht vor, wenn keine Einbauküche vorhanden ist. Eine Wohnung ohne Kücheneinrichtung ist nicht mangelhaft, außer es liegen entsprechende vertragliche Vereinbarungen vor. Eventuelle enttäuschte Erwartungen des Mieters, dass die Wohnung mit einer Einbauküche versehen sei, sind unbeachtlich.

1.4.1 Energieausweis

(nicht bei Denkmalschutz) [→ VM-Lexikon]

Bei der Errichtung von Neubauten ist die Ausstellung von Energieausweisen bereits seit 1995 vorgeschrieben. Bis zum Inkrafttreten der Neufassung der EnEV zum 1.5.2014 genügte es, dass der Vermieter Mietinteressenten den Energieausweis zugänglich machte, das heißt, er musste dem Mieter lediglich die Möglichkeit der Kenntnisnahme vom Inhalt des Energieausweises verschaffen (Stürzer/Koch, Vermieterlexikon, Seite 272). Seit 1.5.2014 muss der Energieausweis spätestens bei der Besichtigung der Mieträume vorgelegt werden. Die Vorlagepflicht wird auch durch einen deutlich sichtbaren Aushang oder ein deutlich sichtbares Auslegen während der Besichtigung erfüllt. Nach Abschluss des Kauf- oder Mietvertrags muss dem Käufer bzw. Mieter der Energieausweis unverzüglich übergeben werden, wobei die Aushändigung einer Kopie genügt (§ 16 Abs. 2 EnEV 2014).

! ACHTUNG

Bei Abschluss des Mietvertrags sollte sich der Vermieter vom Mieter durch dessen Unterschrift bestätigen lassen, dass er den Energieausweis übergeben hat. So hat er im Zweifelsfall einen Beweis zur Hand.

Im Zusammenhang mit der Verpflichtung gemäß § 16 Abs. 2 EnEV 2014, dem Mieter den Energieausweis auszuhändigen, stellt sich die Frage, ob dem Mieter Gewährleistungsansprüche gegenüber dem Vermieter zustehen, wenn die Angaben im Energieausweis von den tatsächlichen Gegebenheiten abweichen. Denn in diesem Fall kann ein Mangel im Sinne des § 536 Abs. 1 BGB vorliegen. Zu denken wäre auch an das Fehlen einer zugesicherten Eigenschaft der Mietsache im Sinne des § 536 Abs. 2 BGB, wenn die Angaben im Energieausweis als Zusicherung zu bewerten sind.

Bis zum Inkrafttreten der Neuregelung der EnEV 2014 war der Energieausweis dem Mieter nur zur Kenntnis zu bringen, es reichte, wenn er ihn einsehen konnte. Die Einsichtnahme führte jedoch nicht dazu, dass der Energieausweis bzw. dessen Inhalt automatisch zum Bestandteil des Mietvertrags wurde. Eine vertragliche Vereinbarung lag dann gerade nicht vor, da allein die Einsichtnahme in den Energiepass keine übereinstimmende Willenserklärung der Vertragsparteien zum Gegenstand hat, die zu einer mietvertraglichen Vereinbarung führt.

Auch mit der Neuregelung seit 1.5.2014, die vorgibt, dass der Vermieter dem Mieter den Energieausweis aushändigen muss, wird dieser nicht automatisch zum Vertragsinhalt. Allein das Übergeben des Energieausweises führt nicht zu einer Einbeziehung in den Mietvertrag dergestalt, dass es sich bei den Angaben im Energieausweis entweder um eine vertraglich vereinbarte Beschaffenheit oder zugesicherte Eigenschaft handelt.

Ob bei tatsächlichen Angaben im Mietvertrag zu einem bestimmten energetischen Zustand des Gebäudes eine vom Vermieter zugesicherte Eigenschaft angenommen werden kann mit der Folge, dass der Vermieter für das Fehlen einzustehen hat, ist immer eine Frage der Einzelfallbewertung. Die Gefahr für den Vermieter, bei entsprechenden Angaben im Mietvertrag Gewährleistungs- bzw. Haftungsansprüchen des Mieters ausgesetzt zu sein, ist groß (Hopfensperger/Onischke, Der Energieausweis für Gebäude).

Unter normalen Umständen kann nicht davon ausgegangen werden, dass ein Vermieter für die Angaben im Energieausweis einstehen will. Die Erstellung eines Energieausweises bedarf besonderer Fachkenntnisse, weshalb ein durchschnittlicher Mieter oder Vermieter nicht in der Lage sein wird, die Angaben darin auf ihre Richtigkeit hin zu überprüfen. Allein deshalb wird ein Vermieter nicht für diese Angaben dem Mieter gegenüber garantieren wollen.

HINWEIS

Gemäß § 5a Satz 3 Energieeinsparungsgesetz (EnEG) dienen Energieausweise lediglich der Information. Wenn die tatsächlichen Werte von den im Energieausweis mitgeteilten Werten abweichen, liegt daher weder ein Mangel der Mietsache im Sinne des § 536 Abs. 1 BGB vor, noch fehlt eine zugesicherte Eigenschaft (§ 536 Abs. 3 BGB). Der Mieter kann daher keine Gewährleistungsansprüche geltend machen.

Nur wenn die Vertragsparteien eine Erklärung in den Mietvertrag aufnehmen, dass ein bestimmter energetischer Standard des Objekts unter Bezugnahme auf den Energieausweis geschuldet ist, wird man ausnahmsweise von einer vertraglichen Vereinbarung ausgehen können. Der Mietvertrag hat dann einen bestimmten, vertragsgemäß geschuldeten energetischen Stand der Mietsache zum Inhalt. In diesem Fall könnte bei einer Abweichung der tatsächlichen energetischen Qualität der Mietsache vom vertraglich vereinbarten Zustand ein Sachmangel im Sinne des § 536 Abs. 1 BGB vorliegen. Allerdings muss sich diese Abweichung auch nachteilig auf den Gebrauch der Mietsache auswirken.

WICHTIG

Der Vermieter sollte den Energieausweis nicht zum Bestandteil des Mietvertrags machen und auch sonst keine Erklärungen zur energetischen Qualität des Gebäudes in den Mietvertrag aufnehmen.

HINWEIS

Bei Mietverträgen, die zum 1.5.2014 bereits bestehen, hat der Mieter keinen Anspruch auf die nachträgliche Vorlage oder Aushändigung des Energieausweises.

& Anmeldebestätigung den M aushändigen u. in Kopie i. MV-Unterlage

1.4.2 Wohnflächenangaben

In der Beratungspraxis ist häufig die Frage zu klären, ob Flächenangaben im Mietvertrag eine zugesicherte Eigenschaft darstellen.

Mietvertrag

Allzu oft sehen Mietvertragsformulare Lückentexte vor, in denen Flächenangaben einzutragen sind. Ein Vermieter mag sich durch diesen Lückentext veranlasst sehen, eine bestimmte Flächengröße anzugeben, obwohl er sich über die tatsächliche Größe der Mieträume gar nicht sicher ist. Vielleicht greift der Vermieter zur Ermittlung der Wohnfläche auch auf alte Pläne, Angaben in Teilungserklärungen oder Abrechnungen zurück, ohne deren Richtigkeit zu überprüfen. In der mietrechtlichen Praxis kommt es daher sehr häufig zu Streitigkeiten wegen Abweichungen zwischen der tatsächlichen und der im Mietvertrag mitgeteilten Fläche.

HINWEIS

Selbst wenn in Mietvertragsformularen Einträge zur Fläche vorgesehen sind, muss eine bestimmte Wohnungsgröße nicht angegeben werden. Es besteht keine (gesetzliche) Verpflichtung des Vermieters, im Mietvertrag eine Fläche zu nennen.

Die Wohnfläche an sich spielt im Rahmen eines Mietverhältnisses keine unbedeutende Rolle. Wird zum Beispiel vermieterseits eine Mieterhöhung ausgesprochen, ist im Rahmen einer formell ordnungsgemäßen Mieterhöhungserklärung der Quadratmeterpreis anzugeben, was wiederum die Mitteilung der Wohnfläche im Mieterhöhungsverlangen voraussetzt. Rechnet der Vermieter über die Betriebskosten ab, legt er in der Regel die Wohnfläche als allgemeinen Verteilerschlüssel zugrunde (§ 556a Abs. 1 Satz 1 BGB). Auch bei einer Mieterhöhung wegen Modernisierungsmaßnahmen kann im Einzelfall die Wohnfläche als Umlageschlüssel angewendet werden.

Auch wenn der Mietvertrag selbst keine Flächenangabe enthält, ist die Kenntnis der Wohnfläche für viele Erklärungen des Vermieters erforderlich. Ein Mieter, der eine Mieterhöhung oder Betriebskostenabrechnung erhält, wird neben dem Zahlenwerk in der Regel auch die mitgeteilte Wohnfläche überprüfen. Entweder führt er selbst eine Nachmessung durch oder lässt dies von einem Architekten oder Gutachter erledigen. Ergibt sich dabei eine Fläche, die für den Mieter von Nachteil ist, zum Beispiel weil der Vermieter bei der Betriebskostenabrechnung eine größere Wohnfläche zugrunde gelegt hat, wird der Mieter in aller Regel Einwendungen erheben.

Bei Streitigkeiten über die tatsächliche Wohnfläche können die Parteien, sofern sie sich dahingehend einigen, einen Fachmann mit der Ermittlung der Wohnfläche beauftragen und festlegen, dass dieses Ergebnis künftig gelten soll. Im Rahmen eines Gerichtsprozesses, in dem der Mieter die Flächenangabe des Vermieters bestreitet, beauftragt das Gericht einen Gutachter mit der Flächenermittlung. Die sich dabei ergebende Wohnfläche hat zunächst nur Einfluss auf den streitigen Fall.

Problematisch sind die Fälle, in denen im Mietvertragsformular eine bestimmte Wohnungsgröße eingetragen ist und sich während der Dauer des Mietverhältnisses herausstellt, dass die Angabe falsch ist. Geht man davon aus, dass es sich bei der Flächenangabe um eine zugesicherte Eigenschaft handelt, haftet der Vermieter bei der kleinsten Abweichung zu Lasten des Mieters. Wie bereits ausgeführt, liegt eine zugesicherte Eigenschaft jedoch nur dann vor, wenn der Vermieter für die Flächenangabe auch einstehen, das heißt, eine Garantie für deren Richtigkeit übernehmen will. Davon kann jedoch in der Regel bei Flächenangaben im Mietvertrag nicht ausgegangen werden. Die Angabe einer Wohnfläche im Vertragsformular stellt lediglich eine Beschreibung der Mietsache dar, nicht aber eine darüber hinausgehende Zusicherung einer Eigenschaft in Form einer bestimmten Größe (OLG Dresden, Beschluss vom 15.12.1997, 3 AR 90/97, WuM 1998, 144). Von einer Beschaffenheitsvereinbarung hinsichtlich der Wohnfläche ist auch dann nicht auszugehen, wenn ein Wohnraummietvertrag zwar eine Wohnflächenangabe enthält, diese jedoch mit der Einschränkung versehen ist, dass sie nicht zur Festlegung des Mietgegenstands dient (BGH, Urteil vom 10.11.2010, VIII ZR 306/09, WuM 2011, 11).

Eine zugesicherte Eigenschaft im Hinblick auf die Fläche der Mietsache kann jedoch dann vorliegen, wenn Baupläne mit entsprechenden Größenangaben zum Bestandteil des Mietvertrags gemacht werden. Auch dann, wenn der Preis pro Quadratmeter im Mietvertrag genannt ist und sich die Gesamtmiete aus der Multiplikation von Preis und Quadratmeterzahl ergibt, kann sich hieraus eine Zusicherung derart ergeben, dass nur für die tatsächlich ermittelte Fläche eine Miete geschuldet ist.

„echte m²-Miete"

BEISPIEL

Mietvertrag über die Wohnung ....

§ 2 Miete

Die monatliche Miete errechnet sich/setzt sich zusammen wie folgt:

11,50 Euro/m^2 × 110 m^2	1.265,00 Euro
Zuzüglich Betriebskosten	
3,00 Euro/m^2 × 110 m^2	330,00 Euro
Gesamtmiete	1.595,00 Euro

Beträgt die tatsächliche Fläche lediglich 105 m^2, so verringert sich die monatliche Miete um 5 m^2 × 11,50 Euro = 57,50 Euro, die monatliche Betriebskostenvorauszahlung sinkt um 5 m^2 × 3,00 Euro = 15,00 Euro. Die Gesamtmiete beträgt dann 1.522,50 Euro.

Wenn der Vermieter, wie im Beispiel, die Kalkulation des Mietpreises zum Vertragsinhalt macht, muss er auch dafür einstehen, wenn er von falschen Flächenangaben ausgeht. Der Vermieter ist ja nicht verpflichtet, die Ermittlung der Miete offenzulegen oder die Rechnung in den Vertrag aufzunehmen.

Zeitungsinserat

Flächenangaben finden sich nicht nur in Mietvertragsformularen, sondern auch in Anzeigen und Inseraten, die der Suche nach einem Mieter dienen. Fraglich ist, ob falsche Flächenangaben in Zeitungsinseraten eine Haftung des Vermieters begründen. Das AG Frankfurt/Main hat hierzu festgestellt (Urteil vom 5.5.2006, 33 C 582/06, WuM 2007, 315), dass über den Abschluss eines Mietvertrags regelmäßig erst bei oder nach der Besichtigung der Wohnung entschieden wird. Die falsche Flächenangabe in einem Inserat ist daher nicht ursächlich für den Vertragsabschluss, sondern allenfalls für den Entschluss, die Wohnung zu besichtigen.

Eine weitere Entscheidung des AG Frankfurt/Main kommt ebenfalls zu dem Ergebnis, dass eine falsche Flächenangabe in einem Zeitungsinserat keinen Mangel an der Mietsache begründet und ein Mietminderungsanspruch des Mieters daher nicht gegeben ist. Allein die Angabe der Fläche eines Mietobjekts in einer Anzeige führt nicht dazu, dass diese konkludent zum Vertragsinhalt wird, wenn der später abgeschlossene Vertrag keine Angabe zur Wohnungsgröße enthält (Urteil vom 19.9.2012, 33 C 3082/12, juris- i). Wenn eine Flächenangabe im Mietvertrag grundsätzlich keine zugesicherte Eigenschaft der Mietsache darstellt, kann dies umso weniger für eine Angabe im Inserat gelten, das keinen Bezug zum (ungewissen) Abschluss des Mietvertrags hat.

Dennoch kann sich aus den Gesamtumständen bei Abschluss des Mietvertrags ergeben, dass eine Wohnflächenangabe in einer Annonce mit einer entsprechenden mietvertraglichen Vereinbarung gleichzusetzen ist. Zwar haben in dem vom BGH entschiedenen Fall die Vertragsparteien die Angabe der Wohnungsgröße nicht in den Mietvertrag aufgenommen, jedoch wurden dem Mieter vor Abschluss des Mietvertrags eine Grundrissskizze und eine detaillierte Wohnflächenberechnung übergeben, die die in der Annonce mitgeteilte falsche Wohnfläche, wie sich hinterher herausstellte, bestätigten. Die Mietpartei hat in der Folge zu Recht moniert, dass die tatsächliche Fläche mehr als 10 % von der in den übergebenen Unterlagen mitgeteilten Fläche abweicht. Der BGH hat hier entschieden, dass die Absprachen vor dem Zustandekommen des Mietvertrags mit einer mietvertraglichen Vereinbarung gleichzusetzen sind (BGH, Urteil vom 23.6.2010, VIII ZR 256/09, WuM 2010, 480).

! **WICHTIG**

Grundsätzlich ist die falsche Größenangabe von Flächen, sei es im Mietvertrag oder in Zeitungsanzeigen, unschädlich für den Vermieter. Das Vorliegen einer zugesicherten Eigenschaft in Bezug auf eine bestimmte Flächengröße wird, ohne dass besondere Umstände hinzukommen, nicht bejaht werden können, sodass eine Haftung des Vermieters bzw. Gewährleistungsansprüche des Mieters nicht gegeben sind.

Wohnflächenabweichung als Mangel

Auch wenn sich eine Haftung des Vermieters für die Abweichungen der tatsächlichen von der im Mietvertrag mitgeteilten Fläche nicht daraus ergibt, dass eine zugesicherte Eigenschaft fehlt, kann bei falschen Flächenangaben im Mietvertrag dennoch ein Mangel an der Mietsache gegeben sein. Wie bereits ausgeführt, besteht ein Mangel an der Mietsache dann, wenn die Istbeschaffenheit von der Sollbeschaffenheit abweicht und sich daraus eine Beeinträchtigung der Tauglichkeit der Mietsache zum vertragsgemäßen Gebrauch ergibt (§ 536 Abs. 1 BGB).

▶ **BEISPIEL**

Im Mietvertrag ist eine Wohnfläche von 100 m^2 vereinbart, die tatsächliche Fläche beträgt jedoch nur 89 m^2. Die tatsächliche Fläche entspricht daher nicht der Beschreibung im Mietvertrag. Es liegt eine für den Mieter nachteilige Abweichung vor.

Fraglich ist in diesem Fall, inwieweit durch die kleinere Fläche die Tauglichkeit der Mietsache zum vertragsgemäßen Gebrauch erheblich beeinträchtigt ist. Die Flächenabweichung an sich begründet noch keinen Mangel; erst wenn sie erheblich ist oder der Mieter darlegen kann, dass die kleinere Fläche für ihn eine Beeinträchtigung darstellt, wird das Vorliegen eines Mangels bejaht werden können (vgl. Kapitel 3.1).

Der BGH hat diese sehr umstrittene Frage mit einer Entscheidung vom 24.3.2004 beantwortet bzw. geklärt. Weicht die tatsächliche Fläche um mehr als 10 % von der im Mietvertrag mitgeteilten Fläche ab, liegt ein Mangel an der Mietsache im Sinne des § 536 Abs. 1 Satz 1 BGB vor, der den Mieter zur Minderung der Miete berechtigt. Einer zusätzlichen Begründung des Mieters, dass die Flächenabweichung die Tauglichkeit der Wohnung zum vertragsgemäßen Gebrauch erheblich beeinträchtigt, bedarf es dann nicht (BGH, Urteil vom 24.3.2004, VIII ZR 295/03, WuM 2004, 336).

! **ACHTUNG**

Die Erheblichkeitsgrenze liegt bei 10 %.

Wird in einem Mietvertrag die Wohnfläche mit dem Zusatz „etwa" oder „ungefähr" versehen, folgt daraus keine andere Bewertung der Erheblichkeitsgrenze. Auch in solchen Fällen liegt sie bei 10 % (BGH, Urteil vom 24.3.2004, VIII ZR 133/03, WuM 2004, 268). Mit einem Urteil vom 10.3.2010 hat der BGH diese Rechtsauffassung nochmals bestätigt und entschieden, dass auch ein „Circa"-Zusatz bei der Wohnflächenangabe im Mietvertrag keine zusätzlichen Toleranzen bewirkt (BGH, Urteil vom 10.3.2010, VIII ZR 144, 09, WuM 2010, 240).

Bleibt die Flächenabweichung dagegen unterhalb der Schwelle von 10 %, so ist diese nicht erheblich im Sinne des § 536 Abs. 1 BGB. Ein Mangel allein wegen der Flächenabweichung liegt dann nicht vor (AG Dortmund, Urteil vom 26.11.2013, 425 C 7773/12, juris-i).

▶ **BEISPIEL**

Die im Mietvertrag mitgeteilte Fläche beträgt 100 m², die tatsächliche Fläche 92 m². Die Flächendifferenz liegt unter der Erheblichkeitsgrenze von 10 %, sodass ein Mangel im Sinne des § 536 Abs. 1 Satz 1 BGB nicht gegeben ist.

Allerdings kann ein Mangel auch bei Unterschreiten der Erheblichkeitsgrenze gegeben sein, wenn der Mieter darlegen kann, dass gerade durch diese Minderfläche die Gebrauchstauglichkeit der Mietsache erheblich beeinträchtigt ist.

BEISPIEL

Für die vermietete Einzimmerwohnung ist im Mietvertrag eine Größe von 31 m^2 angegeben. Tatsächlich beträgt die Fläche jedoch nur 28,5 m^2. Die Abweichung der Flächen erreicht nicht die 10%-Grenze, sodass der Mieter grundsätzlich nicht mindern kann. Allerdings hat er aufgrund der Größe von über 30 m^2 die Wohnung angemietet, da er für seinen Teppich eine Mindestgröße von 30 m^2 benötigt.

Der Mieter kann in diesem Fall darlegen, dass die kleinere Fläche für ihn einen erheblichen Mangel darstellt, sodass er berechtigt ist, Gewährleistungsansprüche geltend zu machen.

HINWEIS

Ein Mangel an der Mietsache liegt vor, wenn die Flächendifferenz 10 % zum Nachteil des Mieters abweicht. Beträgt die Abweichung weniger als 10 %, kann ein Mangel vorliegen, wenn der Mieter dies darlegen kann.

Die Erheblichkeitsgrenze findet auch bei Flächenabweichungen im Rahmen von Geschäftsraummietverträgen Anwendung. Weicht hier die tatsächliche Fläche um 10 % zum Nachteil des Mieters ab, liegt ein Mangel im Sinne des § 536 Abs. 1 BGB vor, der den Mieter zur Minderung berechtigt (BGH, Urteil vom 4.5.2005, XII ZR 254/01, ZMR 2005, 612).

Flächenabweichung und Mieterhöhung

Falsche Wohnflächenangaben im Mietvertrag können auch zu erheblichen Konsequenzen bei einem Mieterhöhungsverlangen führen. Der BGH hat in mehreren Entscheidungen hierzu Stellung bezogen. Übersteigt danach die in einem Mieterhöhungsverlangen angegebene und der Berechnung der Mieterhöhung zugrunde gelegte Fläche die tatsächliche Wohnfläche, kann der Mieter wegen ungerechtfertigter Bereicherung die Rückzahlung der in der Folgezeit zu viel gezahlten Miete vom Vermieter verlangen. Allerdings knüpft der BGH auch hier an die Erheblichkeitsgrenze von 10 % an, das heißt, der Rückzahlungsanspruch ist nur dann gegeben, wenn die Flächenabweichung mehr als 10 % ausmacht.

ACHTUNG

Nach Auffassung des BGH ~~ist die~~ Erheblichkeitsgrenze auch im Fall einer Mieterhöhung anzuwenden.

lt. BGH: tats. Größe ist maßgeblich!

Der BGH begründet die Anwendung der Erheblichkeitsgrenze damit, dass es bei einer Flächenüberschreitung in Betracht kommen kann, dass der gutgläubige Vermieter nicht auf Dauer an seinem Irrtum über die tatsächliche Größe der Wohnung gebunden bleiben will. Der Vermieter soll berechtigt bleiben, einem Mieterhöhungsverlangen die tatsächliche Wohnungsgröße zugrunde zu legen (BGH, Urteil vom 7.7.2004, VIII ZR 192/03, NZM 2004, 699).

Übersteigt hingegen die tatsächliche Wohnungsgröße die im Mietvertrag vereinbarte Wohnfläche, so ist in einem Mieterhöhungsverlangen des Vermieters gleichwohl die vertraglich vereinbarte Fläche zugrunde zu legen, wenn die Flächenüberschreitung nicht mehr als 10 % beträgt (BGH, Urteil vom 23.5.2007, VIII ZR 138/06, WuM 2007, 450). In einer weiteren Entscheidung vom 8.7.2009 bestätigte der BGH diese Rechtsauffassung, indem er auch bei einer Flächenabweichung um weniger als 10 % zum Nachteil des Mieters die vereinbarte Wohnfläche gelten lässt (BGH, Urteil vom 8.7.2009, VIII ZR 205/08, WuM 2009, 460).

BEISPIEL

(BGH, Urteile vom 8.7.2009, VIII ZR 205/08, vom 23.5.2007, VIII ZR 138/06 und vom 4.5.2005, XII ZR 254/01)

Im Mietvertrag vereinbarte Wohnfläche: 100 m²

1. Tatsächliche Wohnfläche: 89 m²

Abweichung ist größer als 10 % (zum Nachteil des Mieters).

Ein Mangel liegt vor, der Mieter kann mindern, die tatsächliche Fläche ist maßgeblich.

2. Tatsächliche Wohnfläche: 111 m²

Abweichung ist größer als 10 % (zum Nachteil des Vermieters).

Die tatsächliche Fläche ist maßgeblich.

3. Tatsächliche Wohnfläche: 91 m²

Abweichung ist kleiner als 10 %.

Ein Mangel liegt nicht vor, der Mieter kann nicht mindern, die vereinbarte Fläche ist maßgeblich.

4. Tatsächliche Wohnfläche: 109 m²

Abweichung ist kleiner als 10 %.

Die vereinbarte Fläche ist maßgeblich.

Berechnung der Wohnfläche

Die Wohnfläche spielt bei der Vermietung einer Immobilie eine große Rolle, insbesondere ist sie als allgemeiner Verteilerschlüssel für die Abrechnung der Betriebskosten gesetzlich vorgesehen (§ 556a Abs. 1 Satz 1 BGB). Das Verhältnis der Wohn- und Nutzflächen ist darüber hinaus bei der Verteilung der verbrauchsunabhängigen Kosten (Grundkosten) für Heizung und Warmwasser maßgeblich (§ 7 Abs. 1 Satz 5, § 8 Abs. 1 HeizKV). Eine Definition der Wohnfläche enthält das BGB jedoch nicht, ebenso wenig wie Verweisungen auf entsprechende Berechnungsmethoden, zum Beispiel in der Wohnflächenverordnung (WoFlV). In der Praxis kommt es daher immer wieder zu Streitigkeiten darüber, wie die Wohnfläche exakt zu ermitteln ist. Hierzu existieren verschiedene Berechnungsmethoden, zum Beispiel gemäß DIN 283, DIN 277, Zweiter Berechnungsverordnung (II. BV) oder Wohnflächenverordnung. Der BGH hat sich in seinen bisherigen Entscheidungen nicht für eine bestimmte Berechnungsart ausgesprochen, sondern überlässt es grundsätzlich den Vertragsparteien, hierüber eine Vereinbarung im Mietvertrag zu treffen. Ist dies nicht ausdrücklich geregelt, können nach Auffassung des BGH diejenigen Bestimmungen angewendet werden, die zum Zeitpunkt des Mietvertragsabschlusses für den preisgebundenen Wohnraum gegolten haben (BGH, Urteil vom 22.4.2009, VIII ZR 86/08, WuM 2009, 344). Nach Auffassung des BGH kann jedoch auch geprüft werden, ob ein gewisser Berechnungsmodus ortsüblich oder nach Art der Wohnung näher liegt (BGH, Urteil vom 23.5.2007, VIII ZR 231/06, WuM 2007, 441).

! **ACHTUNG**

Mietvertragsabschluss vor 1.1.2004: Anwendung von §§ 42 ff. Zweite Berechnungsverordnung; Mietvertragsabschluss ab 1.1.2004: Anwendung der Wohnflächenverordnung.

Anhängig von der angewendeten Berechnungsart kann es in der Praxis also dazu kommen, dass für ein und dieselbe Wohnung unterschiedliche Wohnflächen ermittelt werden.

Für die Ermittlung von Flächen von Gewerberäumen existieren ebenfalls keine zwingend anzuwendenden Vorschriften. Deren Flächen werden meist nach den Bestimmungen der DIN 277 oder den Richtlinien der Gesellschaft für Immobilienwirtschaftliche Forschung e. V. (gif) ermittelt.

2 Mietminderung

Liegt ein Sach- oder Rechtsmangel im Sinne des § 536 BGB vor oder fehlt eine zugesicherte Eigenschaft der Mietsache, kann der Mieter die Miete mindern (§ 536 Abs. 1 BGB). Das Recht, die Miete zu mindern, stellt eine kraft Gesetzes eintretende Änderung der Mietzahlungsverpflichtung dar. Die Minderung ist daher kein Anspruch, den der Mieter dem Vermieter gegenüber erst geltend machen muss, damit sie eintritt. Auch muss der Vermieter einer Mietminderung nicht zustimmen — anders als bei einer Mieterhöhung, die erst eintritt, wenn der Mieter zustimmt bzw. seine Zustimmung durch ein Gerichtsurteil ersetzt wird.

Die Minderung besteht so lange fort, bis der Mangel behoben bzw. die Gebrauchsbeeinträchtigung beendet ist (Stürzer/Koch, Vermieterlexikon, Seite 705 ff.).

2.1 Höhe der Mietminderung

Die Höhe der Minderung richtet sich danach, wie stark der Mangel den vertragsgemäßen Gebrauch der Mietsache tatsächlich beeinträchtigt. Ist die Tauglichkeit der Mietsache gänzlich aufgehoben, entfällt die Verpflichtung des Mieters zur Mietzahlung vollständig. Ist die Tauglichkeit zum vertragsgemäßen Gebrauch gemindert, hat der Mieter nur eine angemessen herabgesetzte Miete zu entrichten.

In der Praxis gestaltet sich die Bewertung der Beeinträchtigung der Gebrauchstauglichkeit der Mietsache durch einen vorhandenen Mangel für die Vertragsparteien problematisch. Gemäß § 536 Abs. 1 Satz 2 BGB ist die Miete „angemessen" herabzusetzen. Für die Beurteilung der Angemessenheit soll jedoch nicht ausschließlich auf die beeinträchtigte oder aufgehobene Tauglichkeit abgestellt werden, sondern es sollen auch andere Kriterien berücksichtigt werden können (Eisenschmid in Schmidt-Futterer, § 536 Rn 361 ff.).

BEISPIEL

Fällt die Heizungsanlage im Sommer aus, liegt in der Regel keine oder nur eine geringfügige Beeinträchtigung der Mietsache vor; anders ist jedoch ein Ausfall der Heizungsanlage im Winter zu bewerten. Wird dadurch die Wohnung im Winter unbewohnbar, kann in Extremfällen eine 100%ige Minderung der Miete infrage kommen, während im Sommer eine Minderung ausgeschlossen sein dürfte.

Wenn es um die Feststellung der Minderungsquote geht, spielen die Umstände des Einzelfalls eine wichtige Rolle. In die Bewertung einfließen können Vertragszweck, Miethöhe, Art und Umfang sowie Dauer der Beeinträchtigung. Versuche, Schemata oder objektive Kriterien für die Berechnung der Mietminderung zu definieren, scheitern in der Regel an der Umsetzung. In der Praxis wird man sich daher meist an Vergleichsfällen orientieren, die durch die Rechtsprechung bereits entschieden sind. Sogenannte Minderungstabellen können eine große Hilfe dabei darstellen, eine sachgerechte Quote zu ermitteln (vgl. Kapitel 10).

HINWEIS

Minderungstabellen geben nur Anhaltspunkte für vergleichbare Sachverhalte, ersetzen jedoch keine individuelle Bewertung des Einzelfalls.

2.2 Bemessungsgrundlage der Minderung

Die Minderungshöhe wird zumeist als Quote in Form einer bestimmten Prozentzahl dargestellt. Doch stellt sich dann die Frage, von welcher Miete bei der Berechnung ausgegangen werden soll. Setzt sich zum Beispiel die vertraglich vereinbarte Miete aus einer Nettomiete zuzüglich Vorauszahlungen oder Pauschale für die Betriebskosten zusammen, ist fraglich, ob sich die Minderungsquote auf die Gesamtmiete oder nur auf die Nettomiete bezieht.

BEISPIEL

Mindert ein Mieter wegen Lärmbelästigungen, die von einer benachbarten Baustelle ausgehen, so könnte man die Auffassung vertreten, dass die Mietminderung von der Nettomiete zu berechnen ist. Die Leistungen, die durch die Betriebskosten bezahlt werden, wie die Beheizung oder die Haumeistertätigkeit, sind grundsätzlich von der Lärmbeeinträchtigung nicht betroffen.
Tritt hingegen wegen eines undichten Dachs Schimmel in einer Wohnung auf, könnte als Grundlage für die Mietminderung die Nettomiete zuzüglich der Heizkostenvorauszahlung herangezogen werden. Durch den Schimmelbefall ist nicht nur die Wohnqualität beeinträchtigt, sondern durch den erhöhten Heizbedarf, der zur Beseitigung der Schimmelschäden erforderlich ist, steigen auch die Heizkosten, die der Mieter bezahlt.

Um herauszufinden, welche Bemessungsgrundlage, also Netto-, Brutto- oder Teilinklusivmiete, der Minderung zugrunde zu legen ist, müsste in jedem Einzelfall geklärt werden, ob der Mangel nur die Gebrauchstauglichkeit der Wohnung beeinträchtigt oder ob auch die Betriebskosten bzw. deren Höhe nachteilig berührt werden. In der Tat war es lange umstritten, ob die Berechnung der Mietminderung auf der Netto- oder der Bruttomiete beruhen soll.

Mit einer Entscheidung vom 6.4.2005 zu einem Geschäftsraummietvertrag hat sich der BGH (XII ZR 225/03, WuM 2005, 384) für die Bruttomiete als Bemessungsgrundlage entschieden. Die Bruttomiete ist die Gesamtheit der monatlich vom Mieter geschuldeten Zahlungen für die Überlassung der Mieträume.

In einer weiteren Entscheidung hat der BGH diese Auffassung auf den Bereich der Wohnraummiete erweitert und hier als Bemessungsgrundlage für die Ermittlung der Mietminderung ebenfalls die Bruttomiete angesetzt (Urteil vom 20.7.2005, VIII ZR 347/04, WuM 2005, 573).

! **WICHTIG**

Ausgangspunkt für die Berechnung der Minderungsquote ist immer die Gesamtmiete einschließlich aller Betriebskosten. Werden Betriebskosten als monatliche Pauschale oder monatliche Vorauszahlung erhoben, ist gleichwohl von der Gesamtmiete auszugehen.

▶ **BEISPIEL**

Beispiel a)

Miete	800,00 Euro
Vorauszahlung für Heizung/Warmwasser	100,00 Euro
Pauschale/Vorauszahlung für Betriebskosten	100,00 Euro
Gesamtmiete	1.000,00 Euro

Beispiel b)

Miete	900,00 Euro
Vorauszahlung für Heizung/Warmwasser	100,00 Euro
Gesamtmiete	1.000,00 Euro

Die Minderungsquote beträgt in beiden Beispielen 25 %, die monatliche Miete verringert sich daher um 250,00 Euro. Die vom Mieter geschuldete monatliche Miete beträgt in beiden Fällen 750,00 Euro.

2.3 Berücksichtigung der Minderung bei der Betriebskostenabrechnung

Auf die Schwierigkeiten, die sich nach der gerade erläuterten Rechtsprechung des BGH im Hinblick auf die jährliche Abrechnung der Betriebskosten ergeben, wird im Folgenden eingegangen. Wie in Kapitel 2.2 erläutert, ist bei der Bemessung der Minderung grundsätzlich von der monatlichen Gesamtmiete auszugehen. Zahlt der Mieter eine Bruttomiete, ohne dass für die Betriebskosten neben der Miete eine Vorauszahlung oder Pauschale geschuldet ist, so bleibt dies für die Betriebskosten ohne Konsequenzen. Bei einer vereinbarten Bruttomiete schuldet der Vermieter keine Abrechnung über die Betriebskosten. Daher muss er auch keine Minderung, die während des Abrechnungszeitraums erfolgte, berücksichtigen.

In Fällen, in denen der Mieter neben der Miete Vorauszahlungen auf die Betriebskosten schuldet, ergeben sich dagegen bei der Betriebskostenabrechnung erhebliche Probleme. Da die Minderung auch die Vorauszahlungen umfasst, ist im Rahmen der Abrechnung ein geringerer Betrag bei den Vorauszahlungen anzusetzen mit der Folge, dass sich die Nachzahlung aus der Betriebskostenabrechnung erhöht; nämlich um den Betrag, um den der Mieter zu Recht die Vorauszahlungen mindern durfte.

BEISPIEL 1

Monatliche Grundmiete	800,00 Euro
Monatliche Betriebskostenvorauszahlung	200,00 Euro
Gesamtmiete	1.000,00 Euro
Die Minderungsquote beträgt 20 %, der Mieter zahlt daher monatlich 800,00 Euro, davon 160,00 Euro an Vorauszahlung.	
Vereinbarte Vorauszahlungen im Jahr: 12 × 200,00 Euro	2.400,00 Euro
Abzüglich 20 %	480,00 Euro
Tatsächlich geleistete Vorauszahlungen im Jahr	1.920,00 Euro
Betriebskostenabrechnung	
Die auf die Mieträume entfallenden Kosten im Jahr	2.600,00 Euro
Abzüglich geleisteter Vorauszahlungen im Jahr	1.920,00 Euro
Nachforderung	680,00 Euro

Werden bei der Abrechnung nur die vom Mieter tatsächlich geleisteten Zahlungen berücksichtigt, müsste dieser nach der (falschen) Abrechnung die zu Recht einbehaltenen Minderungsbeträge nachzahlen. Das Minderungsrecht des Mieters würde hier ins Leere laufen, daher ist das Ergebnis falsch.

BEISPIEL 2

Monatliche Grundmiete	800,00 Euro
Monatliche Betriebskostenvorauszahlung	200,00 Euro
Gesamtmiete	1.000,00 Euro
Die Minderungsquote beträgt 20 %.	
Vereinbarte Vorauszahlungen im Jahr: 12 × 200,00 Euro	2.400,00 Euro
Abzüglich 20 %	480,00 Euro
Tatsächlich geleistete Vorauszahlungen im Jahr	1.920,00 Euro
Betriebskostenabrechnung	
Die auf die Mieträume entfallenden Kosten im Jahr	2.600,00 Euro
Abzüglich vereinbarter Vorauszahlungen im Jahr:	
12 × 200,00 Euro	2.400,00 Euro
Nachforderung	200,00 Euro

Werden bei der Abrechnung die vom Mieter vertraglich vereinbarten Zahlungen ohne Minderung angesetzt und ist die Minderungsquote zwischen den Vertragsparteien unstrittig, ist dieser Lösungsweg akzeptabel. Hat der Mieter allerdings die Minderungsquote zu hoch angesetzt, kann der Vermieter dies bei der Abrechnung nicht mehr korrigieren.

BEISPIEL 3

Monatliche Grundmiete	800,00 Euro
Monatliche Betriebskostenvorauszahlung	200,00 Euro
Gesamtmiete	1.000,00 Euro
Die Minderungsquote beträgt 100 %.	
Betriebskostenabrechnung	
Die auf die Mieträume entfallenden Kosten im Jahr	2.100,00 Euro
Abzüglich vereinbarter Vorauszahlungen im Jahr	
12 × 200,00 Euro	2.400,00 Euro
Guthaben zugunsten des Mieters	300,00 Euro

Bei einer Minderungsquote von 100 % müsste der Mieter nicht nur keine Miete zahlen, sondern ihm stünde zusätzlich ein Guthaben von 300,00 Euro zu! Dieses Ergebnis ist falsch, denn gemäß § 536 Abs. 1 BGB führt die Minderung nur zu einer angemessenen Minderung, das reicht maximal bis zur Nichtzahlung der Mieter. Eine Auszahlung von darüber hinausgehenden Beträgen steht dem Mieter nicht zu (§ 536 BGB).

BEISPIEL 4

Monatliche Grundmiete	800,00 Euro
Monatliche Betriebskostenvorauszahlung	200,00 Euro
Gesamtmiete	1.000,00 Euro
Die Minderungsquote beträgt 20 %.	
Betriebskostenabrechnung	
Die auf die Mieträume entfallenden Kosten im Jahr	2.500,00 Euro
Abzüglich Minderungsquote 20 % (von 2.500,00 Euro)	500,00 Euro
Die um die Minderungsquote reduzierten Kosten im Jahr	2.000,00 Euro
Abzüglich tatsächlich geleisteter Vorauszahlungen im Jahr:	
20 % von 200,00 Euro = 160,00 Euro × 12 Monate)	1.920,00 Euro
Nachforderung des Vermieters	80,00 Euro

Das LG Berlin folgt diesem Lösungsansatz. Die vorgenommene Minderung erstreckt sich auch auf die Betriebskosten. Deshalb sind sowohl die jeweilige Jahresmiete als auch der Abrechnungsbetrag der Betriebskosten um die Minderungsquote zu verringern (Urteil vom 7.7.2006, 63 S 342/05, GE 2006, 1235).

Der BGH hat sich zu der Problematik der Mietminderung im Zusammenhang mit einer Betriebskostenabrechnung geäußert und folgenden Lösungsweg beschritten (Urteil vom 13.4.2011, VIII ZR 223/10, WuM 2011, 284):

Lösung nach BGH

1. Vereinbarte monatliche Miete	
Monatliche Nettokaltmiete	800,00 Euro
Monatliche Betriebskostenvorauszahlung	200,00 Euro
Monatliche Gesamtmiete	1.000,00 Euro
Jährliche Gesamtmiete	12.000,00 Euro
2. Vom Mieter im Abrechnungsjahr geschuldete Mieten	
12 × 800,00 Euro (Nettomiete)	9.600,00 Euro
Zuzüglich Betriebskosten gemäß Abrechnung	2.500,00 Euro
Geschuldete Jahresbruttomiete (ohne Minderung)	12.100,00 Euro

Dem Mieter steht ein Minderungsrecht in Höhe von 20 % zu (20 % von 12.100,00 Euro = 2.420,00 Euro): 12.100,00 Euro (Jahresbruttomiete) – 2.420,00 Euro (Jahresminderungsbetrag) = 9.680,00 Euro.

Vom Mieter geschuldete geminderte Jahresbruttomiete	9.680,00 Euro
Dies entspricht einer monatlichen Miete von	
9.680,00 Euro : 12	806,67 Euro
3. Vom Mieter tatsächlich geleistete Mieten	
12 × 800,00 Euro (1.000,00 Euro — 20 %)	9.600,00 Euro
4. Nachforderung des Vermieters	
9.680,00 Euro — 9.600 Euro	80,00 Euro

Diese Rechtsprechung des BGH führt dazu, dass Streitigkeiten über die Höhe von Mietminderungen in Auseinandersetzungen über Betriebskostenabrechnungen hineinreichen. In einem Prozess, in dem über eine Betriebskostenabrechnung gestritten wird, muss dann ggf. ein Gutachten zu Mängeln an der Mietsache, die während des Abrechnungszeitraums aufgetreten sind, eingeholt werden. Mithilfe dieses Gutachtens ermittelt das Gericht sodann die Minderungsquote, die wiederum der Kürzung der Miete und somit der Betriebskostennachforderung zugrunde zu legen ist.

Weitere Schwierigkeiten für die Erstellung der Betriebskostenabrechnung ergeben sich daraus, dass in der Regel während der Beeinträchtigungen Minderungsquoten in unterschiedlicher Höhe angesetzt werden können, die zudem nicht exakt über den gesamten Abrechnungszeitraum wirken.

BEISPIEL

Wegen eines Neubaus auf dem Nachbargrundstück kommt es von März bis Mitte Juni (3,5 Monate) wegen der Bautätigkeiten zu erheblichen Lärmbelästigungen, die zu einer Minderungsquote von 35 % führen. Anschließend folgt die Phase des Innenausbaus von Mitte Juni bis November (5,5 Monate). Während dieser Zeit, in der erheblich weniger Lärmimmissionen entstehen, kann die Miete um 10 % gemindert werden.

Wird in diesem Fall über die Betriebskosten abgerechnet, sind die genannten Zeiträume unterschiedlich zu bewerten, was zu teils aufwändigen Berechnungen in Hinblick auf die Betriebskosten führen kann. Im Beispielsfall könnten sie folgendermaßen aussehen: Die auf die Wohnung entfallenden Betriebskosten betragen für den Abrechnungszeitraum (Kalenderjahr) 1.500,00 Euro; dieser Betrag entspricht monatlich durchschnittlichen Betriebskosten von 1.500,00 Euro : 12 = 125,00 Euro.

Die für das Kalenderjahr vom Mieter zu zahlenden Betriebskosten ermitteln sich unter Zugrundelegung der Minderungsquoten wie folgt:

1. Zeitraum Januar und Februar (zwei Monate)

2 × 125,00 Euro = 250,00 Euro

2. Zeitraum März bis Mitte Juni (3,5 Monate)

3,5 × 125,00 Euro = 437,50 Euro

Die Minderungsquote beträgt 35 % monatlich, sodass für diesen Zeitraum Betriebskosten in Höhe von 284,37 Euro (437,50 Euro — 35 %) geschuldet sind.

3. Zeitraum Mitte Juni bis November (5,5 Monate)

5,5 × 125,00 Euro = 687,50 Euro

Die Minderungsquote beträgt 10 % monatlich, sodass für diesen Zeitraum Betriebskosten in Höhe von 618,75 Euro (687,50 Euro — 10 %) geschuldet sind.

4. Monat Dezember

125,00 Euro

Aufgrund der berechtigten Mietminderung schuldet der Mieter lediglich Betriebskosten für den Abrechnungszeitraum in Höhe von insgesamt 1.278,12 Euro. Hiervon abzuziehen sind die vom Mieter tatsächlich geleisteten Vorauszahlungen.

3 Ausschluss der Minderung

Ein Minderungsrecht des Mieters besteht, wenn die Mietsache zur Zeit der Überlassung an den Mieter einen Mangel aufweist, wenn ein Mangel während der Mietzeit entsteht oder wenn eine zugesicherte Eigenschaft fehlt oder später wegfällt. In bestimmten Fällen ist das Minderungsrecht des Mieters jedoch ausgeschlossen.

3.1 Unerheblichkeit des Mangels

Der Mieter kann die Miete dann nicht mindern, wenn zwar ein Mangel an der Mietsache vorliegt, aber die Gebrauchstauglichkeit der Mieträume zum vereinbarten Vertragszweck nur unerheblich beeinträchtigt ist (§ 536 Abs. 1 Satz 3 BGB). Dies kann dann zutreffen, wenn sich der Mangel mit geringen Kosten und wenig Zeitaufwand beheben lässt oder die Geltendmachung einer Mietminderung gegen den Grundsatz von Treu und Glauben (§ 242 BGB) verstoßen würde (BGH, Urteil vom 30.6.2004, XII ZR 251/02, WuM 2004, 531). Dies ist anhand der jeweiligen Umstände des Einzelfalls zu prüfen.

Sinn und Zweck der Regelung, dass ein Mangel erheblich sein muss, um eine Minderung zu rechtfertigen, ist, dass Streitigkeiten über Kleinigkeiten ausgeschlossen sein sollen, damit das Mietverhältnis nicht unnötig belastet wird (Chr. Spielbauer in Spielbauer/Schneider, Rn 81). Für die Bewertung der Erheblichkeit bzw. Unerheblichkeit eines Mangels ist auf objektive Gesichtspunkte abzustellen. Es kommt daher nicht darauf an, ob der Mieter im Urlaub ist oder sich untertags an seinem Arbeitsplatz aufhält, während zum Beispiel durch Bauarbeiten in der Nachbarschaft Lärmimmissionen die Nutzung der Wohnung beeinträchtigen. Zum Teil wird vertreten, dass sich die Erheblichkeitsgrenze nach der Minderungsquote richtet. So soll eine Quote von weniger als 3 % immer als geringfügig angesehen werden (Börstinghaus, Seite 53).

Nach hier vertretener Auffassung ist die Anwendung einer Minderungsquote von 2 bis 3 % durchaus geeignet, um die Grenze zwischen unerheblichen und erheblichen Mängeln ziehen zu können. Da eine Minderung allgemein durch eine Prozentzahl ausgedrückt wird, ist die Vorgabe einer Erheblichkeitsprozentgrenze gut geeignet, um in der täglichen Praxis eine für beide Vertragsparteien verständliche und praktikable Lösung zu erzielen.

! **ACHTUNG**

Mindert ein Mieter wegen eines Mangels die Miete um bis zu 3 %, sollte der Vermieter diese Minderung auf jeden Fall wegen Unerheblichkeit zurückweisen.

▶ **BEISPIELE**

- Der Fernsehempfang ist während einiger Stunden gestört.
- Die Kellerbeleuchtung fällt für kurze Zeit aus.
- Die Treppenhausreinigung fällt aus bzw. verschiebt sich um einige Tage.
- Die Mülltonnen werden mit einem Tag Verspätung geleert.
- Die Schlüssel für die Wohnungsinnentüren fehlen.
- Die äußere Glasscheibe eines Doppelfensters weist einen Sprung auf, ohne dass Feuchtigkeit eindringen kann (BGH, Urteil vom 10.8.2010, VIII ZR 316/09, WuM 2010, 679).
- Typische Wohngeräusche aus den Nachbarwohnungen sind zu hören.
- Es bildet sich Neubaufeuchte im üblichen Ausmaß.

(Weitere Beispiele siehe Börstinghaus, Seite 53; Schmidt-Futterer, § 536 Rn 62.)

Für die Beurteilung, wann ein Mangel im Sinne des § 536 Abs. 1 Satz 3 BGB erheblich ist, gibt es keine einheitliche Rechtsprechung und keine eindeutige Festlegung auf eine bestimmte Minderungsquote. Allerdings hat sich im Hinblick auf Flächenangaben die Rechtsprechung auf eine bestimmte Quote festgelegt, ab der eine Abweichung zum Nachteil des Mieters einen erheblichen Mangel darstellt. Diese Erheblichkeitsgrenze liegt bei 10 % (BGH, Urteile vom 24.3.2004, VIII ZR 295/03, WuM 2004, 336 und vom 4.5.2005, XII ZR 254/01, ZMR 05, 612; siehe auch Kapitel 1.4.2).

Die Übertragung der 10%-Quote auf andere Mängel ist jedoch nicht sachgerecht, da eine Flächenabweichung die Tauglichkeit der Wohnung zum vertragsgemäßen Gebrauch in der Regel nicht so negativ beeinflusst wie beispielsweise Baustellenlärm oder Schimmelbefall einer Wohnung. In diesen Fällen ist stets eine Gesundheitsbeeinträchtigung der Bewohner zu befürchten, selbst wenn für Schimmel oder Baulärm eine Minderungsquote von unter 10 % anzusetzen wäre. Bei Flächenabweichungen dagegen ist meist nur weniger Stellplatz für die Möblierung vorhanden, darüber hinaus drohen keine weiteren (gesundheitlichen oder körperlichen) Beeinträchtigungen der Bewohner.

● **HINWEIS**

Ist das Minderungsrecht des Mieters nicht gegeben, weil der Mangel unerheblich ist, bleibt gleichwohl der Anspruch des Mieters auf Erfüllung, das heißt Beseitigung des Mangels, bestehen (§ 535 Abs. 1 Satz 2 BGB).

Anders ist die rechtliche Situation zu bewerten, wenn eine zugesicherte Eigenschaft fehlt. In diesem Fall kann der Mieter mindern, ohne dass es auf die Erheblichkeit der Folgen ankommt (§ 536 Abs. 2 BGB). Denn durch die Zusicherung einer bestimmten Eigenschaft oder einer bestimmten Qualität der Mietsache im Mietvertrag hat der Vermieter eine Garantie für deren Vorhandensein abgegeben. Vermieter und Mieter haben durch eine ausdrückliche oder zusätzliche Vereinbarung gerade die Wichtigkeit einer bestimmten Eigenschaft der Mietsache hervorgehoben.

BEISPIELE

- Dem Mieter wird ein Stromanschluss im Keller zugesagt.
- Dem Mieter wird zugesichert, dass das Hoftor verschließbar ist.
- Dem Mieter wird eine bestimmte Größe der Badewanne versprochen.
- Die Tragfähigkeit der Böden wird dem Mieter für eine bestimmte Nutzung zugesichert, zum Beispiel wenn er ein Wasserbett aufstellen will.

In all diesen Fällen wird man davon ausgehen können, dass das Nichtvorhandensein der vereinbarten Eigenschaften für sich gesehen eine unerhebliche Beeinträchtigung der Mietsache zur Folge hat, sodass eine Minderung eigentlich nicht möglich ist. Doch dadurch, dass eine bestimmte Eigenschaft im Mietvertrag festgelegt wird, machen beide Vertragsparteien deutlich, dass sie auf das Vorhandensein großen Wert legen. Bei Abweichungen oder wenn dieses Qualitätsmerkmal fehlt, ist daher ein Mangel an der Mietsache gegeben.

HINWEIS

Fehlt der Mietsache eine zugesicherte Eigenschaft, kann der Mieter mindern, ohne dass es darauf ankommt, ob der Mangel erheblich ist. Solange der Mietsache die zugesicherte Eigenschaft fehlt, schuldet er nur die geminderte Miete.

ARBEITSHILFE ONLINE

MUSTER: Unerheblichkeit des Mangels

Franz Huber
Sonnenstraße 13
80000 München

Max Grauvogel
Blumenstraße 12
80001 München

München, den 31.5.2014

Zurückweisung der Mietminderung aufgrund Unerheblichkeit des Mangels

Sehr geehrter Herr Grauvogel,

mit Schreiben vom 24.5.2014 haben Sie mir mitgeteilt, dass am 23.5.2014 nachmittags das Treppenhauslicht für drei Stunden ausgefallen ist. Des Weiteren teilten Sie mit, dass sich in einigen Fliesen im Sockelbereich neben der Badezimmertür Haarrisse zeigen.

Sie forderten mich auf, für die Beseitigung dieser Mängel zu sorgen, gleichzeitig kündigten Sie deswegen eine Mietminderung an.

Hiermit weise ich ausdrücklich Ihre Forderungen schon dem Grunde nach zurück.

Zum einen wurde die Glühbirne der Treppenhausbeleuchtung noch am gleichen Tag vom Hausmeister ausgetauscht, ein Mangel liegt daher nicht vor. Zum anderen stellen Haarrisse in Fliesen allenfalls eine geringfügige optische Beeinträchtigung dar, die die Gebrauchstauglichkeit des Badezimmers in keiner Weise beeinträchtigt.

Darüber hinaus bestimmt § 536 Abs. 1 Satz 3 BGB, dass ein Mangel dann nicht zur Mietminderung berechtigt, wenn er unerheblich ist. Dies ist für beide von Ihnen benannten Sachverhalte der Fall.

Ich fordere Sie daher auf, auch in Zukunft die vertraglich vereinbarte Miete in voller Höhe zu bezahlen.

Mit freundlichen Grüßen

Franz Huber

3.2 Kenntnis des Mieters

Ein Ausschlussgrund für das Minderungsrecht des Mieters kann sich daraus ergeben, dass dieser den Mangel kennt. Dabei ist nach dem Zeitpunkt der Kenntnisnahme durch den Mieter zu unterscheiden. Der Mieter kann zum Zeitpunkt des Mietervertragsabschlusses Kenntnis von einem Mangel haben, nach Vertragsabschluss, nämlich bei der Übergabe der Mietsache an ihn, Kenntnis von einem Mangel erlangen oder es ergibt sich während der Laufzeit des Mietverhältnisses ein Mangel. Je nachdem, wann der Mieter den Mangel erkennt, gelten verschiedene Voraussetzungen für das Minderungsrecht und die weiteren Gewährleistungsansprüche.

3.2.1 Kenntnis bei Vertragsabschluss

Kennt der Mieter bei Vertragsabschluss den Mangel der Mietsache, kann er weder die Miete mindern (§ 536 BGB) noch Schadensersatz (§ 536a BGB) geltend machen (§ 536b Satz 1 BGB). Voraussetzung ist jedoch, dass der Mieter konkret von dem Mangel weiß. Es genügt nicht, wenn er einen allgemein schlechten Zustand der Mietsache wahrnimmt. Die Kenntnis des Mieters muss sich auf einen bestimmten Fehler und seine Auswirkungen nach Art und Umfang beziehen. Es reicht aus, wenn der Mieter die Tatsachen kennt, die die Gebrauchsbeeinträchtigung der Mietsache begründen (OLG Düsseldorf, Urteil vom 7.3.2006, I-24 U 112/05, ZMR 2006, 518).

Die Schwierigkeit in der Praxis bei der Anwendung dieser Vorschrift besteht darin zu entscheiden, wann und ob eine positive Kenntnis des Mieters über einen konkreten Mangel vorliegt.

▶ BEISPIELE

Sind dem Mieter bei Vertragsabschluss das Alter und die Ausstattung der Mietsache bekannt, kann er wegen Mängeln, die zum Zeitpunkt der Errichtung des Gebäudes dem Baustandard entsprochen haben, nicht mindern (LG Düsseldorf, Urteil vom 19.3.1998, 21 S 451/97, DWW 2000, 26). Ebenso wenig ist ein Minderungsrecht gegeben, wenn bei älteren Gebäuden Feuchtigkeit im Keller vorhanden ist.

Zieht ein Mieter bewusst in ein Mischgebiet mit Diskotheken und Industrieanlagen, gehören gewisse Geräuschbelästigungen zum vertragsgemäßen Zustand, sodass eine Minderung ausscheidet (LG Berlin, Beschluss vom 13.7.2009, 67 S 19/09, GE 2009, 1047).

Mietet der Mieter neben einer Klinik eine Wohnung an, so muss er mit Lärm und Lichtbeeinträchtigungen durch Hubschraubereinsätze rechnen, eine Minderung ist deshalb ausgeschlossen (LG Frankfurt/Main, Urteil vom 16.10.2009, 2-11 S 9/09, ZMR 2010, 362).

Liegt das Mietobjekt in einem Gebiet mit überwiegend älteren Anwesen, so muss der Mieter im Hinblick auf die ältere Bausubstanz mit Beeinträchtigungen durch Reparaturen, Abriss und Neubau rechnen (LG Berlin, Urteil vom 28.8.2006, 62 S 73/06, WuM 2007, 386; KG Berlin, Urteil vom 3.6.2002, 8 U 74/01, NZM 2003, 718; LG Berlin, Urteil vom 22.3.2007, 12 O 47/06, GE 2009, 719).

Um die positive Kenntnis des Mieters im Bezug auf Mängel an der Mietsache oder Umweltmängel belegen zu können, sollte der Vermieter im Mietvertrag entsprechende Hinweise aufnehmen. So, wie sich eine zugesicherte Eigenschaft vereinbaren lässt, kann im Mietvertrag auch ausdrücklich auf einen Mangel hingewiesen werden. Dies empfiehlt sich umso mehr, wenn der Fehler nicht sofort erkennbar ist. Der Vermieter sollte in jedem Fall das Baujahr des Anwesens in den Mietvertrag aufnehmen. So kann er erreichen, dass dem Mieter die Kenntnis vom baualtersgemäßen Standard der Mietsache zugerechnet wird. Die Kenntnis des Mieters kann sich auch daraus ergeben, dass eine bestimmte schlechte oder fehlerhafte Beschaffenheit der Mietsache konkludent vereinbart wurde (vgl. Kapitel 1.2.2).

Ist dem Mieter bei Vertragsabschluss der Mangel infolge grober Fahrlässigkeit unbekannt geblieben, kann er Mietminderung und Schadensersatz nur dann geltend machen, wenn der Vermieter den Mangel arglistig verschwiegen hat (§ 536b Satz 2 BGB). Von grober Fahrlässigkeit ist dann auszugehen, wenn der Mieter dasjenige unbeachtet lässt, was im gegebenen Fall jedem hätte einleuchten müssen (BGH, Urteil vom 28.11.1979, VIII ZR 302/78, NJW 1980, 777).

BEISPIEL

Der Mieter mietet eine Wohnung an, ohne sie vorher besichtigt zu haben. Stellt er später fest, dass die Wohnung zum Beispiel in einem Gewerbegebiet liegt, kann er nicht aufgrund von Immissionen mindern. Hätte er sich die Wohnung vor Abschluss des Mietvertrags angeschaut, wäre ihm die Lage aufgefallen bzw. hätte er davon positive Kenntnis erlangt. Dem Mieter ist grob fahrlässiges Verhalten vorzuwerfen, wenn er Räume anmietet, ohne sie zu besichtigen.

In diesem Zusammenhang wichtig zu wissen ist, dass für den Mieter keine Verpflichtung besteht, ohne besonderen Anlass eine Überprüfung oder Untersuchung der Mietsache vorzunehmen, um Mängel festzustellen.

Liegt ein grob fahrlässiges Verhalten des Mieters vor, so kann er dennoch von seinem Minderungsrecht Gebrauch oder Schadensersatz geltend machen, wenn der Vermieter den Mangel arglistig verschwiegen hat. Ein arglistiges Verhalten des Vermieters ist dann gegeben, wenn der Vermieter den Mangel kennt und davon ausgehen muss, dass der Mieter bei Kenntnis den Mietvertrag nicht oder mit einem anderen Inhalt abgeschlossen hätte (Chr. Spielbauer in Spielbauer/Schneider, § 526b Rn 25).

Ein arglistiges Verschweigen des Vermieters liegt auch dann vor, wenn er auf Fragen des Mieters unrichtige Angaben macht, sogenannte „Versprechen ins Blaue hinein“ (BGH, Urteil vom 19.12.1980, V ZR 185/79, NJW 1981, 864).

Hat der Vermieter einen Makler oder Dritten mit dem Abschluss des Mietvertrags beauftragt, so muss er sich dessen fehlerhaftes Verhalten zurechnen lassen (§ 278 BGB).

BEISPIEL

Wenn im Beispiel zuvor der Mieter den Vermieter oder Makler darauf hingewiesen hat, dass er eine Wohnung in einer ruhigen Wohnlage sucht, und der Vermieter/Makler verschwiegen hat, dass die Mieträume in einem Gewerbegebiet liegen, ist dem Vermieter/Makler arglistiges Verschweigen im Hinblick auf das Lagekriterium vorzuwerfen. Die Folge daraus ist, dass der Mieter trotz seines grob fahrlässigen Verhaltens, weil er keine Besichtigung durchgeführt hat, gleichwohl mindern und zudem Schadensersatzansprüche geltend machen kann.

Die Schwierigkeit in der Praxis für den Mieter: Er muss beweisen, dass der Vermieter den Mangel arglistig verschwiegen hat.

ARBEITSHILFE ONLINE

MUSTER: Kenntnis des Mangels bei Vertragsabschluss

Franz Huber
Sonnenstraße 13
80000 München

Max Grauvogel
Blumenstraße 12
80001 München

München, den 31.5.2014

Zurückweisung der Mietminderung aufgrund Mangelkenntnis bei Vertragsabschluss/Übergabe der Mietsache

Sehr geehrter Herr Grauvogel,

mit Ihrem Schreiben vom 25.5.2014 teilen Sie mir mit, dass der Teppichboden in Wohn- und Schlafzimmer umfangreiche Flecken und Beschädigungen aufweist.

Sie fordern mich gleichzeitig auf, die Böden auf meine Kosten erneuern zu lassen, und kündigen eine Mietminderung in Höhe von 16 % an.

Für die Erneuerung der Böden haben Sie mir Frist bis 30.6.2014 gesetzt.

Hiermit weise ich Ihre Forderung nach Erneuerung der Böden und Ihre Mietminderung ausdrücklich zurück.

Mit Mietvertrag vom 1.1.2007 haben Sie die Wohnung Blumenstraße 12 in 80001 München angemietet. Bereits bei der Besichtigung der Wohnung habe ich Sie darauf aufmerksam gemacht, dass die Teppichböden über zehn Jahre alt sind und von mir nicht ausgetauscht werden. Im Zusatzmietvertrag ist darüber hinaus vermerkt, dass die Teppichböden bereits seit über zehn Jahren in der Wohnung liegen.

Durch Unterzeichnung des Mietvertrags haben Sie sich mit diesem Zustand einverstanden erklärt. Es liegt daher kein Mangel der Mietsache vor, da die Ausstattung mit einem veralteten Teppichboden vertraglich vereinbart wurde.

Unabhängig davon gestatte ich Ihnen, auf eigene Kosten einen neuen Teppichboden verlegen zu lassen. An den Kosten werde ich mich allerdings nicht beteiligen.

Mit freundlichen Grüßen

Franz Huber

3.2.2 Kenntnis bei Annahme des Mietobjekts

Der Mietvertrag wird meist abgeschlossen, bevor die Übergabe der Mietsache vom Vermieter an den Mieter stattfindet. Zwischen Vertragsabschluss und Inbesitznahme des Mietobjekts durch den Mieter (Annahme) kann ein Mangel an der Mietsache auftreten, der den Mieter berechtigt, die Miete zu mindern. Nimmt der Mieter jedoch eine mangelhafte Mietsache an, obwohl er den Mangel kennt, so kann er Minderung und Schadensersatz nur dann geltend machen, wenn er sich diese Rechte bei der Annahme vorbehält (§ 536b Satz 3 BGB). Der Begriff „Mangel" im Sinne des § 536b Satz 3 BGB bezieht sich sowohl auf den Sachmangel als auch auf den Rechtsmangel. Darüber hinaus liegt ein Mangel an der Mietsache dann vor, wenn bei der Annahme eine zugesicherte Eigenschaft fehlt (Chr. Spielbauer in Spielbauer/Schneider, § 536b Rn 28).

BEISPIEL

Zum Zeitpunkt des Vertragsabschlusses befand sich auf dem Nachbargrundstück keine Baustelle. Einige Wochen später, als das Mietverhältnis beginnt und die Mieträume vom Vermieter an den Mieter übergeben werden, stellt der Mieter fest, dass Bautätigkeiten auf dem Nachbargrundstück erhebliche Lärmimmissionen verursachen, die die Nutzbarkeit der Wohnung/Terrasse bzw. des Balkons/Gartens erheblich einschränken.

In diesem Fall liegt ein Mangel an der Mietsache vor. Zum Zeitpunkt des Vertragsabschlusses war keine Bautätigkeit auf dem Nachbargrundstück gegeben. Die Baustelle wurde nach Vertragsabschluss und vor Übergabe der Mietsache an den Mieter eingerichtet. Wäre die Baustelle schon bei Vertragsabschluss vorhanden gewesen, müsste gemäß § 536b Satz 1 BGB geprüft werden, ob eventuell ein Minderungsausschluss wegen Kenntnis des Mangels bei Vertragsabschluss vorliegt. Doch hier ist der Mangel erst nach Vertragsabschluss aufgetreten und erstmals bei Annahme der Mietsache für den Mieter erkennbar geworden. Der Mieter hat damit positive Kenntnis von der Baustelle und den sich hieraus ergebenden Folgen. Nimmt der Mieter die Mieträume nun an, ohne einen Vorbehalt zu erklären, gibt er zu erkennen, dass für ihn die Mietsache zum vertragsgemäßen Gebrauch geeignet ist und für ihn keine Einschränkung der Tauglichkeit durch die Baustelle vorliegt. Der Mieter verliert dann das Recht zur Minderung und zur Geltendmachung von Schadensersatz.

HINWEIS

Der Mieter verliert seine Rechte nur dann, wenn er positive Kenntnis vom Vorhandensein eines Mangels bei der Annahme hat. Anders als beim Vertragsabschluss genügt die grob fahrlässige Unkenntnis hier nicht. Es kommt für die Annahme einer positiven Kenntnis des Mieters auch nicht darauf an, ob der Vermieter den Mangel arglistig verschwiegen hat.

Die Erklärung eines Vorbehalts ist nur ganz ausnahmsweise entbehrlich. Dies kann dann der Fall sein, wenn der Vermieter bei Übergabe der Mieträume dem Mieter die Behebung des Mangels zugesagt hat.

Der Vorbehalt ist eine Erklärung des Mieters, in der er zu erkennen geben muss, dass er sich trotz der Annahme der Mietsache seine Gewährleistungsrechte erhalten will (Chr. Spielbauer in Spielbauer/Schneider, § 536b Rn 30). Es genügt daher nicht, wenn der Mieter Erklärungen allgemeinen Inhalts abgibt, vielmehr ist erforderlich, dass er den Mangel konkret bezeichnet und sich diesbezüglich seine Rechte auf die Geltendmachung von Gewährleistungsansprüchen vorbehält.

Die folgende Erklärung ist zu unbestimmt und zu allgemein gefasst. Sie hat keinen wirksamen Vorbehalt zum Inhalt und ist deshalb wirkungslos.

BEISPIEL

„Hiermit erkläre ich, dass ich mir im Hinblick auf Mängel an der Mietsache sämtliche Rechte vorbehalte."

Anders das nächste Beispiel: Diese Erklärung bezeichnet den Mangel und die Rechtsfolge, die der Mieter geltend machen will. Der Vorbehalt ist ausreichend bestimmt und daher wirksam.

BEISPIEL

„Wegen der fehlenden Spülmaschine in der Küche behalte ich mir vor, die Miete zu mindern."

Sind Mängel im Übergabeprotokoll vermerkt, kann unterstellt werden, dass der Mieter diese positiv kennt. Da er das Übergabeprotokoll selbst unterzeichnen muss, kann davon ausgegangen werden, dass er es auch gelesen hat.

3.2.3 Kenntnis während der Mietzeit

Die in der Mietrechtspraxis am häufigsten zu klärenden Fragen und Streitigkeiten beziehen sich auf das Recht des Mieters zur Minderung, wenn während der Laufzeit eines Mietvertrags ein Mangel an der Mietsache auftritt. Diesen Sachverhalt regelt § 536c BGB.

HINWEIS

Wenn ein Mangel bei Annahme des Mietobjekts vorhanden ist, der Mieter hiervon jedoch erst später Kenntnis erlangt, zum Beispiel bei einer Rohrverstopfung, gelten nicht die Bestimmungen in § 536b BGB, sondern die in § 536c BGB.

Zeigt sich im Lauf der Mietzeit ein Mangel an der Mietsache, so hat der Mieter dies dem Vermieter unverzüglich anzuzeigen (§ 536c Abs. 1 Satz 1 Alt. 1 BGB). Unterlässt der Mieter die Anzeige und kann der Vermieter deshalb keine Abhilfe schaffen, so verliert der Mieter nicht nur sein Minderungsrecht und das Recht, Schadensersatz geltend zu machen, sondern der Mieter haftet dem Vermieter gegenüber unter Umständen selbst auf Schadensersatz (§ 536c Abs. 2 BGB). Der Mieter hat dem Vermieter gegenüber auch anzuzeigen, wenn eine Maßnahme zum Schutz der Mietsache erforderlich wird (§ 536c Abs. 1 Satz 1 Alt. 2 BGB), zum Beispiel wenn durch starke Stürme ein Baum auf das Hausdach zu stürzen droht. Das Gleiche gilt, wenn sich ein Dritter an der Mietsache ein Recht anmaßt (§ 536 Abs. 1 Satz 2 BGB).

Die Anzeigepflicht umfasst sämtliche Mängel an der Mietsache unabhängig davon, ob diese den Mieter beeinträchtigen und Gewährleistungsrechte begründen können. Dies bedeutet, dass der Mieter nicht nur Mängel innerhalb seiner Mieträume anzeigen muss, sondern jede erkennbare Verschlechterung der Mietsache. Die Anzeigepflicht bezieht sich daher auf das gesamte Anwesen, zum Beispiel auch auf Gemeinschaftsräume, Tiefgaragen, Fassade, Kinderspielplätze oder Außenanlagen (Eisenschmid in Schmidt-Futterer, § 536c Rn 19).

BEISPIELE

- **Wassereintritt aufgrund eines starken Gewitters in die Tiefgarage oder die Kellerräume**
- **Heruntergefallene Dachziegel**
- **Bröckelnde Fassade**
- **Ausgefallene Beleuchtung der Gemeinschaftsräume**
- **Herabgefallene große Äste**
- **Defektes Haustürschloss**
- **Defekte Aufzugsanlage**

Solche offensichtlichen Schäden bzw. Mängel muss der Mieter dem Vermieter unverzüglich mitteilen. Ihn trifft jedoch keine Nachforschungs- und Überprüfungspflicht im Hinblick auf das Mietobjekt und Anwesen. Der Mieter muss zum Beispiel keine regelmäßigen Kontrollgänge durchführen, um eventuelle Schäden aufzudecken. Er hat dem Vermieter nur deutlich erkennbare Mängel anzuzeigen. Der Mieter erfüllt seine Anzeigepflicht auch, wenn er dem Vermieter gegenüber den Verdacht äußert, dass Mängel vorliegen. Jedoch ist der Mieter nicht wie ein Sachverständiger verpflichtet, Mängel zu ermitteln und sie korrekt zu bezeichnen (LG Köln, Urteil vom 7.9.1989, 1 S 117/89, WuM 1990, 17).

Die Anzeigepflicht des Mieters entfällt für Mängel, die der Vermieter selbst kennt oder die sich aus einer dem Vermieter bekannten Gefahrenlage entwickelt haben (OLG Düsseldorf, Beschluss vom 2.6.2008, I-24 U 193/07, GE 2008, 1425). Ebenso entfällt die Anzeigepflicht, wenn der Vermieter die Beeinträchtigungen selbst zu vertreten hat.

BEISPIELE

- Der Vermieter lässt eine Wärmedämmung an der Fassade anbringen. Das Gerüst und die Schutzplanen führen zu erheblichen Verdunkelungen der Mieträume. Darüber hinaus sind die Balkone nicht nutzbar.
- Der Vermieter hat aufgrund der Unterschrift für ein Bauvorhaben auf dem Nachbargrundstück Kenntnis von dort stattfindenden Bautätigkeiten.
- Der Vermieter lässt die Heizungsanlage reparieren, weshalb diese abgeschaltet wird.

In diesen Fällen bedarf es keiner Mängelanzeige durch den Mieter, da der Vermieter über die Umstände, die Beeinträchtigungen der Mieträume verursachen, Bescheid weiß.

Innerhalb seiner Mieträume muss der Mieter größere Sorgfalt bei der Feststellung von Mängeln walten lassen als außerhalb; und zwar deshalb, weil der Vermieter und seine Beauftragten die Gemeinschaftsräume und Gemeinschaftsbereiche jederzeit betreten und begutachten können, um sich einen Überblick über den Zustand der Mietsache zu verschaffen. Der Zutritt zu den vermieteten Räumen ist dem Vermieter jedoch verwehrt, wenn nicht ein berechtigtes Interesse daran besteht. Der Vermieter kann daher nicht ohne Weiteres feststellen, ob Instandsetzungsbedarf innerhalb der Mieträume vorliegt.

§ 536c Abs. 1 BGB bestimmt, dass der Mieter die Mängelmitteilung unverzüglich zu machen hat, eine besondere Form ist dafür nicht vorgeschrieben. Aus Sicht des Mieters sollte die Anzeige aus Beweisgründen aber stets schriftlich erfolgen. Eine mündliche Anzeige per Telefon kann bei erforderlichen Schutzmaßnahmen für die Mietsache oft der schnellere und bessere Weg sein. Zum Schutz vor eventuellen Schadensersatzforderungen durch den Vermieter sollte der Mieter eine mündliche Schadensmeldung in Schriftform nachreichen bzw. bestätigen.

Der Mieter muss seiner Anzeigepflicht unverzüglich nachkommen, das heißt, er darf sich nicht unbegrenzt Zeit lassen, sondern muss ohne schuldhaftes Zögern tätig werden. Hierbei ist die im Verkehr erforderliche Sorgfalt zu beachten (§ 276 Abs. 2 BGB; Chr. Spielbauer in Spielbauer/Schneider, § 536c Rn 10). Je nach Einzelfall kann dies auch durchaus eine Frist von ein bis zwei Wochen rechtfertigen. Je stärker die Mietsache gefährdet ist oder je dringender eine Gefahr zu beseitigen ist, um etwa größere Schäden zu vermeiden, desto schneller muss der Mieter handeln und den Vermieter informieren.

BEISPIELE

- Der Mieter stellt kurz vor Abreise in den Urlaub fest, dass die Glasscheibe eines Fensters gesprungen ist.
- Der Mieter fühlt sich wegen erheblicher Lärmbelästigungen durch eine benachbarte Gaststätte beeinträchtigt.

In diesen beiden Fällen kann sich der Mieter mit der Anzeige beim Vermieter Zeit lassen. Eine Gefährdung der Mietsache ist nicht gegeben, auch ist eine Maßnahme zum Schutz der Mietsache nicht erforderlich.

Ein Minderungsrecht des Mieters besteht allerdings erst dann, wenn er den Mangel gegenüber dem Vermieter angezeigt hat (§ 536c Abs. 2 Satz 2 BGB). Bis dahin ist die Minderung nicht zulässig, nach der Anzeige kann der Mieter jedoch die Miete mindern.

Hätte der Vermieter aus anderen als aus zeitlichen Gründen, zum Beispiel technisch oder witterungsbedingt, den Mangel nicht beheben können, kann der Mieter Gewährleistungsrechte geltend machen, selbst wenn er die Anzeige unterlassen hat. Den Vermieter trifft dann die Beweislast dafür, dass er bei (rechtzeitiger) Anzeige den Mangel hätte beheben können (Stürzer/Koch, Vermieterlexikon, Seite 619; OLG Düsseldorf, Urteil vom 16.4.2002, 24 U 20/01, ZMR 2003, 21).

BEISPIEL

Hat es der Mieter versäumt, dem Vermieter einen Ungezieferbefall (rechtzeitig) zu melden, haftet er dem Vermieter auf Schadensersatz. Dabei geht es um die Mehrkosten, die der Vermieter für die Beseitigung des Ungezieferbefalls aufwenden muss. Der Mieter haftet jedoch nicht für die Schädlingsbeseitigungskosten, diese hat der Vermieter im Rahmen seiner Instandsetzungspflicht zu tragen.

! ACHTUNG

Ohne Mängelanzeige besteht kein Minderungsrecht!

Nicht zulässig ist es, dass der Mieter die Miete rückwirkend mindert, das heißt für die Vergangenheit.

BEISPIEL

Der Mieter teilt dem Vermieter im Dezember mit, dass die Heizungsanlage seit Anfang November nicht funktioniert. Er kündigt daher an, die Miete für Dezember und November rückwirkend um 30 % zu kürzen.

Ausschluss der Minderung

Gemäß § 536c Abs. 2 BGB ist die Mietminderung nicht zulässig, wenn der Mieter die Mängelanzeige unterlässt und der Vermieter deshalb nicht für Abhilfe sorgen konnte. Dies ist hier der Fall. Der Vermieter kann einen Handwerker mit der Reparatur erst beauftragen, nachdem ihn der Mieter über den Heizungsausfall informiert hat. Die entsprechende Information vom Mieter kam jedoch erst im Dezember. Die Minderung ist daher erst ab Anzeige, somit ab Dezember zulässig, nicht jedoch für den Monat November.

Bis zur Mängelanzeige ist eine Minderung nicht möglich, ab Anzeige kann sie für die Zukunft erfolgen. Zeigt der Mieter einen Mangel an, ohne dass er zugleich die Miete mindert, kann er ausnahmsweise rückwirkend die Minderung geltend machen, wenn er die Mietzahlung unter Vorbehalt geleistet hat. Diesen Vorbehalt kann er dem Vermieter in einem separaten Schreiben mitteilen oder auf dem Überweisungsträger vermerken. Das ist dann sinnvoll, wenn der Mieter den Umfang und die Dauer der Beeinträchtigungen auf die Mietsache noch nicht sicher abschätzen kann, zum Beispiel bei Bautätigkeiten in der Nachbarschaft.

Fraglich ist in diesem Zusammenhang, ob sich der Mieter unbegrenzt Zeit lassen kann, bis er einen Mangel anzeigt, oder ob nach einer gewissen Zeit das Recht auf Minderung verwirkt sein kann (§ 242 BGB). Der Vermieter muss dann darlegen, dass ein Vertrauenstatbestand geschaffen wurde, der die vom Mieter geltend gemachte Minderung als treuwidrig erscheinen lässt. Die jeweiligen Umstände des Einzelfalls und das Zeitmoment sind bei der Beurteilung, ob eine Verwirkung vorliegt, zu berücksichtigen.

BEISPIELE

- **Der Vermieter bietet den Austausch der defekten Spülmaschine an, der Mieter verzichtet jedoch darauf. Nach einigen Monaten mindert der Mieter die Miete, weil die Maschine nicht funktioniert.**
- **Der Mieter fühlt sich seit drei Monaten wegen erheblicher Lärmbelästigungen durch die benachbarte Gaststätte in der Nachtruhe gestört. Nach dieser Zeit meldet er dem Vermieter die Störungen und kündigt gleichzeitig an, dass er die Miete künftig um 20 % mindern wird. Der Vermieter vertritt die Auffassung, dass der Mieter nun nicht mehr mindern könne, da er diese Immissionen schon zu lange Zeit akzeptiert habe.**

Im ersten Beispiel ist das Minderungsrecht ausgeschlossen. Der Mieter hat mit seinem widersprüchlichen Verhalten, erst Verzicht und dann Reparaturverlangen, gegen die Grundsätze von Treu und Glauben verstoßen (§ 242 BGB). Im zweiten Beispiel ist das Minderungsrecht des Mieters jedoch gegeben. Der Gesetzgeber hat geregelt, dass Voraussetzung für das Recht, die Miete zu mindern, die Anzeige durch den Mieter ist. Keine gesetzliche Regelung gibt es jedoch dazu, bis wann eine Anzeige zu erfolgen hat bzw. wie lange sich der Mieter Zeit lassen kann, eine Minderung geltend zu machen.

Nach einer Entscheidung des BGH (Urteil vom16.7.2003, VIII ZR 274/02, WuM 2003, 440) verliert der Mieter nicht schon nach sechs Monaten sein Minderungsrecht. Im zweiten Beispiel kann der Mieter daher auch noch nach drei Monaten von seinem Minderungsrecht Gebrauch machen. Diese Rechtsprechung gilt nicht nur für Wohnraummietverhältnisse, sondern ist auch auf Geschäftsraummietverhältnisse anzuwenden (BGH, Urteil vom 18.10.2006, XII ZR 33/04, NZM 2006, 929).

! **WICHTIG**

Ob eine Verwirkung des Minderungsrechts vorliegt, kann jedenfalls immer nur anhand der Umstände des Einzelfalls entschieden werden. Eine bestimmte Frist, innerhalb der die Minderung geltend zu machen ist, existiert nicht.

3.3 Schadensverursachung durch den Mieter

Hat der Mieter selbst einen Schaden an der Mietsache verursacht, kann er sich nicht auf Gewährleistungsrechte wie Mietminderung oder Schadensersatz berufen. Zudem besteht ein außerordentliches Kündigungsrecht des Mieters nicht, wenn er die Störung des vertragsgemäßen Gebrauchs, zum Beispiel einen Wasserschaden, selbst zu vertreten hat. Das Gleiche gilt für die Fälle, in denen durch Personen, die sich mit Einverständnis des Mieters in den Mieträumen aufhalten, zum Beispiel Besucher, Familienangehörige oder Handwerker, ein Schaden verursacht wird.

▶ **BEISPIEL**

Wird die Wohnungseingangstür durch einen Einbrecher beschädigt, ist dieser Schaden nicht dem Mieter zuzurechnen. Der Einbrecher hält sich nicht mit Einverständnis des Mieters in der Wohnung auf. Der Vermieter hat daher aufgrund seiner Instandsetzungs- bzw. Instandhaltungspflicht (§ 535 Abs. 1 Satz 2 BGB) die Wohnungstür zu reparieren. Ein Regressanspruch gegenüber dem Schädiger, hier dem Einbrecher, wird sich in der Regel nicht realisieren lassen. Anders ist die Rechtslage zu beurteilen, wenn ein Besucher des Mieters die Wohnungseingangstür beschädigt. Dieses Verhalten muss sich der Mieter anrechnen lassen. Er kann allerdings gegenüber dem Schädiger Schadensersatz geltend machen.

Streitigkeiten über die Ursachen von Schäden entstehen meist beim Auftreten von Schimmel und Feuchtigkeit in den Mieträumen. Aus Sicht des Mieters wird in der Regel mangelhafte Bausubstanz, eine nicht ausreichende Leistung der Heizungsanlage oder die fehlende Dämmung der Fassade angeführt. Aus Sicht des Vermieters werden solche Schäden durch fehlerhaftes Heiz- und Lüftverhalten des Mieters ausgelöst. Wenn das Verhalten des Mieters zu Schimmelschäden in den Mieträumen führt, kann der Vermieter Schadensersatz geltend machen. Ein Minderungsrecht des Mieters ist dann ausgeschlossen.

Die Ursache für derartige Schäden wird in der Praxis nur mithilfe eines Sachverständigengutachtens eindeutig zu ermitteln sein (vgl. Kapitel 6).

ARBEITSHILFE ONLINE

MUSTER: Schadensverursachung durch den Mieter

Franz Huber
Sonnenstraße 13
80000 München

Max Grauvogel
Blumenstraße 12
80001 München

München, den 31.5.2014

Zurückweisung der Mietminderung aufgrund von Selbstverursachung

Sehr geehrter Herr Grauvogel,

mit Schreiben vom 20.5.2014 haben Sie mir gegenüber angezeigt, dass sich der Fliesenspiegel in der Küche von der Wand löst und Sie deswegen eine Mietminderung durchführen wollen. Daraufhin hat am 25.5.2014 eine Besichtigung im Beisein des Hausmeisters Herrn Beier stattgefunden.

Hierbei musste ich feststellen, dass Sie den ursprünglich vorhandenen gelben Fliesenspiegel in der Küche entfernt und selbst neue Fliesen angebracht haben. Weder haben Sie mich über diese bauliche Veränderung informiert, noch haben Sie meine Erlaubnis hierzu eingeholt.

Das Loslösen der Fliesen, die von Ihnen angebracht wurden, ist daher nicht von mir zu vertreten, sondern fällt in Ihren Verantwortungsbereich.

Gegebenenfalls können Sie sich an den Handwerker wenden, den Sie mit diesen Arbeiten beauftragt hatten. Aus diesem Grund weise ich Ihre Mietminderung als unberechtigt zurück und fordere Sie auf, die Miete in der vereinbarten Höhe pünktlich zu bezahlen.

Mit freundlichen Grüßen

Franz Huber

3.3.1 Vertragsgemäßer Gebrauch

Oft liegen die Ursachen für Schäden an der Mietsache darin begründet, dass Einrichtungen, die zur Mietsache gehören, kaputtgehen oder nicht mehr funktionieren. Zwar hat hier der Mieter durch Benutzung die Verschlechterung bzw. die Reparaturbedürftigkeit verursacht, gleichwohl haftet der Mieter in diesen Fällen nicht auf Schadensersatz. § 538 BGB regelt, dass Veränderungen und Verschlechterungen der Mietsache, die durch den vertragsgemäßen Gebrauch herbeigeführt werden, vom Mieter nicht zu vertreten sind. Der Mieter darf die Mietsache immer zu den vertraglichen vereinbarten Zwecken nutzen, als Gegenleistung hierfür zahlt er dem Vermieter die Miete (§ 535 Abs. 2 BGB).

HINWEIS

Schäden oder Verschlechterungen an der Mietsache, die durch Alter, Witterung, Abnutzung und vertragsgemäßen Gebrauch der Mietsache eintreten, sind vom Mieter nicht zu vertreten (§ 538 BGB). Dem Vermieter obliegt insoweit die Instandsetzungs- bzw. Instandhaltungspflicht der Mietsache (§ 535 Abs. 1 Satz 2 BGB).

Inwieweit eine festgestellte Verschlechterung der Mietsache durch noch vertragsgemäßes Verhalten des Mieters gedeckt ist oder bereits ein schuldhaftes Verhalten des Mieters vorliegt, lässt sich im Einzelfall häufig nicht so einfach klären. Streitigkeiten treten vor allem bei der Frage auf, ob ein Mieter in den Mieträumen rauchen darf. Die Problematik, dass in einer Mietwohnung, in der geraucht wird, schneller ein Renovierungsbedarf entsteht, als wenn nicht darin geraucht wird, liegt auf der Hand. Allerdings ist das Rauchen in den Mieträumen nicht generell verboten, sondern es gehört grundsätzlich zum normalen Wohnverhalten und entspricht somit vertragsgemäßem Gebrauch. Hat der Mieter jedoch exzessiv geraucht, geht das Verhalten über den vertragsgemäßen Gebrauch hinaus. Dies begründet dann eine Schadensersatzpflicht des Mieters, wenn sich dadurch Verschlechterungen der Wohnung ergeben haben, die sich nicht mehr durch Schönheitsreparaturen im Sinne des § 28 Abs. 4 Satz 3 II. BV beseitigen lassen, sondern darüber hinausgehende Instandsetzungsarbeiten erfordern (BGH, Urteil vom 5.3.2008, VIII ZR 37/07, WuM 2008, 213).

Die Frage, wann Einrichtungen oder Ausstattungen einer Wohnung abgenutzt und daher vom Vermieter auf dessen Kosten zu erneuern sind, ist sehr umstritten. Wie so oft kommt es auf die jeweiligen Umstände des Einzelfalls an. So können Küchenmöbel oder Schränke je nach Hersteller eine unterschiedliche Qualität und Lebensdauer aufweisen. Gleiches gilt für mitvermietete Geräte: je besser die Qualität, desto länger in der Regel die Lebensdauer. Es gibt keinerlei gesetzliche Fristen dafür, wie lange Gegenstände, Einrichtungen oder Ausstattung normalerweise benutzbar sind, bevor sie als abgewohnt gelten.

Allerdings hat sich für Teppichböden eine herrschende Rechtsprechung herausgebildet, wonach von einer durchschnittlichen Lebensdauer bzw. Benutzungsdauer von zehn bis zwölf Jahren ausgegangen wird. Bei Parkettböden wird in der Regel eine Nutzungsdauer von 15 bis 20 Jahren anzusetzen sein (AG Köln, Urteil vom 11.2.1998, 213 C 501/97, WuM 2000, 435; LG Wiesbaden, Urteil vom 25.2.1991, 1 S 395/90, WuM 1991, 540).

Daher gilt: Wird eine Wohnung mit einem alten, schon über 15 Jahre alten Teppichboden vermietet, liegt ein Mangel nicht vor, wenn der Mieter während des Mietverhältnisses den schlechten Zustand moniert und einen neuen Boden verlangt. Zum Zeitpunkt des Mietbeginns war der Bodenbelag bereits abgenutzt, er hatte keinen Restwert mehr. Der Zustand des Teppichbodens konnte sich daher nicht noch mehr verschlechtern, ein Anspruch des Mieters auf Austausch besteht daher nicht (LG Köln, Beschluss vom 6.7.2004, 1 S 122/04, WuM 2005, 240).

ARBEITSHILFE ONLINE

MUSTER: Schäden durch falsches Wohnverhalten

Franz Huber
Sonnenstraße 13
80000 München

Max Grauvogel
Blumenstraße 12
80001 München

München, den 31.5.2014

Zurückweisung der Mietminderung aufgrund von Selbstverursachung durch falsches Wohnverhalten

Sehr geehrter Herr Grauvogel,

aufgrund Ihrer Mängelanzeige vom 20.5.2014 wegen Schimmelflecken in Bad und Schlafzimmer fand eine Besichtigung der Wohnung am 25.5.2014 statt. Hierbei wurden Feuchteschäden und Schimmelbefall wie folgt festgestellt:

- Badezimmer: Schwarzfärbung in allen Ecken, Größe circa 25 × 30 cm
- Schlafzimmer: feuchte Wände im Bereich um das Fenster an der Westseite, Größe circa 10 × 20 cm.

Bei der Begehung der Wohnung habe ich gesehen, dass Sie im Schlafzimmer Wäsche zum Trocknen aufgehängt hatten. Des Weiteren waren die Fenster geschlossen und die Vorhänge vor die Heizung gezogen.

Die vorgefundenen Feuchtigkeitsschäden sind allein durch Ihr Verhalten verursacht. Sie sind verpflichtet, mindestens dreimal am Tag stoßzulüften und darauf zu achten, dass eine angemessene Zimmertemperatur vorherrscht. Das Trocknen von Wäsche im vorgefundenen Umfang ist ebenfalls nicht zulässig. Hierfür steht Ihnen im Haus der Waschkeller zur Verfügung. Das Zustellen/Verhängen der Heizkörper führt dazu, dass eine ausreichende Beheizung nicht gewährleistet ist.

Die von Ihnen mit Schreiben vom 20.5.2014 angekündigte Mietminderung weise ich daher in vollem Umfang zurück. Ein Minderungsrecht Ihrerseits besteht schon dem Grunde nach nicht.

Ich fordere Sie hiermit auf, Ihr Heiz- und Lüftverhalten entsprechend zu ändern und künftig alles zu unterlassen, was zu Beschädigungen der Mietsache und der Bausubstanz führt. Des Weiteren haben Sie durch geeignete Maßnahmen die festgestellten Schäden zu beseitigen.

Hierfür setze ich Ihnen Frist bis zum 30.6.2014. Danach werde ich nochmals eine Besichtigung vornehmen, um festzustellen, ob die von Ihnen getroffenen Maßnahmen erfolgreich waren.

Mit freundlichen Grüßen

Franz Huber

3.3.2 Zustand der Mieträume bei Beendigung des Mietverhältnisses

Werden Mietverhältnisse gekündigt und die Mieträume dem Vermieter zurückgegeben, treten regelmäßig Streitigkeiten im Hinblick auf die Durchführung von Schönheitsreparaturen auf. Meist existieren vertragliche Vereinbarungen, wonach der Mieter verpflichtet ist, diese zu erledigen. Inzwischen hat sich eine umfangreiche Rechtsprechung zu der Problematik wirksame oder unwirksame Schönheitsreparaturklauseln entwickelt, hierauf wird an dieser Stelle jedoch nicht eingegangen. Für die Fälle, in denen die Klauseln unwirksam sind, gilt, dass der Mieter die Malerarbeiten nicht schuldet. Allerdings kann sich zugunsten des Vermieters ein Schadensersatz gegenüber dem Mieter daraus ergeben, dass dieser die Wände und Decken der Mieträume nicht vertragsgemäß abgewohnt hat, zum Beispiel weil sie erheblich beschädigt sind. Unter diesen Umständen kann dem Vermieter ein Schadensersatzanspruch auf Erstattung der Renovierungskosten gegenüber dem Mieter zustehen. Bei derartigen Streitigkeiten kommt es entscheidend darauf an, wie die Mietsache nach der Vertragslaufzeit aussehen darf, also wie beschädigt oder abgenutzt sie sein darf, damit man noch von normaler Abnutzung im Sinne des § 538 BGB sprechen kann.

Ein Mieter ist grundsätzlich berechtigt, während der Mietzeit seine Mieträume zu dekorieren und zu gestalten. Hierzu zählt auch das Recht des Mieters, Wände und Decken farbig zu streichen (BGH, Urteile vom 18.6.2008, VIII ZR 224/07, WuM 2008, 472 und vom 23.9.2009, VIII ZR 344/08, WuM 2009, 655; weitere Hinweise Stürzer/Koch, Vermieterlexikon, Seite 776 ff.). Umstritten ist allerdings, inwieweit der Mieter — bei unwirksamer Schönheitsreparaturklausel — die Wände und Decken nach Beendigung des Mietvertrags in bunten Zustand zurückgeben darf oder ob es sich hierbei um eine nicht mehr vertragsgemäße Gestaltung der Räume handelt. Zum Teil wird die Auffassung vertreten, dass kräftige Wandfarben nicht mehr als vertragsgemäß gelten, da dies die Grenzen des guten Geschmacks überschreitet und eine Neuvermietung der Räume so praktisch unmöglich ist. Hat der Mieter hingegen Pastellfarben verwendet, soll der Zustand noch der normalen vertragsgemäßen Gestaltung der Mieträume entsprechen, da dadurch die Neuvermietung nicht unmöglich wird (KG Berlin, Teilurteil vom 9.6.2005, 8 U 211/04, NZM 2005, 663).

Wie so oft wird man immer die Umstände, das heißt die Gestaltung und Dekoration der Mieträume, im jeweiligen Einzelfall zu prüfen haben. Je ungewöhnlicher und ausgefallener die Dekoration aussieht, desto eher wird der Vermieter einen Schadensersatz geltend machen können (Einzelheiten zum Schadensersatz siehe Kapitel 4.6).

HINWEIS

Je länger ein Mietverhältnis dauert bzw. je älter die vom Vermieter gestellte Ausstattung und Einrichtung ist, desto eher ist von einer normalen Abnutzung der Mietsache durch den Mieter auszugehen.

3.4 Der Mieter vereitelt Erhaltungsmaßnahmen

Weist die Mietsache einen Mangel auf, trifft den Vermieter diesbezüglich die Instandsetzungs- und Instandhaltungspflicht (§ 535 Abs. 1 BGB). Er muss den Mangel auf eigene Kosten beheben. Der Mieter wiederum hat Maßnahmen zu dulden, die zur Instandhaltung oder Instandsetzung der Mietsache erforderlich sind (§ 555a Abs. 1 BGB). Er ist daher verpflichtet, dem Vermieter oder dessen Beauftragten den Zutritt zu den Mieträumen zu ermöglichen. Der Mieter muss daher sowohl Besichtigungstermine als auch Termine für die Reparaturmaßnahme zulassen.

ACHTUNG

Vereitelt der Mieter eine Reparaturmaßnahme oder erschwert er sie unzumutbar, verliert er seine Gewährleistungsansprüche.

BEISPIELE

- Der Mieter schreibt dem Vermieter vor, dass Besichtigungstermine nur abends ab 20:00 Uhr oder am Wochenende erfolgen können.
- Der Mieter teilt mit, er sei die nächsten vier Wochen im Urlaub, Termine könnten erst danach vereinbart werden.
- Der Mieter lässt nur einen Handwerker, nicht jedoch den Vermieter in die Wohnung.
- Der Mieter schreibt dem Vermieter einen bestimmten Handwerker vor oder verweigert dem Beauftragten des Vermieters den Zutritt zu den Mieträumen.
- Der Mieter sagt wiederholt Termine ohne Grund oder kurzfristig ab.

Der Mieter vereitelt die Reparaturmaßnahme allerdings nicht, wenn er einen nachvollziehbaren Grund für eine Terminverschiebung nennt. Auch das einmalige Absagen eines Termins dürfte nicht so schwerwiegend sein, dass eine Vereitelung der Instandsetzungsmaßnahme vorliegt.

Bei der Vorgabe eines Termins hat der Vermieter grundsätzlich Rücksicht auf die Belange des Mieters zu nehmen, zum Beispiel auf Krankheiten, Examensvorbereitung oder Urlaub. Dies bedeutet jedoch nicht, dass der Mieter ein Betreten der Mieträume langfristig verhindern darf. Wenn er längere Zeit verhindert sein sollte, ist es ihm zuzumuten, eine Person seines Vertrauens damit zu beauftragen, den Vermieter oder dessen Beauftragten in die Mieträume zu lassen.

Ebenso wenig vereitelt der Mieter eine Maßnahme, wenn er nicht bereit ist, Möbel oder Einrichtungen zu entfernen, damit eine Reparatur durchgeführt werden kann. Allerdings ist dem Mieter zuzumuten, seine persönlichen Sachen zu verstauen. Es gilt: Der Mieter ist nur zur Duldung von Erhaltungsmaßnahmen, nicht aber zur Mitarbeit verpflichtet (§ 555a Abs. 1 BGB). Für den Auf- und Abbau von Mobiliar des Mieters ist der Vermieter verantwortlich (Eisenschmid in Schmidt-Futterer, § 536 Rn 629). Er muss ggf. auch die Kosten für Transport und Einlagerung von Mobiliar des Mieters übernehmen. Gemäß § 555a Abs. 3 BGB kann der Mieter solche Aufwendungen vom Vermieter ersetzt verlangen, die ihm aufgrund von Erhaltungsmaßnahmen entstanden sind.

▶ **BEISPIEL**

Aufwendungen, die ein Mieter im Zuge von Erhaltungsmaßnahmen des Vermieters geltend machen kann, sind unter anderem die Kosten für Reinigungsarbeiten, Anschlussrenovierungen, Hotelaufenthalte, wenn ein Verbleiben in den Mieträumen während der Sanierung nicht möglich ist, oder auch für die Einlagerung von Mobiliar. Übernimmt der Vermieter einen Teil der Arbeiten selbst, so steht dem Mieter insoweit kein Aufwendungsersatzanspruch zu.

Da dem Vermieter die Verpflichtung obliegt, die Mietsache instand zu halten, kann er auch grundsätzlich bestimmen, welchen Handwerker er beauftragt, welche Art der Sanierung er bei verschiedenen Möglichen wählt oder ob er die Instandsetzung selbst vornimmt.

! **ACHTUNG**

Dem Vermieter obliegt grundsätzlich die Wahl des Sanierungswegs.

Verwehrt der Mieter dem Vermieter die Instandsetzung, da er eine andere Auffassung über Art und Umfang der Sanierung hat, verliert er ebenfalls seine Gewährleistungsrechte. Etwas anderes gilt ausnahmsweise nur dann, wenn die vom Mieter favorisierte Sanierungsmaßnahme die einzig geeignete Vorgehensweise darstellt. (LG Hamburg, Urteil vom 25.3.2010, 307 S 152/09, ZMR 2010, 610).

ARBEITSHILFE ONLINE

MUSTER: Der Mieter vereitelt Erhaltungsmaßnahmen

Franz Huber
Sonnenstraße 13
80000 München

Max Grauvogel
Blumenstraße 12
80001 München

München, den 31.5.2014

Zurückweisung der Mietminderung wegen Vereitelung der Mängelbeseitigung

Sehr geehrter Herr Grauvogel,

mit Schreiben vom 10.5.2014 haben Sie mir angezeigt, dass der zur Küchenausstattung gehörende Herd nicht mehr funktioniert, insbesondere das Backrohr nicht mehr ausreichend heizt. Des Weiteren beschweren Sie sich darüber, dass der Fensterstock des Schlafzimmerfensters erheblich verzogen ist und deshalb Feuchtigkeit und Nässe von außen eindringen; die angrenzende Wand weist deshalb bereits Feuchtigkeitsschäden auf.

Mit Schreiben vom 12.5.2014 habe ich Ihnen zwei Besichtigungstermine angeboten, wobei Sie per Telefax vom 13.5.2014 den Termin am 15.5.2014 um 16:00 Uhr bestätigt haben.

Als ich zusammen mit dem Hausmeister Herrn Müller zum vereinbarten Termin kam, waren Sie leider nicht anwesend. Wir warteten eine halbe Stunde bis 16:30 Uhr und hinterließen dann eine Nachricht in Ihrem Briefkasten.

Nachdem ich in der Folgezeit mehrmals vergeblich versucht habe, Sie telefonisch zu erreichen, habe ich Ihnen schriftlich einen neuen Besichtigungstermin für den 25.5.2014 um 17:00 Uhr angekündigt, den Sie mir wiederum bestätigten. Zu diesem Termin waren Sie jedoch abermals nicht in Ihrer Wohnung anzutreffen.

Nun machen Sie mit Schreiben vom 28.5.2014 eine Mietminderung in Höhe von 15 % geltend, gestützt auf die von Ihnen angezeigten Mängel.

Hiermit weise ich ausdrücklich die von Ihnen geltend gemachte Mietminderung sowohl dem Grunde als auch der Höhe nach zurück.

Wie geschildert, habe ich mich zeitnah bemüht, die Mängel zu besichtigen bzw. zu beheben. Den vereinbarten Besichtigungsterminen sind sie unentschuldigt ferngeblieben, sodass die Geltendmachung einer Mietminderung gegen die Grundsätze von Treu und Glauben verstößt.

Da Sie die Mängelbeseitigung vereitelt haben, steht Ihnen ein Recht zur Mietminderung schon dem Grunde nach nicht zu.

Mit freundlichen Grüßen

Franz Huber

3.5 Ausschluss der Minderung bei energetischer Modernisierung

§ 536 Abs. 1 BGB begründet bei Vorliegen eines erheblichen Mangels an der Mietsache ein Minderungsrecht. Finden Baumaßnahmen im Gebäude statt, führen die dadurch entstehenden Immissionen in aller Regel dazu, dass die Tauglichkeit der Mieträume zum vertragsgemäßen Gebrauch erheblich beeinträchtigt ist. Dies wiederum hat zur Folge, dass der Mieter mindern kann. Dieses Minderungsrecht ist unabhängig davon gegeben, ob es sich um eine Erhaltungs- oder eine Modernisierungsmaßnahme handelt.

Durch das Mietrechtsänderungsgesetz (Gesetz über die energetische Modernisierung von vermietetem Wohnraum und über die vereinfachte Durchsetzung von Räumungstiteln), mit Wirkung zum 1.5.2013 in Kraft getreten, wurde eine Neuregelung aufgenommen (§ 536 Abs. 1a BGB). Danach bleibt für die Dauer von drei Monaten eine Minderung der Tauglichkeit außer Betracht, soweit diese aufgrund einer Maßnahme eintritt, die einer energetischen Modernisierung nach § 555b Nr. 1 BGB dient. Dieser Minderungsausschluss gilt sowohl für Wohn- als auch für Geschäftsraummietverhältnisse, § 578 Abs. 2 BGB verweist insoweit auf § 555b BGB (Chr. Spielbauer in Spielbauer/Schneider, § 536 Rn 106).

Hintergrund dieses neu eingeführten gesetzlichen Minderungsausschlusses ist die Absicht der Politik, Anreize zur Durchführung energetischer Maßnahmen für Vermieter und Eigentümer zu schaffen. Vermieter, die ihr Anwesen energetisch modernisieren wollen, sollen von diesem Vorhaben nicht dadurch abgehalten werden, dass Mieter die Miete mindern und sich daraus für die Vermieter erhebliche finanzielle Nachteile ergeben können.

Anders als bei Erhaltungsmaßnahmen, die erforderlich sind, um die Mietsache in einem vertragsgemäßen Zustand zu erhalten, handelt es sich bei Modernisierungen grundsätzlich um freiwillige Maßnahmen, die für den Erhalt des Anwesens nicht zwingend erforderlich sind. Werden diese freiwilligen baulichen Maßnahmen jedoch erschwert, zum Beispiel durch eine Minderung der Miete, wird ein vernünftig und wirtschaftlich handelnder Vermieter/Eigentümer energetische Modernisierungen meist unterlassen.

Dieser neu eingeführte zeitlich befristete Minderungsausschluss in § 536 Abs. 1a BGB setzt zunächst voraus, dass überhaupt ein Minderungsrecht des Mieters gegeben ist. Führt eine bauliche Maßnahme des Vermieters dazu, dass die Auswirkungen unerheblich sind, liegt ein Minderungsausschluss schon nach § 536 Abs. 1 Satz 3 BGB vor. Danach ist eine unerhebliche Beeinträchtigung der Tauglichkeit nicht beachtlich, eine Minderung durch den Mieter nicht gerechtfertigt.

Nach dem Wortlaut der Vorschrift des § 536 Abs. 1 Satz 3 BGB ist eine „Minderung der Tauglichkeit" Voraussetzung für die Minderung. Dies bedeutet, dass die Mieträume für den Mieter nach wie vor in irgendeiner Form nutzbar bleiben müssen. Hat die energetische Maßnahme zur Folge, dass die Nutzbarkeit der Mieträume vollständig aufgehoben ist, greift der Minderungsausschluss nicht. Dies ist, anders ausgedrückt, bei einer Minderungsquote von 100 % der Fall.

BEISPIEL

Während der Wintermonate wird die Heiz- und Warmwasseranlage des Gebäudes erneuert. In der Wohnung des Mieters kann daher nicht geheizt werden und es steht auch kein Warmwasser zur Verfügung. Wird die vollständige Unbewohnbarkeit der Mieträume in diesem Fall bejaht, liegt nicht nur eine Beeinträchtigung vor, sondern die Tauglichkeit der Nutzung zu Wohnzwecken fällt völlig weg.

Bei Unbewohnbarkeit bzw. Unbenutzbarkeit der Mieträume ist das Minderungsrecht nicht ausgeschlossen, § 536 Abs. 1a BGB findet keine Anwendung. Der Mieter kann daher, obwohl es sich bei der Heizungserneuerung um eine energetische Modernisierung handelt, die Miete mindern, und zwar um 100 %. Der Mieter muss in diesem Fall keine Miete zahlen.

nergetische Modernisierung

Der befristete Minderungsausschluss setzt voraus, dass eine energetische Maßnahme im Sinne des § 555b Nr. 1 BGB durchgeführt wird. § 536 Abs. 1a BGB verweist insoweit auf die Bestimmungen zur Modernisierung, die durch die Mietrechtsreform ebenfalls teilweise neu geschaffen oder reformiert wurden. Energetische Maßnahmen im Sinne des § 555b Nr. 1 BGB sind bauliche Veränderungen, durch die in Bezug auf die Mietsache Endenergie nachhaltig eingespart wird.

Endenergie in diesem Sinne ist die Menge an Energie, die für die Anlagentechnik eines Gebäudes (Heizungsanlage, raumlufttechnische Anlage, Warmwasserbereitungsanlage) zur Verfügung stehen muss, um die für den „Endverbraucher", zum Beispiel Mieter, erforderliche Nutzenergie sowie die Verluste der Anlagentechnik bei Übergabe, Verteilung, Speicherung und Erzeugung im Gebäude zu decken (BT-Drs. 17/10485, Seite 19). Einsparung von Endenergie ist die Einsparung bei der benötigten Gesamtenergie eines Gebäudes (siehe Fleindl, NZM 2012, Seite 59).

Hiervon zu unterscheiden ist der Begriff der Primärenergie. Diese setzt sich aus der Summe der Endenergie und derjenigen Energiemenge zusammen, die durch vorgelagerte Prozesse außerhalb des Gebäudes zur Gewinnung, Umwandlung und Verteilung benötigt wird, zum Beispiel bei Bohrung zur Gewinnung von Erdöl, Raffinerie zu Heizöl und Transport zum Abnehmer sowie Verstromung des Heizöls durch Verbrennung (BT-Drs. 17/10485, Seite 19). Bei Primärenergie kann darüber hinaus zwischen erneuerbarer Primärenergie, zum Beispiel aus Sonne, Wind, Holz oder Biomasse, und nicht erneuerbarer Primärenergie, zum Beispiel aus Kohle, Gas und Erdöl, unterschieden werden.

HINWEIS

Voraussetzung für die Anwendung des Minderungsausschlusses gemäß § 536 Abs. 1a BGB ist die Einsparung von Endenergie, die Einsparung von Primärenergie führt nicht zum Minderungsausschluss. Der Minderungsausschluss erfasst ebenfalls nicht Erhaltungsmaßnahmen und sonstige Modernisierungen gemäß § 555b Nr. 2 bis Nr. 7 BGB.

BEISPIELE

- Wärmedämmungen an Dach oder/und Fassade
- Wärmedämmung von Rohrleitungen
- Austausch von Fenstern
- Installation von Lüftungsanlagen mit Wärmerückgewinnung
- Erneuerung des Heizkessels

- Verringerung der Wärmeverluste durch hydraulischen Abgleich
- Einspeisung von Energie, die mithilfe von Solar- oder Windkraftanlagen am Gebäude selbst gewonnen wird

Wird dagegen eine Heizungsanlage von einem fossilen Energieträger, zum Beispiel Erdöl, auf einen erneuerbaren Energieträger umgestellt, zum Beispiel Holzpellets, wird zwar Primärenergie eingespart, nicht jedoch Endenergie, da die für das Gebäude benötigte gesamte Energiemenge gleich groß bleibt (BT-Drs. 17/10485, Seite 20).

Inwieweit die Voraussetzungen zur Durchführung einer Modernisierungsmaßnahme nach den Bestimmungen des § 555c BGB vom Vermieter einzuhalten sind (Ankündigung der Modernisierung), um im Rahmen des § 536 Abs. 1a BGB einen Minderungsausschluss bejahen zu können, wurde nicht eindeutig geregelt. Problematisch ist in diesem Zusammenhang die rechtliche Bewertung des folgenden Falls: Ein Vermieter, der ohne Einhaltung der gesetzlichen Ankündigungsvoraussetzungen des § 555c BGB eine energetische Modernisierung (§ 555b Nr. 1 BGB) durchführt, erhält die volle Mietzahlung vom Mieter. Denn hier greift der Minderungsausschluss des § 536 Abs. 1a BGB, obwohl der Mieter nach den Bestimmungen der §§ 555c, d BGB zur Duldung der Maßnahme gar nicht verpflichtet wäre (Hinz, NZM 2012, 779; Fleindl, NZM 2012, 61). Nach hier vertretener Auffassung stellt die ordnungsgemäße Ankündigung einer Modernisierungsmaßnahme jedoch gerade keine Voraussetzung für den Minderungsausschluss dar, denn § 536 Abs. 1a BGB enthält nur eine Verweisung auf § 555b Nr. 1 BGB, aber keine Verweisung auf § 555c BGB (Chr. Spielbauer in Spielbauer/Schneider, § 536 Rn 108; Hinz, NZM 2012, 779; a. A. Weidenkaff/Palandt, § 536 Rn 23a).

ARBEITSHILFE ONLINE

MUSTER: Mietminderung bei energetischer Modernisierung

Franz Huber
Sonnenstraße 13
80000 München

Max Grauvogel
Blumenstraße 12
80001 München

München, den 31.5.2014

Zurückweisung der Mietminderung wegen energetischer Modernisierung

Sehr geehrter Herr Grauvogel,

mit Schreiben vom 15.5.2014 teilen Sie mir mit, dass Sie beabsichtigen, eine Mietminderung durchzuführen. Sie stützen die Minderung auf die Tatsache, dass am Anwesen Blumenstraße 12 Fassadenarbeiten stattfinden. Durch das Gerüst und die mit den Arbeiten einhergehenden Immissionen fühlen Sie sich erheblich beeinträchtigt.

Auch wenn ich Ihre Beschwerden nachvollziehen kann, muss ich doch der Mietminderung ausdrücklich widersprechen. Mit Schreiben vom 2.1.2014 habe ich die Mieter des Anwesens Blumenstraße 12 darüber informiert, dass eine energetische Modernisierung stattfinden wird, das heißt, an allen Fassaden wird ein Vollwärmeschutz angebracht. Diese Fassadenarbeiten haben nunmehr begonnen.

Gemäß § 536 Abs. 1a BGB ist eine Mietminderung ausgeschlossen, wenn eine energetische Modernisierung im Sinne des § 555b Nr. 1 BGB durchgeführt wird.

Ich habe Sie daher aufzufordern, die vereinbarte Miete auch weiterhin in voller Höhe zu bezahlen.

Mit freundlichen Grüßen

Franz Huber

3.5.2 Gemischte Maßnahmen

Führt der Vermieter neben Maßnahmen der energetischen Sanierung im Sinne des § 555b Nr. 1 BGB Erhaltungsmaßnahmen durch, stellt sich die Frage, inwieweit der Minderungsausschluss für diese kombinierten Maßnahmen gilt.

BEISPIEL

Beabsichtigt ein Vermieter, die Fassade zu sanieren, zum Beispiel durch einen neuen Anstrich oder das Ausbessern des Putzes, liegt lediglich eine Instandsetzungs- bzw. Instandhaltungsmaßnahme vor. Führt diese zu Beeinträchtigungen der Tauglichkeit der Mietsache, weil ein Gerüst und Bauplanen zur

Verdunkelung führen oder Lärm und Dreck die Nutzung beeinträchtigen, kann der Mieter die Miete mindern (§ 536 Abs. 1 BGB). Bringt der Vermieter jedoch gleichzeitig eine Wärmedämmung an, können die Voraussetzungen für einen Minderungsausschluss vorliegen, denn die Dämmungsmaßnahme stellt eine energetische Modernisierung im Sinne des § 536 Abs. 1a in Verbindung mit § 555b Nr. 1 BGB dar.

Für die rechtliche Bewertung kombinierter Maßnahmen und die Beantwortung der Frage, ob dabei ein Minderungsausschluss gegeben ist, soll es darauf ankommen, ob die energetische Modernisierung zugleich der Erhaltung der Mietsache dient. Wird vor Anbringung einer Fassadendämmung zunächst der Außenputz ausgebessert, so geht die Instandsetzungsmaßnahme mit der energetischen Modernisierung einher. Beide baulichen Veränderungen dienen ein und demselben Zweck und Ziel, nämlich der energetischen Modernisierung (BT-Drs. 17/10485, Seite 18; Warnecke, DWW 2013, 49).

! **WICHTIG**

Der Minderungsausschluss gilt auch, wenn die energetische Modernisierung zugleich der Erhaltung der Mietsache dient.

▶ **BEISPIEL**

Wird eine Dachdämmung angebracht und nutzt der Vermieter das vorhandene Gerüst, um auch gleich die Fassade neu zu streichen, ohne dass eine Fassadendämmung erfolgt, ist fraglich, ob ein Minderungsausschluss gegeben ist.

Im Beispiel wird zwar eine Modernisierungsmaßnahmen zur Einsparung von Endenergie durchgeführt (Dachdämmung) mit der Folge, dass ein Minderungsausschluss vorliegt. Der Fassadenanstrich dient aber nicht dem gleichen Zweck und Ziel, er ist keine zwingende Voraussetzung dafür, die Dachdämmung durchführen zu können. Dennoch würde das gleichzeitige Ausführen dieser Arbeiten bewirken, dass der Mieter nicht mindern kann, obwohl der Fassadenanstrich nicht dazu beiträgt, die energetische Maßnahme umzusetzen. Ein Vermieter ist daher immer gut beraten, Instandsetzungsarbeiten zusammen mit energetischen Maßnahmen zu erledigen, um einen Minderungsausschluss zu erreichen.

Diese Problematik hat auch der Gesetzgeber erkannt. Um eventuellem Missbrauch vorzubeugen, sollen Maßnahmen, die nicht direkt der energetischen Modernisierung dienen, abgegrenzt werden. Andere Erhaltungs- oder Modernisierungsmaßnahmen, die zwar dem Zweck der energetischen Modernisierung dienen, sind dann dahingehend zu bewerten, inwieweit sie die Tauglichkeit zum vertragsgemäßen Gebrauch beeinträchtigen. Für diese Teile der Modernisierung bzw. Erhaltung steht dem Mieter dann eine entsprechende Minderung zu. Im Streitfall kann das Gericht diese Anteile nach § 287 ZPO schätzen. So soll sichergestellt werden, dass sich der Minderungsausschluss nur auf die energetische Modernisierung bezieht (BT-Drs. 17/10485, Seite 18).

In der Praxis werden sich im Hinblick auf die Abgrenzung unterschiedlicher Maßnahmen, die in einem zeitlichen Zusammenhang ausgeführt werden, viele Streitigkeiten entwickeln. Ohne Sachverständige werden diese Auseinandersetzungen wohl kaum zu klären sein (Chr. Spielbauer in Spielbauer/Schneider, § 536 Rn 109).

HINWEIS

Werden zwei oder mehrere Erhaltungs- bzw. Modernisierungsmaßnahmen zeitgleich ausgeführt, ohne dass es sich um eine einheitliche Maßnahme im Sinne des § 555b Nr. 1 BGB handelt, kann wegen der weiteren Maßnahmen, die keine energetische Modernisierung darstellen, eine Minderung erfolgen. Dient die Erhaltungs- oder sonstige Modernisierungsmaßnahme ausschließlich dem Zweck der energetischen Modernisierung (§ 555b Nr. 1 BGB), so liegt eine einheitliche energetische Maßnahme vor. Die Minderung ist dann für alle Maßnahmen ausgeschlossen.

Um das Vorliegen einer energetischen Maßnahme im Sinne des § 555b Nr. 1 BGB bejahen zu können, muss diese in Bezug zur Mietsache stehen. Die Einsparmaßnahme muss daher der Mietsache in irgendeiner Weise zugute kommen. Dies ist zum Beispiel nicht der Fall, wenn eine Fotovoltaikanlage auf dem Hausdach montiert wird und der mit ihr gewonnene Strom nicht der Versorgung der Mietsache dient, sondern vom Vermieter gegen Vergütung in das allgemeine Stromnetz eingespeist wird (BT-Drs. 17/10485, Seite 20).

Eine weitere Voraussetzung für das Vorliegen einer energetischen Maßnahme im Sinne des § 555b Nr. 1 BGB ist die Nachhaltigkeit der Einsparung. Hierbei ist keine bestimmte Einsparquote im Hinblick auf die verbrauchte Energie oder in finanzieller Hinsicht gefordert. Nachhaltigkeit ist schon dann gegeben, wenn die Einsparung dauerhaft, also nicht nur vorübergehend ist (BT-Drs. 17/10485, Seite 38).

3.5.3 Dreimonatsfrist

Für die Dauer von drei Monaten bleibt eine Minderung außer Betracht. Zum einen handelt es sich hierbei um eine zusammenhängende Frist, zum anderen ist die Minderung für maximal drei Monate ausgeschlossen. Dauert die betreffende

Maßnahme länger als drei Monaten, lebt das Minderungsrecht also wieder auf. Die Einführung dieser Ausschlussfrist soll den Vermietern Anreize geben, Modernisierungsvorhaben überhaupt umzusetzen, aber auch zügig zu Ende zu bringen. Der Mieter soll die Sicherheit haben, dass er nicht über einen langen, unüberschaubaren Zeitraum mit Baustellen im Haus leben muss, während der Vermieter einen gewissen zeitlichen Rahmen für die Baumaßnahmen erhält, ohne finanzielle Einbußen durch Mietminderungen hinnehmen zu müssen.

Die Frist soll mit Beginn der energetischen Modernisierung einsetzen. Da das Gesetz für die Berechnung der Frist keine Regelung vorsieht, wird es in der Praxis zu Streitigkeiten kommen, wann der Beginn der Maßnahme anzunehmen ist. Als Anhaltspunkt kommt der Termin infrage, den der Vermieter in der Ankündigungserklärung mitgeteilt hat. Allerdings kann sich der Beginn witterungsbedingt oder aus anderen Gründen immer wieder verschieben.

Unklar kann zudem sein, ob die Modernisierung beispielsweise schon mit der Anlieferung von Baumaterial anfängt oder erst dann, wenn die Bauarbeiten aufgenommen werden. Maßgeblich dürfte der Zeitpunkt sein, ab dem für den Mieter eine erhebliche objektive Beeinträchtigung der Tauglichkeit zum vertragsgemäßen Gebrauch vorliegt. In der Regel wird die Anlieferung von Baumaterialien eine unerhebliche Beeinträchtigung zur Folge haben, sodass schon nach § 536 Abs. 1 Satz 3 BGB eine Minderung ausgeschlossen ist. Erst mit Beginn der tatsächlichen Bauarbeiten würde dann der Minderungsausschluss gemäß § 536 Abs. 1a BGB greifen (Chr. Spielbauer in Spielbauer/Schneider, § 536 Rn 111).

Außerdem gilt, dass die Frist nicht aufgeteilt werden kann. Haben die Bauarbeiten einmal begonnen, dauert die Frist ohne Unterbrechung höchstens drei Monate. Hierbei spielt es keine Rolle, ob die Arbeiten während der ersten Monate weniger beeinträchtigend sind als diejenigen, die ab dem vierten Monat stattfinden. Es bleibt immer bei einem fortlaufenden Minderungsausschluss von maximal drei Monaten. Werden die Maßnahmen unterbrochen, weil es zu Terminschwierigkeiten kommt oder die Witterung eine Fortführung der Arbeiten nicht erlaubt, bleibt dies ebenfalls ohne Einfluss auf den Lauf der Ausschlussfrist für die Minderung. Dauern die Modernisierungsmaßnahmen kürzer als drei Monate, endet der Ausschluss der Minderung mit Abschluss der Baumaßnahme. Der nicht „verbrauchte“ Minderungsausschluss fällt weg und kann nicht bei einer anderen Baumaßnahme „nachgeholt“ werden.

WICHTIG

Die Dreimonatsfrist kann weder unterbrochen noch aufgeteilt werden. Das gilt unabhängig davon, welche Gründe zur Verzögerung oder Unterbrechung der Bauarbeiten führen. Da es keine gesetzliche Regelung zur Berechnung der Frist gibt, wird man diese taggenau ermitteln müssen.

BEISPIEL

Das Gerüst für die Anbringung der Dachdämmung wird am 10.3. aufgebaut. Der Minderungsausschluss läuft dann bis längstens 10.6.

Der Minderungsausschluss läuft für jede energetische Modernisierungsmaßnahme neu an. Hat ein Vermieter bereits eine Wärmedämmung an der Fassade angebracht, kann er, wenn er bei einer weiteren Modernisierung das Dach dämmen will, den Mieter wieder auf den Minderungsausschluss des § 536 Abs. 1a BGB verweisen. In der Praxis kann dies dazu führen, dass ein Vermieter energetische Maßnahmen in einzelne Modernisierungsvorhaben aufteilt, um jeweils den Minderungsausschluss nutzen zu können. Selbst wenn es für den Vermieter praktikabel wäre, zum Beispiel die Dach- und die Fassadendämmung in einem Bauabschnitt durchzuführen, kann er diese Modernisierungen trennen und zunächst nur eine Maßnahme umsetzen. Nach deren Abschluss kann er eine neue energetische Maßnahme planen und durchführen, sodass der Mieter noch einmal drei Monate lang nicht mindern darf.

Die Aufspaltung von Modernisierungen ist nur sinnvoll, wenn sich absehen lässt, dass mehrere Maßnahmen zusammen, zum Beispiel eine Dach- und eine Fassadendämmung, länger als drei Monate dauern würden. Falls beide Vorhaben jeweils den maximalen Zeitraum von drei Monaten beanspruchen würden, kann der Vermieter so Minderungsansprüche seiner Mieter völlig ausschließen.

Ob sich in einem solchen Fall die Trennung der beiden Bauvorhaben für den Vermieter wirtschaftlich rechnet, ist eine andere Frage, denn für beide Maßnahmen wird ein Baugerüst benötigt. Die Kosten für den Auf- und Abbau bzw. für die Standzeit sind nicht zu unterschätzen und dürften durch die nicht erfolgten Mietminderungen wohl kaum ausgeglichen werden.

Inwieweit einem Vermieter rechtsmissbräuchliches Verhalten aufgrund der Aufspaltung energetischer Modernisierungen vorgeworfen werden kann, wird durch die Rechtsprechung zu klären sein (siehe auch Hinz, NZM 2012, 780).

HINWEIS

§ 536 Abs. 1a BGB regelt nur den Ausschluss von Mietminderung während einer energetischen Modernisierung. Andere Gewährleistungsansprüche des Mieters sind hiervon nicht betroffen. Der Mieter kann nach wie vor Schadensersatz oder den Ersatz von Aufwendungen geltend machen (§§ 536a, 555a Abs. 3, § 555d Abs. 6 BGB).

3.6 Vertraglicher Minderungsausschluss

Die Mietminderung kann bei einem Mietverhältnis über Wohnraum vertraglich nicht ausgeschlossen werden (§ 536 Abs. 4 BGB). Für Mietverhältnisse über Gewerberäume, gilt dies jedoch nicht (siehe unten).

3.6.1 Individualklausel/Formularklausel

Vertragliche Vereinbarungen können entweder als Individual- oder als Formularklauseln getroffen werden. Von einer Individualvereinbarung ist auszugehen, wenn die betreffende Regelung ausschließlich für den zu schließenden Vertrag verwendet wird und der Inhalt zwischen den Parteien ausgehandelt wurde. Das ist nur dann der Fall, wenn der jeweils andere Vertragspartner die Möglichkeit hat, auf den Inhalt der Klausel Einfluss zu nehmen. „Aushandeln" ist mehr als bloßes „Verhandeln" (BGH, Urteil vom 27.3.1991, IV ZR 90/90, NJW 1991, 19678).

Die Anforderungen an individuell ausgehandelte Vertragsklauseln sind sehr hoch. Grundsätzlich trifft diejenige Partei, die sich auf das Bestehen einer einzelvertraglichen Klausel beruft, die Beweislast dafür, dass diese Klausel tatsächlich ausgehandelt wurde. Ein Zusatz im Mietvertrag wie „Die Vereinbarung wurde zwischen den Parteien ausgehandelt …" genügt nicht, um das Vorliegen einer ausgehandelten Klausel zu beweisen.

In der Regel erfolgt der Abschluss eines Mietvertrags unter Zuhilfenahme eines vorgedruckten Formulars. Die darin enthaltenen Vereinbarungen sind Formularklauseln, die sogenannten Allgemeinen Geschäftsbedingungen. Ihre Wirksamkeit ist anhand der Vorgaben in §§ 305 ff. BGB zu überprüfen. Gemäß § 305 Abs. 1 BGB sind Allgemeine Geschäftsbedingungen „alle für eine Vielzahl von Verträgen vorformulierten Vertragsbedingungen, die eine Vertragspartei der anderen Vertragspartei bei Abschluss des Vertrages stellt". Nach ständiger Rechtsprechung genügt für die

Annahme einer Vielzahl von Verträgen bereits eine drei- bis fünfmalige Verwendung (BGH, Urteile vom 29.6.1981, VII ZR 259/80, NJW 1981, 2344 und vom 25.3.1998, VIII ZR 244/97, NJW 1998, 2284).

Eine Formularklausel ist gemäß §§ 305 ff. BGB bereits dann unwirksam, wenn die Regelung darin zu weit zu Lasten des Mieters von der gesetzlichen Regelung der §§ 535 ff. BGB abweicht. Die Unwirksamkeit von Formularklauseln kann sich auch aus einem Summierungseffekt ergeben, wenn mehrere Klauseln, die das gleiche oder ein ähnliches Thema regeln, im Mietvertrag zusammentreffen mit der Folge, dass sich Unklarheiten oder unzumutbare Belastungen für den Mieter ergeben. In diesem Zusammenhang sei auf die umfangreiche Rechtsprechung zu den Schönheitsreparaturen verwiesen (Stürzer/Koch, Vermieterlexikon, Seite 778 ff.).

3.6.2 Gewerbemietvertrag

Da § 536 Abs. 4 BGB abweichende Vereinbarungen nur für Wohnraummietverträge verbietet, können in Gewerberaummietverträgen Klauseln vereinbart werden, die das Minderungsrecht des Mieters einschränken. Eine für den Mieter nachteilige Vereinbarung kann sowohl individual- als auch formularmäßig erfolgen.

Das Minderungsrecht stellt ein wesentliches Recht des Mieters dar. Es kommt zum Tragen, wenn die Hauptpflicht des Vermieters, nämlich das Zurverfügungstellen einer vertragsgemäßen Mietsache, nicht oder nicht mehr gewährleistet ist. Das sogenannte Äquivalenzprinzip soll sicherstellen, dass die Hauptpflichten der Vertragspartner in einem ausgewogenen Verhältnis zueinander stehen.

BEISPIEL

Vermietet werden Räume im Dachgeschoss. Wegen eines Wasserschadens ist die Hälfte der Mietfläche nicht nutzbar. Da für den Mieter die vertragsgemäße Nutzung der Mieträume nicht mehr möglich ist, kann er gemäß § 536 Abs. 1 BGB die Miete mindern.

Würde es sich im Beispielsfall um einen Geschäftsraummietverhältnis handeln, könnte das Minderungsrecht dem Wortlaut des § 536 Abs. 4 BGB nach eingeschränkt oder sogar komplett ausgeschlossen werden. Ein umfassender Ausschluss des Minderungsrechts verstößt jedoch in eklatanter Weise gegen das Äquivalenzprinzip. Denn unter diesen Umständen müsste ein Geschäftsraummieter jegliche Mängel und Gebrauchsbeschränkungen bis hin zur Nichtnutzbarkeit der Mieträume hinnehmen und dem Vermieter dennoch den vereinbarten Mietpreis zahlen. Ein umfassender Minderungsausschluss ist daher nur in engen Grenzen möglich. Eine Individualvereinbarung ist nur dann wirksam, wenn sie nicht gegen die Bestimmungen der §§ 138, 242 BGB verstößt. Eine Formularklausel wird an den Vorgaben der Generalklausel des § 307 BGB zu überprüfen sein (vgl. Chr. Spielbauer in Spielbauer/Schneider, § 536 Rn 89 ff.).

In diesem Zusammenhang ist auch die Bestimmung des § 536d BGB zu beachten. Danach ist eine Vereinbarung, die die Rechte des Mieters wegen eines Mangels der Mietsache ausschließt oder einschränkt, nicht zulässig, wenn der Vermieter den Mangel arglistig verschwiegen hat.

Nur wenn es dem Mieter möglich ist, einen Rückzahlungsanspruch hinsichtlich der überzahlten Miete im Wege der ungerechtfertigten Bereicherung (§§ 812 ff. BGB) geltend zu machen, kann ein Minderungsausschluss wirksam sein (Eisenschmid in Schmidt-Futterer, § 536 Rn 462).

! **WICHTIG**

Ein umfassender Minderungsausschluss für Geschäftsraummietverträge ist nur in sehr engen Grenzen möglich. Zu berücksichtigen sind neben den gesetzlichen Bestimmungen immer die Umstände des Einzelfalls. Dies gilt nicht nur für die Prüfung eines Minderungsausschlusses, sondern auch für Bestimmungen, die das Minderungsrecht beschränken.

3.6.3 Wohnraummietvertrag

Wie bereits ausgeführt, ist bei Wohnraummietverträgen eine Bestimmung, die das Minderungsrecht des Mieters ausschließt oder beschränkt, unwirksam. Eine für den Mieter nachteilige vertragliche Vereinbarung kann daher weder individualrechtlich noch durch eine Formularklausel getroffen werden. Eine unzulässige, für den Mieter nachteilige Beschränkung des Minderungsrechts liegt auch dann vor, wenn die Minderung von einer Bedingung abhängig gemacht wird.

▶ **BEISPIEL**

Der Mietvertrag sieht vor, dass der Mieter die Miete erst dann mindern darf, wenn er dies dem Vermieter vorher angekündigt hat.

Das Minderungsrecht ist eine kraft Gesetzes eintretende Reduzierung der Miete, ohne dass der Mieter diesen Anspruch geltend machen muss (§ 536 Abs. 1 BGB). Die im Beispiel genannte Klausel erschwert dem Mieter jedoch die Minderung, weil er sie danach ankündigen müsste, bevor er sie geltend machen kann. Diese Erschwerung verstößt gegen § 536 Abs. 4 BGB mit der Folge, dass die Klausel unwirksam ist (LG Hamburg, Urteil vom 6.3.1979, 16 O 100/78, WuM 1980, 126).

Das Gleiche gilt, wenn die Minderung erst nach ergebnislosem Verstreichen einer dem Vermieter vom Mieter gesetzten Nachfrist möglich sein soll.

BEISPIEL

Eine Vertragsklausel bestimmt, dass der Mieter erst mindern kann, wenn er dem Vermieter ergebnislos eine Frist zur Mängelbeseitigung gesetzt hat, und die Minderung zudem erst ab dem übernächsten Monat zulässig sein soll (siehe Chr. Spielbauer in Spielbauer/Schneider, § 536 Rn 87).

Zu unterscheiden ist hiervon jedoch die Verpflichtung des Mieters, dem Vermieter aufgetretene Mängel anzuzeigen (§ 536c BGB). Die Minderung tritt kraft Gesetzes erst ein, wenn der Mangel angezeigt wird, denn erst danach ist der Vermieter in der Lage, für Abhilfe zu sorgen. Eine Fristsetzung des Mieters zur Beseitigung des Mangels ist dagegen nicht Voraussetzung für das Minderungsrecht, ebenso wenig wie ein ergebnisloses Verstreichen einer Abhilfefrist, die der Mieter dem Vermieter gesetzt hat.

Eine Klausel, die nicht die Minderung als solche von einer bestimmten Frist abhängig macht, sondern lediglich einen Rückzahlungsanspruch des Mieters wegen überzahlter Miete, fällt nicht unter den Anwendungsbereich des § 536 Abs. 4 BGB und ist daher wirksam. Durch eine entsprechende Klausel wird nicht das Minderungsrecht als solches ausgeschlossen oder beschränkt, sondern lediglich die Rückzahlung der zu viel entrichteten Miete von einer Frist abhängig gemacht (Chr. Spielbauer in Spielbauer/Schneider, § 536 Rn 87).

BEISPIEL

Hat der Mieter den kaputten Herd in der Mietwohnung ausgetauscht, so kann der Mieter die hierfür verauslagten Kosten gegen die Miete aufrechnen. Es handelt sich hierbei nicht um eine Minderung, sondern um die Geltendmachung eines Aufwendungsersatzanspruchs gemäß § 536a Abs. 2 BGB, wenn dessen Voraussetzungen im Übrigen vorliegen. Die Absicht des Mieters, gegen die Miete aufzurechnen, kann von einer vertraglich vereinbarten Ankündigungsfrist abhängig gemacht werden (§ 556b Abs. 2 BGB).

Eine unwirksame Vereinbarung liegt auch vor, wenn die Minderungsquote der Höhe nach beschränkt wird. § 536 Abs. 1 BGB sieht vor, dass bei Vorliegen eines

Mangels eine angemessen herabgesetzte Miete geschuldet ist. Bei einer Beeinträchtigung der Tauglichkeit der Mietsache zum vertragsgemäßen Gebrauch muss daher je nach den Umständen des Einzelfalls eine individuelle Minderungsquote ermittelt werden. Wird bereits im Mietvertrag vorab vereinbart, dass zum Beispiel für Bauarbeiten in der Nachbarschaft grundsätzlich eine Minderung von maximal 10 % geltend gemacht werden darf, so verstößt dies gegen § 536 Abs. 4 BGB, falls die tatsächliche Minderungsquote höher ausfallen würde. Die Angemessenheit einer Mietreduzierung kann nicht für künftige Mängel vorhergesehen und im Vorhinein ermittelt werden. Führen Bautätigkeiten zum Beispiel zu einer erheblichen Beeinträchtigung der Nutzung der Mieträume, die eine Minderung von 30 % rechtfertigen würde, und sind laut mietvertraglicher Vereinbarung aber nur 10 % Mietreduzierung erlaubt, liegt eine für den Mieter nachteilige Vereinbarung vor, die wegen Verstoßes gegen § 536 Abs. 4 BGB unwirksam ist (Chr. Spielbauer in Spielbauer/Schneider, § 536 Rn 88).

Dagegen soll eine Klausel wirksam sein, die den Mieter dazu verpflichtet, bei Geltendmachung einer Minderung den entsprechenden Geldbetrag auf ein Notaranderkonto oder bei der Vermieterin zu hinterlegen (KG Berlin, Urteil vom 11.7.2013, 8 U 243/12, MDR 2013, 1338).

3.6.4 Garantiehaftung

Von einer Vereinbarung, die das Recht des Mieters zur Mietminderung ausschließt oder beschränkt, ist eine Vereinbarung zu unterscheiden, die die Garantiehaftung des Vermieters ausschließt. Es handelt sich hierbei um zwei völlig verschiedene Sachverhalte.

Gemäß § 536a Abs. 1 Alt. 1 BGB haftet der Vermieter dem Mieter auf Schadensersatz, wenn infolge eines Mangels, der bereits bei Vertragsabschluss vorhanden ist, beim Mieter ein Schaden entsteht. Diese Haftung ist verschuldensunabhängig. Es kommt auch nicht darauf an, ob der Vermieter den Mangel kannte oder hätte erkennen müssen. Insoweit handelt es sich um eine Garantiehaftung des Vermieters, denn er trägt das Risiko für alle bei Vertragsabschluss vorhandenen, aber verborgenen Mängel der Mietsache. Entscheidend für die Beurteilung, ob ein anfänglicher Mangel vorliegt, ist nicht, wann sich ein Schaden realisiert, sondern ob der Mangel selbst bereits bei Vertragsabschluss vorhanden war (BGH, Urteil vom 21.7.2010, XII ZR 189/08, NJW 2010, 3152).

BEISPIEL

Die in einer Mietsache verbauten Bauteile weisen eine gesundheitsgefährdende Konzentration von Asbest auf. Bei Vertragsabschluss war diese Gesundheitsgefährdung weder dem Vermieter noch dem Mieter bekannt. Eine Erkrankung des Mieters durch diese Asbestverseuchung während des Mietverhältnisses führt zu Schadensersatzansprüchen gegenüber dem Vermieter.

Zu unterscheiden hiervon ist das Entstehen eines Mangels während der Dauer eines Mietverhältnisses durch vertragsgemäßen Gebrauch, Alterung oder Verschleiß. Dabei handelt es sich nicht um einen bei Vertragsabschluss bereits vorhandenen Mangel. Damit wäre jede Abnutzungserscheinung einer Mietsache bereits bei Vertragsabschluss immanent vorhanden, sodass auch in diesen Fällen eine Garantiehaftung des Vermieters bestünde. Um einen anfänglichen Mangel handelt es sich aber dann, wenn ein Baufehler von Anfang an vorhanden ist, auch wenn die Folgen daraus erst zu einem späteren Zeitpunkt erkennbar werden (Chr. Spielbauer in Spielbauer/Schneider, § 536a Rn 10).

Diese sogenannte verschuldensunabhängige Garantiehaftung birgt ein hohes Haftungsrisiko für den Vermieter. Der BGH hat dies auch erkannt und entschieden, dass ein Haftungsausschluss sowohl einzelvertraglich als auch formularvertraglich erfolgen kann. Es handelt sich bei der Garantiehaftung gemäß § 536a Abs. 1 BGB um eine für das gesetzliche Haftungssystem untypische, weil verschuldensunabhängige Regelung (BGH, Beschluss vom 4.10.1990, XII ZR 46/90, WuM 1992, 316 und Urteil vom 3.7.2002, XII ZR 327/00, ZMR 2002, 899).

3.7 Modernisierungsvereinbarung

Durch das Mietrechtsänderungsgesetz zum 1.5.2013 wurde § 555f BGB neu eingeführt. Danach können die Vertragsparteien nach Abschluss des Mietvertrags aus Anlass von Erhaltungs- oder Modernisierungsmaßnahmen Vereinbarungen treffen, insbesondere über die zeitliche und technische Durchführung der Maßnahmen, Gewährleistungsrechte und Aufwendungsersatzansprüche des Mieters sowie die künftige Höhe der Miete. Daneben gelten aber die §§ 555a ff. BGB weiter. Diese enthalten die allgemeinen Anforderungen und Voraussetzungen für die Ankündigung und Duldung von Erhaltungs- bzw. Modernisierungsmaßnahmen. § 555f BGB soll es den Vertragsparteien darüber hinaus ermöglichen, für konkret geplante Maßnahmen eine dem Einzelfall angepasste und individuelle Lösung zu schaffen.

Während § 536 Abs. 4 BGB eine generelle Abbedingung des Minderungsrechts untersagt, bezieht sich § 555f BGB auf Regelungen für einen konkreten Einzelfall. Vor Einführung des § 555f BGB war es bereits anerkannt, dass Mietvertragsparteien für eine einzelne bauliche Maßnahme Vereinbarungen zur Höhe einer Mietminderung treffen können (BGH, Urteil vom 14.10.2009, VIII ZR 159/08, WuM 2009, 744). Dies stellt auch keinen Verstoß gegen § 536 Abs. 4 BGB dar, denn es liegt ja gerade keine mietvertragliche Regelung vor. Vielmehr haben die Parteien während der Vertragslaufzeit aus einem konkreten Anlass heraus eine individuelle Vereinbarung zu Maßnahme, Minderung und Miethöhe getroffen.

In diesem Sinne hat auch das LG München entschieden: Der Mieter kann sich trotz § 536 Abs. 4 BGB mit dem Vermieter auf eine bestimmte Minderung für die Zukunft einigen, vorausgesetzt es handelt sich um einen befristeten Zeitraum (Urteil vom 9.12.2011, 14 S 9823/11, GE 2012, 336).

Die Anwendung des § 555f BGB setzt voraus, dass sich während des Mietverhältnisses, also nach Abschluss des Vertrags, aus einem konkreten Anlass heraus die Notwendigkeit einer Vereinbarung ergibt. Anlass kann nur die Durchführung von Erhaltungs- oder Modernisierungsmaßnahmen sein (§§555a, b BGB). Zu beachten ist, dass die Modernisierungsvereinbarung nicht allgemein formuliert sein darf, sondern auf den speziellen Einzelfall abgestimmt sein muss (Eisenschmid in Schmidt-Futterer, § 555f Rn 6).

ARBEITSHILFE ONLINE

MUSTER: Modernisierungsvereinbarung

Ein entsprechendes Muster steht als Arbeitshilfe online bereit.

4 Rechte des Vermieters

Tritt während des Bestehens eines Mietverhältnisses ein Mangel an der Mietsache auf oder wird dem Vermieter ein Mangel angezeigt, so hat er verschiedene Möglichkeiten, darauf zu reagieren. Darüber hinaus trifft den Vermieter grundsätzlich die Instandsetzungs- bzw. Instandhaltungspflicht (§ 535 Abs. 1 BGB).

4.1 Besichtigungs-/Betretungsrecht

Der Vermieter kann jederzeit die Gemeinschaftsflächen und Gemeinschaftsräume des Mietobjekts betreten. Innerhalb der vermieteten Räume hat jedoch der Mieter das Hausrecht und kann dem Vermieter den Zutritt verwehren. Nur wenn ein triftiger Grund vorliegt, steht dem Vermieter ein Besichtigungs- und Betretungsrecht der vermieteten Räume zu. Ein nachvollziehbarer Grund für die Besichtigung kann zum Beispiel in folgenden Fällen gegeben sein:

- Das Mietverhältnis ist gekündigt und Mietinteressenten wollen die Räume zwecks Anmietung besichtigen.
- Beabsichtigt der Vermieter, das Mietobjekt zu verkaufen, kann er mit Kaufinteressenten die Mieträume betreten.
- Es sollen Erhaltungs- oder Modernisierungsmaßnahmen in den Mieträumen durchgeführt werden.
- Der vertragsgemäße Zustand der Mieträume soll überprüft werden.
- Vor Ablauf von Gewährleistungsfristen will der Vermieter prüfen, ob er Ansprüche gegenüber Handwerkern geltend machen kann.
- Der Mieter zeigt Mängel innerhalb der Mieträume an.
- Der Vermieter hat berechtigte Gründe anzunehmen, dass sich der Mieter vertragswidrig verhält, zum Beispiel Untervermietung, gewerbliche Nutzung von Wohnräumen, Vermüllung oder Verwahrlosung der Mieträume, Schimmel- oder Feuchteschäden, unerlaubte Tierhaltung.

Da es keine gesetzlichen Regelungen über ein Besichtigungs- und Betretungsrecht des Vermieters gibt, werden in Mietverträge hierzu Vereinbarungen aufgenommen. Zumeist beziehen sich diese auf das Betretungs- und Besichtigungsrecht bei Neuvermietung oder Verkauf.

BEISPIEL

Der Vermieter, ein von ihm Beauftragter oder beide sind bei Gefahr im Verzug berechtigt, die Mieträume zur Feststellung und Durchführung der zur Gefahrenabwehr notwendigen Arbeiten zu betreten.
Will der Vermieter das Grundstück verkaufen oder ist das Mietverhältnis gekündigt, ist der Vermieter oder ein von ihm Beauftragter oder sind beide berechtigt, zusammen mit dem Kauf- bzw. Mietinteressenten die Mieträume nach Terminvereinbarung zur Besichtigung zu betreten (Stürzer/Koch/Noack/Westner, Vermieterpraxishandbuch, Kapitel 2).

Selbst wenn vertragliche Regelungen über ein Betretungs- und Besichtigungsrecht des Vermieters fehlen, hat der Vermieter einen Anspruch auf Zutritt zu den Mieträumen, wenn ein konkreter Anlass vorliegt. Dies ist immer dann der Fall, wenn ein Mangel an der Mietsache besteht. Wird dem Vermieter ein Mangel an den Mieträumen bekannt oder zeigt der Mieter einen solchen an, liegt stets ein konkreter Anlass für das Betreten der Mieträume vor.

Da der Vermieter gemäß § 535 Abs. 1 BGB verpflichtet ist, die Mietsache instand zu setzen, darf ihm der Mieter den Zutritt zu den Mieträumen nicht verwehren. § 555a Abs. 1 BGB regelt daher, dass der Mieter Maßnahmen, die zur Instandhaltung oder Instandsetzung der Mietsache erforderlich sind, zu dulden hat. Zeigt der Mieter dem Vermieter einen Mangel an den Mieträumen an, verwehrt ihm aber gleichzeitig das Betreten der Mieträume, verstößt der Mieter gegen seine gesetzliche Verpflichtung, Erhaltungsmaßnahmen zu dulden.

Erfährt der Vermieter von einem Mangel, wird er ihn zunächst begutachten wollen, um dann über die weitere Vorgehensweise entscheiden zu können. Zur Duldungspflicht des Mieters gemäß § 555a Abs. 1 BGB gehört daher auch, dass der Vermieter die Mieträume betreten darf, um zunächst den Schaden zu besichtigen und eventuell bei einem weiteren Termin die Schadensursache und die Abhilfemaßnahmen zu klären. Wenn der Vermieter einen Handwerker oder Fachmann zu Rate ziehen will, steht diesem ebenfalls ein Betretungs- und Besichtigungsrecht zu.

HINWEIS

Die Duldungspflicht des Mieters für Erhaltungsmaßnahmen umfasst auch die Duldung von Besichtigungen durch den Vermieter, den Zutritt durch beauftragte Handwerker sowie der eigentlichen Reparaturmaßnahme. Der Mieter hat dem Vermieter auch mehrmals Zutritt zu gewähren, falls dies für die Durchführung der Erhaltungsmaßnahme erforderlich ist.

Tritt ein Mangel an der Mietsache auf und zeigt der Mieter diesen dem Vermieter an, steht dem Mieter ein Minderungsrecht zu (§ 536c BGB). Verwehrt nun der Mieter dem Vermieter unberechtigt den Zutritt zu den Mieträumen, entfällt sein Minderungsrecht (LG Berlin, Urteil vom 15.10.2013, 63 S 626/12, GE 2014, 193). Darüber hinaus kann sich der Mieter gegenüber dem Vermieter schadensersatzpflichtig machen (§ 536c Abs. 2 BGB).

Der Vermieter sollte Mängelanzeigen des Mieters immer ernst nehmen und eine Besichtigung durchführen. Allerdings kann der Vermieter nicht unangekündigt dem Mieter einen Besuch abstatten. Gemäß § 555a Abs. 2 BGB hat der Vermieter dem Mieter Erhaltungsmaßnahmen rechtzeitig anzukündigen. Er muss mit dem Mieter einen Besichtigungstermin vereinbaren, der je nach Dringlichkeit und Unaufschiebbarkeit der Maßnahme auch kurzfristig stattfinden kann. Bei erheblichen Einwirkungen auf die Mietsache kann eine Ankündigung kurzfristig (zwei bis drei Tage) erfolgen (§ 555a Abs. 2 BGB); üblicherweise sollte ein Besichtigungstermin jedoch eine Woche zuvor angekündigt werden.

Es empfiehlt sich, dem Mieter zwei Termine zur Wahl zu stellen. Falls der Mieter an keinen von beiden anwesend sein kann, sollte er selbst eine zeitnahe Alternative benennen. Termine sollten aus Beweisgründen und um Missverständnisse zu vermeiden in schriftlicher Form vereinbart werden (E-Mails oder Schreiben per Telefax genügen).

Muss der Vermieter die Mieträume betreten, kann er nicht vom Mieter erwarten, dass dieser von sich aus Terminvorschläge macht. Es ist Sache des Vermieters, dem Mieter Termine vorzuschlagen (LG Berlin, Urteil vom 24.11.2009, 63 S 55/09, GE 2010, 127).

Der Vermieter darf grundsätzlich keine Fotos von den Mieträumen anfertigen, es sei denn, dies ist zur Beseitigung von Schäden oder zur Beweissicherung erforderlich (Eisenschmid in Schmidt-Futterer, § 535 Rn 217).

ARBEITSHILFE ONLINE

MUSTERBRIEFE zur Ankündigung einer Besichtigung

Mehrere Musterbriefe stehen als Arbeitshilfen online bereit.

4.2 Durchführung von Erhaltungsmaßnahmen

Der Vermieter hat nicht nur die gesetzliche Verpflichtung, sondern auch das Recht, eine erforderliche Instandsetzungs- oder Instandhaltungsmaßnahme durchzuführen (§ 535 Abs. 1 Satz 2 BGB). Der Mieter ist dementsprechend verpflichtet, Erhaltungsmaßnahmen zu dulden (§ 555a Abs. 1 BGB).

4.2.1 Bestimmungsrecht des Vermieters

Zur Erfüllung der Verpflichtung, die Mietsache zu erhalten, kann sich der Vermieter auch Dritter zur Erfüllung dieser Verpflichtung bedienen, zum Beispiel eines Handwerkers oder eines Wartungsdienstes. Den Vermieter trifft nicht nur die Erhaltungspflicht, sondern er muss auch die Kosten der Reparaturmaßnahme übernehmen. Es obliegt daher dem Vermieter zu entscheiden, auf welche Art und Weise die Instandsetzung erfolgt, das heißt, ob er die Instandsetzung selbst vornimmt, einen Fachbetrieb beauftragt und welchen von mehreren möglichen Sanierungswegen er auswählt. Nur in Ausnahmefällen hat der Mieter ein Mitspracherecht bei der Sanierung. Nach Auffassung des LG Hamburg ist dies der Fall, wenn die vom Mieter vorgeschlagene Sanierung die einzige geeignete Maßnahme darstellt (LG Hamburg, Urteil vom 25.3.2010, 307 S 152/09, ZMR 2010, 610).

Da es meistens mehrere Möglichkeiten gibt, wie eine Instandsetzungs- oder Instandhaltungsmaßnahme ausgeführt werden kann, stellt sich die Frage, inwieweit der Vermieter frei wählen darf. Maßgeblich ist, was die Parteien als vertragsgemäßen Zustand vereinbart haben. Der Mieter muss sich jedenfalls nicht mit einem schlechteren Zustand als zu Beginn des Mietverhältnisses zufriedengeben.

BEISPIELE

- Ist die Wohnung mit einem Teppichboden ausgestattet und wird dieser im Lauf des Mietverhältnisses durch vertragsgemäßen Gebrauch abgenutzt, sodass der Mieter Anspruch auf einen neuen Bodenbelag hat, kann der Vermieter gegen den Willen des Mieters den alten Teppichboden nicht gegen einen neuen PVC-Boden austauschen. Der Mieter hat einen Anspruch darauf, dass ein neuer Teppichboden gleicher Qualität und Farbe verlegt wird.
- Ist der Küchenherd defekt, muss der Vermieter zwar keinen neuen Herd kaufen, er kann dem Mieter auch einen gebrauchten Herd zur Verfügung stellen. Dieser muss allerdings über die gleichen Funktionen verfügen wie der vorherige.

- Sind die vorhandenen Holzrahmenfenster im Lauf der Mietzeit undicht geworden, kann der Vermieter diese abdichten. Er ist nicht verpflichtet, die alten Fenster durch neue Isolierfenster auszutauschen. Entscheidet sich der Vermieter für den Austausch der alten durch neue Fenster, könnte auch eine Modernisierungsmaßnahme vorliegen, sodass die Anforderungen der §§ 555c ff. BGB eingehalten werden müssen. Der Vermieter hat dann ggf. einen Anspruch auf Mieterhöhung nach einer Modernisierungsmaßnahme (§ 559 BGB).

ARBEITSHILFE ONLINE

MUSTER: Ankündigung einer Erhaltungsmaßnahme und Aufforderung zur Mitwirkung

Franz Huber
Sonnenstraße 13
80331 München

Herrn
Max Grauvogel
Blumenstraße 12
80001 München

München, den 2.5.2014

Ankündigung einer Erhaltungsmaßnahme und Aufforderung zur Mitwirkung

Sehr geehrter Herr Grauvogel,

bei der Besichtigung am 30.4.2014 wurde festgestellt, dass der Teppichboden sich wellt und wegen der Unfallgefahr dringend ausgetauscht werden muss. Ich habe daher die Teppichbodenfirma Neubert beauftragt, den Teppichboden im Wohnzimmer auszutauschen. Da sich in Ihrem Wohnzimmer ein Einbauschrank befindet, muss dieser abgebaut und nach Verlegen des neuen Teppichbodens wieder aufgebaut werden. Der Ab- und Aufbau Ihres Schranks wird von der Firma Umzug Maier vorgenommen. Die Arbeiten finden am

10.5.2014 zwischen 10:00 und 14:00 Uhr

statt. Ich möchte Sie bitten, Ihren Einbauschrank auszuräumen, sodass die Arbeiter am 10.5.2014 pünktlich mit dem Abbau des Schranks beginnen können.

Sollten Sie aus wichtigen Gründen diesen Termin nicht wahrnehmen können, setzen Sie sich bitte direkt mit den Firmen Neubert und Maier in Verbindung und vereinbaren Sie einen neuen zeitnahen Termin.

Da die Erneuerung des Teppichbodens aufgrund der Stolpergefahr dringend ist, darf der kurzfristig angesetzte Termin als gerechtfertigt gelten.

Mit freundlichen Grüßen

Franz Huber

ARBEITSHILFE ONLINE

MUSTER: Erneute Ankündigung einer Erhaltungsmaßnahme und gerichtlicher Maßnahmen bei Nichtgewährung

Ein entsprechender Musterbrief steht als Arbeitshilfe online bereit.

ARBEITSHILFE ONLINE

MUSTER: Ablehnung von Instandsetzungs- bzw. Instandhaltungsmaßnahmen

Franz Huber
Sonnenstraße 13
80000 München

Max Grauvogel
Blumenstraße 12
80001 München

München, den 31.5.2014

Ablehnung von Instandsetzungs- bzw. Instandhaltungsmaßnahmen

Sehr geehrter Herr Grauvogel,

mit Schreiben vom 2.2.2014 haben Sie mir gegenüber angezeigt, dass sich der Fliesenspiegel in der Küche von der Wand ablöst. Daraufhin habe ich am 6.2.2014 eine Besichtigung im Beisein des Fliesenlegers Herrn Müller durchgeführt.

Hierbei musste ich feststellen, dass Sie den ursprünglich vorhandenen weißen Fliesenspiegel durch neue rote Fliesen ersetzt haben.

Sie haben mich weder über diese bauliche Maßnahme informiert, noch meine Erlaubnis dazu eingeholt.

Das Loslösen der Fliesen fällt daher in Ihren Verantwortungsbereich. Gegebenenfalls können Sie bei dem von Ihnen beauftragten Handwerker Regress nehmen.

Aus diesen Gründen weise ich Ihre Forderung nach Instandsetzung als unberechtigt zurück.

Mit freundlichen Grüßen

Franz Huber

4.2.2 Unberechtigte Selbstvornahme des Mieters

Häufig kommt es vor, dass ein Mieter dem Vermieter einen Mangel gar nicht erst anzeigt, sondern selbst einen Handwerker mit der Beseitigung beauftragt. Die Rechnung für die Schadensbehebung schickt der Mieter dann dem Vermieter mit der Aufforderung, die vom Mieter bereits verauslagten Kosten zu erstatten.

Wie bereits ausgeführt, ist der Mieter stets verpflichtet, dem Vermieter Mängel an der Mietsache anzuzeigen. Unterlässt er die Anzeige, verliert er gemäß § 536c BGB seine Gewährleistungsrechte. Wenn ein Mieter selbst tätig wird, trägt er in der Regel vor, die Anzeige sei nicht möglich gewesen, weil es sich um eine dringliche und unaufschiebbare Reparaturmaßnahme gehandelt habe. Gemäß § 536a Abs. 2 BGB ist ein Mieter nämlich ausnahmsweise dann zur Selbstvornahme einer Erhaltungsmaßnahme berechtigt, wenn eine dringende, umgehende Beseitigung des Mangels erforderlich ist. Der Mieter ist allerdings für diese Behauptung beweispflichtig.

Beseitigt der Mieter eigenmächtig einen Mangel, ohne dass dies zur Erhaltung oder Wiederherstellung des Bestands der Mietsache umgehend notwendig gewesen wäre, kann er die Aufwendungen zur Mängelbeseitigung weder nach § 539 Abs. 1 noch als Schadensersatz gemäß § 536a Abs. 1 BGB vom Vermieter ersetzt verlangen (BGH, Urteil vom 16.1.2008, VIII ZR 222/06, NZM 2008, 279).

! **ACHTUNG**

Der Vermieter sollte seine Pflicht, die Mietsache instand zu halten oder instand zu setzen, immer ernst nehmen. Erhält er eine Mängelanzeige, ist es ratsam, dass er selbst oder ein von ihm Beauftragter der Beanstandung nachgeht.

4.2.3 Berechtigte Selbstvornahme des Mieters

Ein Vermieter, der es unterlässt, einen Schaden oder Mangel zu beheben, läuft Gefahr, dass er dem Mieter auf Schadensersatz haftet (§ 536a Abs. 1 Alt. 2 BGB). Voraussetzung ist, dass sich der Vermieter in Verzug mit der Beseitigung eines Mangels befindet. Verzug des Vermieters liegt nicht schon dann vor, wenn der Mieter dem Vermieter einen Mangel angezeigt hat. Der Mieter muss darüber hinaus den Anspruch auf Beseitigung des Mangels angemahnt haben und der Vermieter daraufhin untätig geblieben sein. Die Verzugsetzung erfolgt in der Regel dadurch, dass der Mieter dem Vermieter eine Frist zur Behebung des Mangels vorgibt, allerdings ist dies nicht zwingend erforderlich.

Aus Beweisgründen sollte die Abmahnung in schriftlicher Form erfolgen, eine mündliche Aufforderung genügt jedoch auch. Aus der Aufforderung des Mieters muss sich unmissverständlich ergeben, dass der Vermieter die geschuldete Mängelbeseitigung zu erbringen hat. Ein Verzug des Vermieters kann auch dann gegeben sein, wenn die Vertragsparteien einen festen Termin für die Reparaturmaßnahme vereinbart haben, dieser jedoch ergebnislos verstreicht. Verzug des Vermieters kann zudem vorliegen, wenn er die geplanten Sanierungsmaßnahmen dem Mieter gegenüber nicht vollständig beschrieben hat. Des Weiteren gilt, dass die Arbeiten dem Gebot der Rücksichtnahme entsprechen müssen (AG Charlottenburg, Urteil vom 7.6.2013, 213 C 7/13, WuM 2014, 91).

Welche Frist für die Beseitigung eines Mangels ausreichend und angemessen ist, hängt von den Umständen des Einzelfalls ab. Erst wenn sich der Vermieter weigert, der Aufforderung des Mieters nachzukommen, kann der Mieter Schadensersatz geltend machen. Dieser Schadensersatzanspruch des Mieters umfasst sowohl Körper- als auch Sachschäden sowie entgangenen Gewinn. Ebenso hat der Vermieter Folgeschäden zu ersetzen, zum Beispiel einen Verdienstausfall oder Schäden an vom Mieter eingebrachten Gegenständen wie der Einrichtung.

! **ACHTUNG**

Im Zweifel hat der Mieter zu beweisen, dass sich der Vermieter mit der Mängelbeseitigung in Verzug befindet.

Befindet sich der Vermieter mit der Mängelbeseitigung in Verzug, kann der Mieter zur Selbstvornahme übergehen und den Mangel beseitigen bzw. beseitigen lassen. Die ihm hierfür entstandenen Kosten kann er dann vom Vermieter erstattet verlangen (§ 536a Abs. 2 BGB). Ein Aufwendungsersatzanspruch steht dem Mieter nicht nur bei Verzug des Vermieters, sondern auch dann zu, wenn die umgehende Beseitigung des Mangels zur Erhaltung oder zur Wiederherstellung des Bestands der Mietsache dringend notwendig ist. Damit sind nur solche Maßnahmen gemeint, die keinen Aufschub dulden (Chr. Spielbauer in Spielbauer/Schneider, § 536a Rn 30 ff.).

BEISPIELE

- **Nach heftigen Stürmen droht ein Baum auf das Haus zu fallen. Der Mieter kann die Feuerwehr rufen oder Dritte mit Fällarbeiten beauftragen.**
- **Bei starken Regenfällen oder Hochwasser darf der Mieter entsprechende Hilfsmaßnahmen in die Wege leiten.**
- **Drohen Gebäudeteile auf die Straße zu fallen, kann der Mieter Fachfirmen mit der Beseitigung der Schäden beauftragen.**
- **Bei einem Wasserrohrbruch darf der Mieter auch umgehend tätig werden, Gleiches gilt bei einer defekten Gasleitung.**
- **Fällt die Heizungsanlage im Winter aus, ist fraglich, ob eine Notmaßnahme erforderlich ist. Der Vermieter kann noch nach Anzeige des Ausfalls selbst einen Notdienst mit der umgehenden Schadensbehebung beauftragen.**

Sind die Voraussetzungen dafür gegeben, dass der Mieter das Selbsthilferecht in Anspruch nehmen kann, entscheidet er auch darüber, ob er den Mangel selbst beheben oder eine Fachfirma damit beauftragen will. Im ersten Fall schuldet der Mieter eine fachgerechte Ausführung. Bei Vergabe der Arbeiten an Handwerker muss er bei der Auswahl die Sorgfalt an den Tag legen, die von einem vernünftig und wirtschaftlich denkenden Mieter verlangt werden kann. Dabei spielt es keine Rolle, ob der Vermieter die Reparaturmaßnahmen hätte günstiger ausführen lassen können, zum Beispiel durch Eigenleistung. Der Aufwendungsersatzanspruch des Mieters gegenüber dem Vermieter umfasst grundsätzlich die Kosten, die er für Handwerker sowie Material aufwendet. Darüber hinaus sind die Eigenleistungen des Mieters erstattungsfähig.

Ist der Mieter nach § 536a Abs. 2 BGB berechtigt, den Mangel selbst zu beseitigen, weil sich der Vermieter mit der Mängelbeseitigung in Verzug befindet, so steht ihm ein Anspruch auf Zahlung eines Vorschusses zu (LG Berlin, Urteil vom 24.11.2009, 63 S 55/09, GE 2010, 127). Welcher Betrag angemessen ist, richtet sich nach den Umständen des Einzelfalls, nämlich danach, wie hoch der voraussichtliche Aufwand für die Mängelbeseitigung sein wird. Erhält der Mieter einen Vorschuss vom Vermieter, muss der Mieter nach Abschluss der Maßnahme über den Vorschuss abrechnen.

Ein Anspruch auf Zahlung eines Vorschusses besteht jedoch dann nicht, wenn die Maßnahme, die der Mieter plant, zur nachhaltigen Mängelbeseitigung ungeeignet ist (BGH, Urteil vom 21.4.2010, VIII ZR 131/09, ZMR 2010, 672).

Im Rahmen der Erhaltungspflicht ist der Vermieter nicht verpflichtet, die Mieträume oder Einrichtungen an neueste Standards anzupassen. Eine Nachrüstpflicht des Vermieters besteht grundsätzlich nicht (BGH, Urteil vom 6.10.2004, VIII ZR 355/03, WuM 2004, 715; vgl. auch Kapitel 1.2.5).

Nur ausnahmsweise entfällt die Erhaltungspflicht des Vermieters. Dies ist dann der Fall, wenn der für die Mängelbeseitigung erforderliche Aufwand die „Opfergrenze" überschreitet. Dies ist von Fall zu Fall unter Berücksichtigung der beiderseitigen Interessen zu bewerten. Eine bloße Gegenüberstellung von Sanierungskosten und Verkehrswert reicht hierfür nicht aus (BGH, Urteil vom 21.4.2010, VIII ZR 131/09, WuM 2010, 348 und vom 20.7.2005, VIII ZR 342/03, WuM 2005, 713).

4.3 Durchführung von Modernisierungsmaßnahmen

Anders als bei der Instandsetzung und Instandhaltung der Mietsache besteht für den Vermieter grundsätzlich keine gesetzliche Verpflichtung, Modernisierungsmaßnahmen durchzuführen. Eine Nachrüstpflicht im Hinblick auf die Mietsache kann sich jedoch zum Beispiel aus der EnEV, der HeizKV oder den Baugesetzen der jeweiligen Länder (Nachrüstpflicht für Rauchmeldeanlagen) ergeben (vgl. Kapitel 1.2.5).

Die Duldungspflicht des Mieters von Modernisierungsmaßnahmen ist in § 555d Abs. 1 BGB geregelt. Allerdings hat der Mieter eine Modernisierung dann nicht zu dulden, wenn sie für ihn, seine Familie oder einen Angehörigen seines Haushalts eine Härte bedeuten würde, die auch unter Würdigung der berechtigten Interessen sowohl des Vermieters als auch anderer Mieter in dem Gebäude sowie von Belangen der Energieeinsparung und des Klimaschutzes nicht zu rechtfertigen ist (§ 555d Abs. 2 Satz 1 BGB). Hat der Vermieter die von ihm beabsichtigten Modernisierungsmaßnahmen gemäß den Bestimmungen der §§ 555b, c BGB dem Mieter gegenüber form- und fristgerecht angekündigt und besteht für den Mieter keine Härte, hat dieser die Maßnahme zu dulden.

! WICHTIG

Anders als bei Erhaltungsmaßnahmen ist bei Modernisierungsmaßnahmen eine Härtefallabwägung durchzuführen.

4.4 Abmahnung

Im Lauf eines Mietverhältnisses kann es dazu kommen, dass der Mieter gegen vertragliche oder gesetzliche Pflichten verstößt. Der Vermieter hat unterschiedliche Möglichkeiten, darauf zu reagieren. Die Bandbreite reicht von der Abmahnung über die Aufforderung, bestimmte Handlungen zu unterlassen oder zu dulden, bis hin zur Klage auf Unterlassung oder Duldung. Zudem kann der Vermieter eine ordentliche oder bei schwerwiegenden Verstößen eine außerordentliche fristlose Kündigung aussprechen. In der Regel wird der Vermieter den Mieter aber zunächst abmahnen. Dies hat den Sinn und Zweck, es dem Mieter zu ermöglichen, sein vertragswidriges Verhalten einzustellen oder zu ändern, ohne dass er gleich mit weiteren Konsequenzen wie eine Kündigung rechnen muss.

4.4.1 Form/Frist

Die Abmahnung ist eine einseitige empfangsbedürftige Willenserklärung, für die es keine gesetzlich vorgeschriebene Form gibt. Gleichwohl sollte sie aus Beweisgründen schriftlich gegenüber der Mietpartei ausgesprochen werden. Da der Vermieter im Zweifel den Nachweis erbringen muss, dass er den Mieter abgemahnt hat, empfiehlt sich die Zustellung durch einen Boten oder per Einschreiben/Rückschein. Des Weiteren sollte die Abmahnung zeitnah ausgesprochen werden.

BEISPIELE

- **Zahlt der Mieter die Mieten für die Monate Januar und Februar verspätet, in der Folgezeit jedoch pünktlich, kann eine Abmahnung erst im November für die zu Anfang des Jahres erfolgte verspätete Zahlung keine rechtliche Wirkung mehr entfalten.**
- **Feiert der Mieter seinen Geburtstag lautstark und beschweren sich die Bewohner des Hauses beim Vermieter, ist eine Abmahnung durch den Vermieter, die er erst einige Monate nach dem Vorfall ausspricht, wirkungslos, wenn zwischenzeitlich keine weiteren Lärmbelästigungen aufgetreten sind.**

4.4.2 Inhalt

Inhaltlich müssen im Abmahnschreiben die Verstöße des Mieters so konkret wie möglich beschrieben sein, im obigen Beispiel wären die Zahlungsverspätungen, die Art und Weise sowie Zeitpunkt und Dauer der Lärmbelästigungen zu nennen. Bei einer Abmahnung wegen Zahlungsverzug beispielsweise sind der Zeitpunkt der

Fälligkeit der Miete (dritter Werktag), der (verspätete) Eingang der Zahlungen und ggf. die ausstehenden Beträge mitzuteilen. Nur wenn das rechtswidrige Verhalten genau bezeichnet wird, hat der Mieter die Möglichkeit, etwas daran zu ändern. Empfehlenswert ist es, zusätzlich die Konsequenzen zu benennen, die den Mieter treffen können, wenn er die Abmahnung ignoriert.

BEISPIELE

- Wenn die Mietzahlungen künftig nicht oder nicht pünktlich eingehen, müssen Sie mit dem Ausspruch einer Kündigung rechnen.
- Wenn sich die Lärmbelästigungen wiederholen, müssen Sie mit einer Anzeige wegen Ruhestörung und dem Ausspruch einer Kündigung rechnen.
- Wenn Sie weiterhin die Tauben vom Balkon aus füttern, müssen Sie mit einer Unterlassungsklage rechnen, die Geltendmachung von Schadensersatz wird vorbehalten.

Die Varianten vertragswidrigen Verhaltens von Mietern, das eine Abmahnung des Vermieters zur Folge haben kann, sind sehr vielfältig.

BEISPIELE

- Verspätete oder fehlende Mietzahlung
- Unerlaubte Tierhaltung
- Unzulässige Untervermietung bzw. Gebrauchsüberlassung an Dritte
- Störung des Hausfriedens
- Lärm-/Ruhestörung
- Verstoß gegen die Hausordnung
- Unzulässige gewerbliche oder berufliche Nutzung der Mieträume
- Verstoß gegen die Obhuts- und Sorgfaltspflicht

4.4.3 Einzelfälle

Wie die oben benannten Beispiele zeigen, gibt es viele Varianten von Vertrags- oder Gesetzesverstößen durch Mieter. Im Folgenden soll anhand von zwei Beispielen (Obhutspflicht und Zahlungspflicht) dargestellt werden, was der Vermieter zu tun hat und wie er reagieren sollte, wenn Mieter dagegen verstoßen.

Verstoß gegen Obhuts- und Sorgfaltspflichten

Der Mieter hat das Recht, die Mietsache vertragsgemäß zu nutzen. Im Rahmen seines vertragsgemäßen Gebrauchs muss er diese auch pfleglich behandeln und

Schäden, soweit möglich und zumutbar, vermeiden bzw. von ihr fernhalten. Zu den Obhuts- und Sorgfaltspflichten gehören unter anderem das Reinigen und Putzen der Mieträume sowie das regelmäßige Lüften und ausreichendes Beheizen. Zu den Pflichten des Mieters zählt auch die Mitteilung an den Vermieter, wenn Schäden auftreten (§ 536c BGB). Daneben können sich zahlreiche Pflichten aus den zwischen den Parteien getroffenen vertraglichen Verpflichtungen ergeben, zum Beispiel Räum- und Streupflicht, Reinigung des Treppenhauses, Gartenpflege, Wartung von Einrichtungen und Anlagen.

Der Mieter hat diese Verpflichtungen grundsätzlich auch dann einzuhalten, wenn er abwesend ist. So muss er dafür sorgen, dass im Winter die Wohnung ausreichend beheizt oder die Räum- und Streupflicht von Dritten ausgeführt wird. Darüber hinaus hat der Mieter bei extremen Witterungsverhältnissen darauf zu achten, dass Fenster und Türen geschlossen gehalten werden. Die Obhuts- und Sorgfaltspflicht des Mieters führt jedoch nicht so weit, dass er bei Abwesenheit seinen Schlüssel dem Vermieter oder dem Hausverwalter aushändigen muss.

Werden Verschlechterungen der Mietsache festgestellt, muss beurteilt werden, ob diese Veränderungen durch rechtswidriges Verhalten des Mieters oder durch einen noch vertragsgemäßen Gebrauch verursacht sind. Es kommt, wie so oft, auf die jeweiligen Umstände des Einzelfalls an. Hierbei können verschiedene Kriterien berücksichtigt und in die Abwägung einbezogen werden, darunter insbesondere die folgenden:

- Verstoß gegen das Rücksichtnahmegebot (Belästigungen der Mitbewohner, zum Beispiel durch Lärm, Geruch oder Rauch)
- Anzahl und Häufigkeit von Beschwerden der Mitbewohner oder Nachbarn
- Häufigkeit und Schwere der Verstöße
- Einhaltung von Ruhezeiten und Hausordnung
- Urheber der Belästigung: Kinder, alte oder kranke Menschen, Tiere
- Ist die Belästigung eine Folge normalen Wohnverhaltens oder Lebens?
- Zustand der Mieträume bei Anmietung (Altbau, Neubau, frisch renoviert oder abgenutzt)
- Umfang der Veränderungen an der Mietsache und Höhe der Beseitigungskosten

Liegt vertragswidriges Verhalten des Mieters vor, so ist der Ausspruch einer Abmahnung zulässig und möglich.

Lüftet und beheizt der Mieter seine Mieträume nicht ordnungsgemäß, verstößt er gegen seine Verpflichtung, mit der Mietsache sorgsam umzugehen und Schäden an ihr zu vermeiden. Dies schlägt sich in der Praxis so nieder, dass Streitigkeiten über die Ursachen von Schimmel- und Feuchtschäden besonders häufig vorkommen. Die Gründe für das Auftreten von Schimmel- und Feuchtigkeitsschäden in den Mieträumen sind sehr vielfältig und bedürfen daher einer eingehenderen Beurteilung (siehe hierzu Kapitel 6).

Nichtzahlung oder verspätete Mietzahlung

Abmahnungen wegen fehlender oder verspäteter Zahlungen stellen ein anderes Schwerpunktthema in der Praxis dar. Das liegt auch daran, dass Auseinandersetzungen zwischen den Mietvertragsparteien wegen Mängeln an der Mietsache meistens zu Streitigkeiten über die Mietzahlung führen. Folgende Fallkonstellationen können sich hierbei ergeben:

- Der Mieter zahlt nicht, weil er die Miete wegen eines Mangels mindert.
- Der Mieter rechnet Reparaturkosten gegen die Miete auf.
- Der Mieter behält die Miete ein, bis der Vermieter den Mangel beseitigt hat (Zurückbehaltungsrecht).

Ist zwischen den Parteien strittig, ob ein Mangel vorliegt, und zahlt der Mieter unter Berufung auf sein Minderungsrecht nicht, so kann der Vermieter den Mieter zur Zahlung des ausstehenden Betrags auffordern. Auch wenn im Schreiben des Vermieters das Wort „Abmahnung“ nicht ausdrücklich verwendet wird, handelt es sich trotzdem um eine solche. Inhaltlich muss der Vermieter nicht nur die ausstehenden Mieten für die betreffenden Monate benennen, sondern auch die vom Mieter geltend gemachte Minderung sowohl dem Grunde als auch der Höhe nach zurückweisen. Eine Ablehnung der Minderung dem Grunde nach bedeutet, dass der Vermieter nicht anerkennt, dass überhaupt die Voraussetzungen für eine Minderung vorliegen. Wenn der Vermieter die Minderung zwar dem Grunde nach anerkennt, die vom Mieter vorgenommene Minderungsquote jedoch für zu hoch hält, erfolgt die Geltendmachung der Mietrückstände unter Berücksichtigung der vom Vermieter akzeptierten Minderungsquote.

BEISPIEL

Der Mieter mindert in Höhe von 20 % wegen Baustellenlärm in der Nachbarschaft. Der Vermieter weist die Minderung insgesamt, dem Grunde und der Höhe nach, als unzulässig zurück, da die Bauarbeiten

- bereits beendet sind,
- im Innenstadtbereich immer mit Baulärm gerechnet werden muss und
- die Lärmbelästigungen unerheblich sind.

Der Vermieter weist die Minderung in Höhe von 20 % zurück, da seiner Auffassung nach nur 10 % gerechtfertigt sind, und fordert den Mieter im Übrigen zur Zahlung der ausstehenden 10 % Mietzahlung auf.

Die Abmahnung sollte auch ein Zahlungsziel und für den Fall der Nichtzahlung den Verweis auf die Kündigungsmöglichkeit durch den Vermieter enthalten. Nach Ablauf der Zahlungsfrist kann der Vermieter dann ggf. ordentlich/außerordentlich fristlos kündigen oder/und die rückständigen Zahlungen gerichtlich geltend machen.

Rechnet der Mieter gegen die Miete mit Reparaturkosten auf, kann der Vermieter diese Vorgehensweise zurückweisen und den Mieter zur Zahlung unter Fristsetzung auffordern. Ebenso kann er gegen ein vom Mieter geltend gemachtes Zurückbehaltungsrecht vorgehen, indem er dieses unter Angabe von Gründen zurückweist und den Mieter wiederum unter Fristsetzung zur Zahlung der zurückbehaltenen Miete auffordert.

ARBEITSHILFE ONLINE

MUSTER: Abmahnung wegen Nichtzahlung der Miete/verspäteter Zahlung der Miete

Franz Huber
Sonnenstraße 13
80000 München

Max Grauvogel
Blumenstraße 12
80001 München

Einschreiben/Rückschein oder: per Boten

München, den 31.5.2014

Abmahnung wegen Nichtzahlung der Miete/verspäteter Mietzahlung

Sehr geehrter Herr Grauvogel,

in § 3 unseres Mietvertrags vom 1.8.2006 ist vereinbart, dass die Miete spätestens am dritten Werktag eines jeden Monats im Voraus zu bezahlen ist. Für die Rechtzeitigkeit der Zahlung kommt es nicht auf die Absendung, sondern auf den Eingang des Geldes an.

In der Vergangenheit haben Sie jedoch die Mieten wie folgt verspätet gezahlt:

Monat März 2014, Eingang am 15.3.2014
Monat April 2014, Eingang am 20.4.2014

Sie werden aufgefordert, Ihre Mietzahlung künftig pünktlich zu leisten, andernfalls müssen Sie mit dem Ausspruch einer ordentlichen, gegebenenfalls außerordentlichen Kündigung rechnen.

Darüber hinaus behalte ich mir vor, den durch Ihre verspätete Zahlung entgangenen Zinsverlust geltend zu machen.

Mit freundlichen Grüßen

Franz Huber

ARBEITSHILFE ONLINE

MUSTER: Abmahnung wegen unzulässiger Gebrauchsüberlassung

Franz Huber
Sonnenstraße 13
80000 München

Max Grauvogel
Blumenstraße 12
80001 München

Einschreiben/Rückschein *ODER:* per Boten

München, den 31.5.2014

Abmahnung wegen unzulässiger Gebrauchsüberlassung

Sehr geehrter Herr Grauvogel,

mit schriftlichem Mietvertrag vom 15.7.2002 haben Sie die Zweizimmerwohnung im Anwesen Blumenstraße 12 als alleiniger Mieter angemietet.

Wie ich nunmehr feststellen musste, sind Sie aus der Wohnung ausgezogen und haben diese ohne meine Erlaubnis an Herrn Horst Schröder zur alleinigen

Nutzung überlassen. Darüber hinaus haben Sie an Ihrem Namensschild/Klingelschild/Briefkasten den Namen „Horst Schröder“ angebracht.

Die Überlassung Ihrer Wohnung an dritte Personen ist ohne meine Erlaubnis nicht zulässig. Ich fordere Sie daher auf, die unerlaubte Wohnungsüberlassung unverzüglich, spätestens jedoch bis 30.6.2014 einzustellen und künftig zu unterlassen.

Sollten Sie dieser Aufforderung nicht nachkommen, müssen Sie mit dem Ausspruch einer Kündigung rechnen.

Mit freundlichen Grüßen

Franz Huber

ARBEITSHILFE ONLINE

MUSTER: Abmahnung wegen Verstoßes gegen die Sorgfaltspflichten

Franz Huber
Sonnenstraße 13
80000 München

Max Grauvogel
Blumenstraße 12
80001 München

Einschreiben/Rückschein *ODER:* per Boten

München, den 31.5.2014

Abmahnung wegen Verstoßes gegen die Sorgfaltspflichten

Sehr geehrter Herr Grauvogel,

aufgrund Ihrer Mängelanzeige vom 1.4.2014 wegen Schimmelflecken in Bad und Schlafzimmer fand eine Besichtigung Ihrer Wohnung am 15.5.2014 statt. Hierbei wurden folgende Feuchtigkeitsschäden und Schimmelbefall festgestellt:

1. Badezimmer: Schwarzfärbung in allen Ecken in einer Größe von circa 25 × 30 cm
2. Schlafzimmer: feuchte Wände im Bereich um das Fenster an der Westseite in einer Größe von ca. 40 × 35 cm

Anlässlich der Begehung wurde festgestellt, dass Sie im Schlafzimmer Wäsche zum Trocknen aufgehängt haben. Des Weiteren waren das Fenster geschlossen und die Vorhänge vor die Heizkörper gezogen.

Die vorgefundenen Feuchtigkeitsschäden sind allein durch Ihr Verhalten verursacht. Sie sind verpflichtet, mindestens dreimal am Tag stoßzulüften und darauf zu achten, dass eine angemessene Zimmertemperatur vorherrscht.

Das Trocknen von Wäsche in dem vorgefundenen Umfang ist ebenfalls nicht zulässig. Hierfür steht Ihnen im Haus der Waschkeller zur Verfügung.

Das Verstellen von Heizkörpern führt ebenfalls dazu, dass eine ausreichende Beheizung nicht gewährleistet ist.

Sie werden aufgefordert, Ihr Heiz- und Lüftverhalten zu ändern und künftig alles zu unterlassen, was zu Beschädigungen der Mieträume und der Bausubstanz führt. Sie sind dafür verantwortlich, dass die Feuchte- und Schimmelschäden durch geeignete Maßnahmen beseitigt werden.

Hierfür wird Ihnen Frist bis 30.6.2014 gesetzt.

Nach Ablauf dieser Frist werde ich nochmals eine Begehung Ihrer Wohnung durchführen.

Wegen noch nicht absehbarer weiterer Schäden behalte ich mir die Geltendmachung von Schadensersatzansprüchen vor.

Bei Nichtbeachtung dieser Maßnahmen müssen Sie mit dem Ausspruch einer Kündigung rechnen.

Mit freundlichen Grüßen

Franz Huber

4.5 Kündigung

Ein Mietverhältnis kann sowohl durch den Ausspruch einer ordentlichen als auch einer außerordentlichen Kündigung beendet werden. Kündigt der Vermieter ordentlich, muss dafür ein berechtigtes Interesse vorliegen (§ 573 Abs. 1 BGB). Will er außerordentlich kündigen, müssen die gesetzlichen Voraussetzungen erfüllt sein, insbesondere muss ein Kündigungsgrund gegeben sein (§ 543 Abs. 1 BGB).

Kündigt dagegen der Mieter das Mietverhältnis ordentlich, muss er kein berechtigtes Interesse darlegen. Für den Fall einer außerordentlichen Kündigung gilt – wie bei der Kündigung durch den Vermieter –, dass die gesetzlichen Voraussetzungen vorliegen müssen, es insbesondere einen Kündigungsgrund gibt.

Die Kündigungsfrist für die ordentliche Kündigung richtet sich nach § 573c BGB. Danach hat der Mieter unabhängig von der Dauer des Mietverhältnisses grundsätzlich drei Monate Kündigungsfrist einzuhalten. Beim Vermieter sind dies, je nach Dauer des Mietverhältnisses, mindestens drei Monate, längstens neun Monate.

Für jede Art von Wohnraumkündigung gilt die Schriftform (§ 568 Abs. 1 BGB). Die Kündigung ist eine einseitige, empfangsbedürftige Willenserklärung und wird erst mit Zugang beim Adressaten wirksam. Die kündigende Mietpartei ist daher für den Zugang der Kündigung beweispflichtig. Die Kündigungserklärung sollte daher immer nachweislich zugestellt werden. In der Praxis erfolgt die Zustellung in der Regel durch Einschreiben/Rückschein oder durch Boten. Es besteht auch die Möglichkeit, einen Gerichtsvollzieher mit der Zustellung zu beauftragen. Darüber hinaus ist darauf zu achten, dass die Kündigung immer von sämtlichen Vermietern gegenüber sämtlichen Mietern ausgesprochen werden muss.

4.5.1 Ordentliche Kündigung des Vermieters

Der Vermieter kann bei Vorliegen eines berechtigten Interesses das Mietverhältnis ordentlich kündigen (§ 573 Abs. 1 BGB). Dies ist unter anderem dann gegeben, wenn der Mieter seine vertraglichen Pflichten schuldhaft nicht unerheblich verletzt hat (§ 573 Abs. 2 Nr. 1 BGB). Als Vertragsverletzungen kommen insbesondere in Betracht:

- Nichtzahlung von Miete
- Verspätete Mietzahlung
- Störung des Hausfriedens, zum Beispiel durch Ruhestörung

- Vertragswidriger Gebrauch der Mietsache, zum Beispiel gewerbliche Nutzung, unerlaubte Tierhaltung, unerlaubte Untervermietung
- Beschädigung der Mietsache

Ein berechtigtes Interesse des Vermieters im Sinne des § 573 Abs. 2 Nr. 1 BGB kann dann vorliegen, wenn der Mieter die Miete zu Unrecht mindert oder die Minderungsquote zu hoch bemisst. Zahlungsrückstände stellen eine nicht unerhebliche schuldhafte Vertragsverletzung durch den Mieter dar, wenn der Rückstand eine Monatsmiete übersteigt (BGH, Urteil vom 10.10.2012, VIII ZR 107/12, WuM 2012, 682). Mindert der Mieter über Monate hinweg die Miete um kleinere Beträge, die für sich gesehen nicht erheblich sind, kann dennoch eine erhebliche schuldhafte Vertragsverletzung vorliegen, wenn der Mieter trotz Abmahnung des Vermieters weiterhin die Mieten laufend unpünktlich oder gemindert zahlt. Wie viele weitere Abmahnungen oder vertragswidrige Zahlungen des Mieters nach einer bereits erfolgten Abmahnung vorliegen müssen, um eine ordentliche Kündigung aussprechen zu können, hängt von den jeweiligen Umständen des Einzelfalls ab. Dabei sind die Höhe der Rückstände und die Verspätungen zu berücksichtigen.

Wird über die Berechtigung einer Mietminderung oder eines Zurückbehaltungsrechts gestritten, kann es an einem Verschulden des Mieters fehlen, wenn er berechtigt davon ausgehen durfte, dass ein erheblicher Mangel an der Mietsache vorliegt.

! **ACHTUNG**

Kündigt ein Vermieter und stellt sich im Gerichtsverfahren heraus, dass der Mieter zu Recht die Miete gemindert und lediglich die Minderungsquote zu hoch bemessen hat, kann dies dazu führen, dass ein berechtigtes Interesse des Vermieters nicht vorliegt. Und zwar, weil es an einer erheblichen Vertragsverletzung des Mieters fehlt und die Kündigung deshalb nicht ausreichend begründet war. Das Prozessrisiko ist für einen Vermieter, der wegen strittiger Minderungsbeträge kündigt und eine Räumungsklage erhebt, aus diesem Grund beachtlich.

Ein Grund für eine ordentliche Kündigung kann auch dann gegeben sein, wenn der Mieter die Mietsache beschädigt hat, zum Beispiel weil er gegen Sorgfalts- und Obhutspflichten verstößt oder die Mietsache nicht vertragsgemäß nutzt. In der Praxis spielen dabei Streitigkeiten wegen Lärmbelästigungen (siehe Kapitel 5) und wegen der Ursache für Feuchte- und Schimmelschäden (siehe Kapitel 6) eine große Rolle.

Ein schuldhaftes, erheblich vertragswidriges Verhalten des Mieters wird meist erst dann anzunehmen sein, wenn der Vermieter das Verhalten des Mieters abgemahnt hat. In der Abmahnung muss zum einen der Sachverhalt bzw. der Vorwurf des vertragswidrigen Verhaltens konkret beschrieben und zum anderen die Aufforderung an den Mieter enthalten sein, ein bestimmtes Verhalten künftig zu unterlassen bzw. tätig zu werden (vgl. Kapitel 4.4).

BEISPIEL

Ist der Mieter vertraglich verpflichtet, im Winter den Gehsteig zu räumen und zu streuen, und kommt er seiner Verpflichtung nicht zuverlässig nach, liegt eine schuldhafte Vertragsverletzung vor. Diese ist allerdings noch nicht so erheblich, dass ohne vorherige Abmahnung ein berechtigtes Interesse des Vermieters zur Kündigung vorliegt. Wie viele Verstöße des Mieters und Abmahnungen des Vermieters ein berechtigtes Interesse im Sinne des § 573 Abs. 2 Nr. 1 BGB begründen können, muss immer anhand der Umstände des Einzelfalls beurteilt werden.

Spricht der Vermieter eine Kündigung aus, hat er — wie bei der Abmahnung — den Sachverhalt konkret und nachvollziehbar zu schildern. Nicht ausreichend begründet und somit nicht wirksam ist eine Kündigung, die lediglich pauschale Vorwürfe enthält, wie zum Beispiel die folgenden Formulierungen.

BEISPIELE

Hiermit kündige ich Ihnen,

- weil Sie in der Vergangenheit durch Ruhestörungen aufgefallen sind,
- weil Sie Ihre Miete unpünktlich zahlen,
- weil Sie andere Mieter beleidigt haben,
- weil Sie unerlaubt untervermieten.

Im Kündigungsschreiben sind sämtliche Gründe, die als berechtigtes Interesse des Vermieters für die ausgesprochene Kündigung berücksichtigt werden sollen, grundsätzlich auch dann nochmals anzugeben, wenn sie dem Mieter bereits zuvor mündlich oder schriftliche in einer Abmahnung mitgeteilt wurden (BayObLG, RE vom 17.12.1984, Re-Miet 6/84, WuM 1985, 50; Stürzer/Koch, Vermieterlexikon, Seite 460).

ARBEITSHILFE ONLINE

MUSTER: Ordentliche Kündigung des Vermieters

Franz Huber
Sonnenstraße 13
80000 München

Max Grauvogel
Blumenstraße 12
80001 München

Einschreiben/Rückschein *ODER:* per Boten

München, den 31.5.2014

Ordentliche Kündigung gemäß § 573 Abs. 2 Nr. 1 BGB

Sehr geehrter Herr Grauvogel,

hiermit kündige ich Ihnen das Mietverhältnis über die Wohnung Blumenstraße 12, EG, 80001 München, bestehend aus drei Zimmern, Küche, Bad sowie dazugehörendem Kellerabteil Nr. 3 und Garagenstellplatz Nr. 7, ordentlich gemäß § 573 Abs. 2 Nr. 1 BGB unter Einhaltung der gesetzlichen Kündigungsfrist von sechs Monaten zum

30.11.2014.

Gemäß § 573 Abs. 2 Nr. 1 BGB kann der Vermieter kündigen, wenn der Mieter seine vertraglichen Verpflichtungen schuldhaft nicht unerheblich verletzt hat.

Zur Begründung
Anlässlich der Besichtigung Ihrer Wohnung am 22.3.2014 wurde festgestellt, dass die Schimmel- und Feuchtigkeitsschäden in Bad und Schlafzimmer Ihrer Wohnung durch falsches Heiz- und Lüftverhalten entstanden sind. Mit Schreiben vom 25.3.2014 habe ich Sie aufgefordert, Ihr Wohnverhalten entsprechend zu ändern und den Raumverhältnissen anzupassen. Insbesondere habe ich Sie dazu aufgefordert, die Heizkörper freizuräumen und Ihre Wäsche nicht in der Wohnung zu trocknen sowie die entstandenen Schäden auf Ihre Kosten bis 15.4.2014 fachmännisch zu beseitigen.

Die neuerliche Begehung Ihrer Wohnung am 17.4.2014 hat ergeben, dass Sie sich nach wie vor nicht an meine Anweisungen halten und auch die Feuchte- und Schimmelschäden nicht beseitigt haben. Wiederum war Wäsche zum Trocknen im Schlafzimmer aufgehängt, die Vorhänge waren vor die Heizkörper gezogen und die Heizkörper kalt. Die Fenster hatten Sie ebenfalls geschlossen.

Sie haben trotz Abmahnung wiederholt schuldhaft in erheblichem Maß gegen Ihre Sorgfalts- und Obhutspflichten verstoßen. Ihr vertragswidriges Verhalten hat bereits zu Schäden in den Mieträumen geführt. Es kann darüber hinaus nicht ausgeschlossen werden, dass auch die Mauern durch Feuchtigkeit beschädigt wurden.

Aufgrund der geschilderten Vertragsverstöße besteht für mich ein berechtigtes Interesse an der Beendigung des Mietverhältnisses im Sinne des § 573 Abs. 2 Nr. 1 BGB.

Es wird darauf hingewiesen, dass Sie dieser Kündigung gemäß § 574 BGB widersprechen können. Der Widerspruch ist schriftlich zu erklären und muss spätestens zwei Monate vor Ablauf der Kündigungsfrist bei mir eingegangen sein.

Einer Verlängerung des Mietverhältnisses über den 30.11.2014 hinaus wird bereits jetzt widersprochen. § 545 BGB findet keine Anwendung.

Mit freundlichen Grüßen

Franz Huber

4.5.2 Außerordentliche fristlose Kündigung des Vermieters

Durch den Ausspruch einer außerordentlichen fristlosen Kündigung kann auch ein auf bestimmte Dauer abgeschlossenes Mietverhältnis mit sofortiger Wirkung beendet werden. Eine außerordentliche fristlose Kündigung ist nur dann möglich, wenn die im Gesetz genannten Voraussetzungen gegeben sind, insbesondere muss ein wichtiger Grund vorliegen (§ 543 BGB).

Als wichtiger Grund gilt vor allem die Nichtzahlung der Miete für zwei aufeinanderfolgende Termine oder eines nicht unerheblichen Teils der Miete (§ 543 Abs. 2 Nr. 3a BGB); ebenso, wenn in einem Zeitraum, der sich über mehr als zwei Termine erstreckt, die Miete in Höhe eines Betrags, der die Miete für zwei Monate erreicht (§ 543 Abs. 2 Nr. 3b BGB), nicht gezahlt wird.

Wird über die Berechtigung von Mietkürzungen gestritten, können bei einer Minderung der Miete über mehrere Monate hinweg durchaus die Voraussetzungen für den Ausspruch einer fristlosen Kündigung erfüllt sein. Stellt sich dann im Räumungsprozess heraus, dass die Mietminderung zum Teil berechtigt ist, kann dies dazu führen, dass der wichtige Grund für die fristlose Kündigung entfällt. Das Prozessrisiko bei einer Räumungsklage ist für den Vermieter daher sehr hoch.

! **ACHTUNG**

Eine fristlose Kündigung wegen Zahlungsverzugs bei Streitigkeiten über Minderungsrechte ist für den Vermieter sehr riskant. Der Vermieter sollte daher nicht gleich kündigen, wenn die Summe der ausstehenden Mieten für das Vorliegen eines wichtigen Grundes gemäß § 543 Abs. 2 BGB nur knapp erreicht ist.

Darüber hinaus kann der Vermieter das Mietverhältnis außerordentlich fristlos kündigen, wenn der Mieter die Rechte des Vermieters dadurch in erheblichem Maß verletzt, dass er die Mietsache durch Vernachlässigung der ihm obliegenden Sorgfaltspflicht erheblich gefährdet oder sie unbefugt einem Dritten überlässt (§ 543 Abs. 2 Nr. 2 BGB).

Ob durch die Nichtbeachtung der dem Mieter obliegenden Sorgfaltspflicht eine erhebliche Gefährdung der Mietsache vorliegt, kann nur anhand der Umstände des Einzelfalls beurteilt werden. Die Tatbestandsvoraussetzungen bewegen sich in sehr engen Grenzen, da der Mieter vor allzu schnell ausgesprochenen Kündigungen geschützt werden soll. Es müssen daher zum einen die Rechte des Vermieters erheblich verletzt sein, zum anderen muss eine erhebliche Gefährdung der Mietsache vorliegen. Inwieweit die Rechte des Vermieters durch die Sorgfaltspflichtverletzung erheblich gefährdet sind, ist anhand der Schwere und der Häufigkeit der Vertragsverletzungen durch den Mieter zu bewerten (Kellendorfer in Spielbauer/Schneider, § 543 Rn 17).

▶ **BEISPIELE**

- Substanzschäden an der Mietsache, zum Beispiel durch nicht ausreichendes Heizen und Lüften während der Wintermonate
- Betreiben eines Bordells in für zu Wohnzwecken angemieteten Räumen
- Nutzung der Wohnung als Ferienwohnung
- Mieter unterlässt es, dem Vermieter einen großen Wasserschaden oder umfangreiche Sturmschäden anzuzeigen

Ein weiterer außerordentlicher fristloser Kündigungsgrund ist in § 543 Abs. 1 BGB genannt. Danach kann der Vermieter das Mietverhältnis kündigen, wenn ihm unter Berücksichtigung aller Umstände des Einzelfalls, insbesondere eines Verschuldens des Mieters, und unter Abwägung der beiderseitigen Interessen die Fortsetzung des Mietverhältnisses bis zum Ablauf der Kündigungsfrist oder bis zur sonstigen Beendigung nicht zugemutet werden kann.

BEISPIELE

- Nachhaltige Störung des Hausfriedens durch Ruhestörungen
- Schwere Beleidigungen oder Verleumdung des Vermieters
- Begehen einer Straftat in Bezug auf die Mietsache, einen Mitbewohner oder den Vermieter

(Weitere Beispiele in Stürzer/Koch, Vermieterlexikon, Seite 498.)

Da es sich in den Fällen des § 543 Abs. 1 BGB zumeist um die Verletzung von Pflichten aus dem Mietvertrag handelt, ist vor Ausspruch einer Kündigung immer eine Abmahnung erforderlich (§ 543 Abs. 3 BGB). Das LG Berlin hat zum Beispiel die fristlose außerordentliche Kündigung eines Vermieters bestätigt, der nach erfolglosen Abmahnungen einem Mieter trotz dessen Erkrankung und des über 30-jährigen Mietverhältnisses wegen Lärmbelästigungen kündigte (Urteil vom 11.2.2010, 67 S 382/09, WuM 2010, 351).

Wie für den Ausspruch einer ordentlichen Kündigung gilt auch bei der außerordentlichen fristlosen Kündigung für deren Wirksamkeit, dass eine substantiierte, auf den konkreten Sachverhalt bezogene Begründung erfolgen muss.

ARBEITSHILFE ONLINE

MUSTER: Außerordentlich fristlose Kündigung wegen vertragswidrigen Gebrauchs des Mieters

Franz Huber
Sonnenstraße 13
80000 München

Max Grauvogel
Blumenstraße 12
80001 München

Einschreiben/Rückschein *ODER:* per Boten

München, 31.5.2014

Außerordentlich fristlose Kündigung des Vermieters wegen vertragswidrigen Gebrauchs des Mieters, § 543 Abs. 2 Nr. 2 BGB

Sehr geehrter Herr Grauvogel,

nach § 543 Abs. 2 Nr. 2 BGB kann der Vermieter das Mietverhältnis aus wichtigem Grund kündigen, wenn der Mieter unter anderem durch Vernachlässigung der ihm obliegenden Sorgfaltspflicht die Mietsache erheblich gefährdet.

Hiermit kündige ich das Mietverhältnis über die Wohnung Blumenstraße 12, EG, in 80001 München, bestehend aus drei Zimmern, Küche, Bad sowie dazugehörendem Kellerabteil Nr. 2,

fristlos.

Zur Begründung trage ich Folgendes vor:

Mit Schreiben vom 24.4.2014 habe ich Sie aufgefordert, diejenigen Beschädigungen an der Mietsache auf Ihre Kosten zu beseitigen, die durch die zwei von Ihnen am 23.3.2014 und 14.4.2014 verursachten Wasserschäden entstanden sind. Die Wasserschäden sind nachgewiesenerweise dadurch verursacht worden, dass Ihre Waschmaschine nicht fachmännisch installiert war.

Insbesondere habe ich Sie mit Schreiben vom 16.4.2014 aufgefordert, bis 15.5.2014 die Wände zwischen Badezimmer und Wohnzimmer trockenzulegen sowie den durch das ausgelaufene Wasser beschädigten Teppichboden zu entfernen und durch einen neuen vergleichbaren Boden zu ersetzen.

Des Weiteren habe ich Sie aufgefordert einen Nachweis dafür zu liefern, dass Ihre Waschmaschine nunmehr von einem Fachmann angeschlossen und überprüft wurde.

Mit Schreiben vom 20.4.2014 haben Sie mir mitgeteilt, dass Sie diesen Aufforderungen nicht Folge leisten werden. Dies stellt ein grob vertragswidriges Verhalten dar, da Sie die Ihnen obliegende Sorgfaltspflicht bezüglich der Mietsache erheblich vernachlässigt, die Wohnung dadurch erheblich gefährdet und große Schäden verursacht haben.

Ich fordere Sie auf, die Wohnung einschließlich des dazugehörenden Kellerabteils Nr. 2 bis spätestens

30.6.2014

vollständig geräumt und in vertragsgemäßem Zustand sowie mit sämtlichen Schlüsseln zurückzugeben. Sollten Sie dieser Aufforderung nicht nachkommen, werde ich ohne weitere Mahnung Räumungsklage erheben.

Einer stillschweigenden Verlängerung des Mietverhältnisses gemäß § 545 BGB wird bereits jetzt widersprochen.

Mit freundlichen Grüßen

Franz Huber

4.6 Schadensersatzanspruch des Vermieters

Unabhängig davon, inwieweit dem Vermieter bei Beendigung des Mietverhältnisses Schadensersatzansprüche gegenüber dem Mieter wegen verspäteter Rückgabe, Beschädigung und Verschlechterung der Mietsache oder nicht durchgeführter Schönheitsreparaturen zustehen, kann der Vermieter während des Mietverhältnisses insbesondere dann Schadensersatz geltend machen, wenn der Mieter seine Anzeigepflicht nicht erfüllt hat. Der Mieter ist dem Vermieter zum Ersatz des aus der unterlassenen Mängelanzeige entstandenen Schadens verpflichtet (§ 536c Abs. 2 Satz 1 BGB).

Eine Schadensersatzpflicht kann sich auch aus einer verspäteten Mängelanzeige ergeben (Eisenschmid in Schmidt-Futterer, § 536c Rn 30). Die Geltendmachung eines Schadensersatzanspruchs setzt voraus, dass der Mieter schuldhaft gehandelt hat. Durfte der Mieter davon ausgehen, dass dem Vermieter der Mangel bereits bekannt war, liegt ein schuldhaftes Unterlassen der Mängelanzeige nicht vor, der Mieter macht sich dann nicht schadensersatzpflichtig (OLG Düsseldorf, Urteil vom 25.9.2001, 24 U 20/01, GE 2002, 1261 ff.; Eisenschmid in Schmidt-Futterer, § 536c Rn 30).

Der Schadensersatzanspruch des Vermieters ist darauf gerichtet, den Zustand herzustellen, wie er bei (rechtzeitiger) Anzeige durch den Mieter hätte geschaffen werden können (Eisenschmid in Schmidt-Futterer, § 536c Rn 32). Im Rahmen seiner

Erhaltungspflicht ist der Vermieter jedoch immer verpflichtet, den ursprünglichen Mangel auf eigene Kosten zu beseitigen. Als Schadensersatz können daher nur Mehrkosten geltend gemacht werden, die der Vermieter aufgrund der unterlassenen Anzeige aufwenden musste. Der Vermieter muss jedoch bei rechtzeitiger Anzeige durch den Mieter auch in der Lage gewesen sein, den Schaden zu verhindern. Wäre der Schaden trotz korrekter Anzeige durch den Mieter entstanden, entfällt ein Schadensersatzanspruch des Vermieters.

BEISPIELE

- Hat es der Mieter unterlassen, seinem Vermieter einen Ungezieferbefall der Mieträume rechtzeitig zu melden, kann der Mieter auf Ersatz der dadurch entstandenen Mehrkosten haftbar gemacht werden. Die Schädlingsbeseitigungskosten hat der Vermieter selbst zu zahlen. Der Mehraufwand dadurch, dass sich während des Zeitraums der Nichtanzeige die Population der Schädlinge vergrößert hat, muss der Mieter tragen.
- Hat es der Mieter versäumt, dem Vermieter einen Defekt an der WC-Spülung zu melden, und läuft daher unablässig das Wasser, hat der Vermieter dem Mieter gegenüber den Anspruch auf die Mehrkosten, die durch den erhöhten Wasserverbrauch infolge der unterlassenen Anzeige entstanden sind. Die Reparatur der WC-Spülung muss der Vermieter bezahlen.
- Treten Schimmel- oder Feuchtigkeitsschäden in den Mieträumen auf, die sich wegen unterlassener Anzeige eines Leitungswasserschadens verstärkt haben, schuldet der Mieter Schadensersatz für die Kostenmehrung. Dieser kann ggf. auch den gesamten Aufwand für die Schimmelbeseitigung umfassen, da der Schimmel bei rechtzeitiger Mitteilung des Schadens gar nicht erst entstanden wäre.

Der Schadensersatzanspruch des Vermieters auf Erstattung der Mehrkosten setzt voraus, dass dieser den Nachweis bezüglich des entstandenen Mehraufwands führen kann. Den Vermieter trifft darüber hinaus die Darlegungs- und Beweislast für die Verletzung der Anzeigepflicht durch den Mieter (BGH, Urteil vom 5.12.2012, VIII ZR 74/12, WuM 2013, 160).

Für den Vermieter ist die Beweisführung jedoch nicht einfach, da er den Zustand der Mietsache bei Auftreten des Mangels zumeist nicht kennt und daher auch die Verschlechterung nicht darlegen kann. Inwieweit die Einschaltung eines Fachmanns oder Sachverständigen die Beweisführung ermöglicht oder erleichtert, hängt vom jeweiligen Einzelfall ab.

HINWEIS

Der Schadensersatzanspruch des Vermieters wegen unterlassener Anzeige unterliegt der Verjährung. Die Verjährungsfrist beträgt sechs Monate und beginnt mit dem Zeitpunkt, in dem er die Mietsache zurückerhält (§ 548 Abs. 1 BGB). Dieser Zeitpunkt kann auch schon vor der eigentlichen Beendigung des Mietverhältnisses liegen. Maßgeblich für den Beginn der Verjährungsfrist ist eine Veränderung der Besitzverhältnisse, das heißt, der Mieter gibt dem Vermieter die Mieträume zurück (BGH, Urteil vom 10.7.1991, XII ZR 105/90, WuM 1991, 550).

(Zum Verlust der Gewährleistungsrechte des Mieters bei unterlassener Mängelanzeige vgl. Kapitel 3.2.3.)

ARBEITSHILFE ONLINE

MUSTER: Geltendmachung eines Schadensersatzanspruchs

Franz Huber
Sonnenstraße 13
80000 München

Max Grauvogel
Blumenstraße 12
80001 München

Einschreiben/Rückschein *ODER:* per Boten

München, den 31.5.2014

Geltendmachung eines Schadensersatzanspruchs

Sehr geehrter Herr Grauvogel,

mit Schreiben vom 14.4.2014, Ihnen per Einschreiben und Rückschein/per Boten am 16.4.2014 zugestellt, habe ich Sie darüber informiert, dass durch den von Ihnen verursachten Wasserschaden der Teppichboden im Wohnzimmer beschädigt wurde. Dieser muss nunmehr ausgetauscht werden.

Des Weiteren mussten aufgrund des Wasserschadens die Wände und Decken in Flur und Wohnzimmer getrocknet und neu gestrichen werden.

Der Kostenvoranschlag für die Erneuerung des Teppichbodens beläuft sich auf 750,00 Euro, wie Sie dem in Anlage beigefügten Kostenvoranschlag des Bodenlegers Herr Paul Bauer vom 30.4.2014 entnehmen können.

Die Kosten für die Malerarbeiten betragen 860,00 Euro, wie Sie der beigefügten Rechnung vom 25.4.2014 des Malermeisters Herr Hans Hübsch entnehmen können.

Hiermit fordere ich Sie auf, den Gesamtbetrag in Höhe von 1.610,00 Euro bis

20.6.2014

zu bezahlen. Da Sie den Schaden verursacht haben, müssen Sie die Kosten für die Wiederherstellung der Mieträume als Schadensersatz erstatten.

Darüber hinaus behalte ich mir die Geltendmachung weiterer Schadensersatzansprüche vor.

Mit freundlichen Grüßen

Franz Huber

5 Besonderheiten bei Lärm

Beeinträchtigungen durch Lärm lösen oft Auseinandersetzungen zwischen den Vertragsparteien oder mit Dritten aus. Lärmbelästigungen können einen Mangel der Mietsache begründen und den Mieter zur Geltendmachung einer Mietminderung berechtigen, vorausgesetzt die Beeinträchtigung ist erheblich (§ 536 Abs. 1 Satz 3 BGB).

Für das Minderungsrecht des Mieters spielt es keine Rolle, ob der Lärm von anderen Mietern, Mitbewohnern, vom Vermieter oder Dritten ausgeht. Das Minderungsrecht hat auch nichts damit zu tun, ob den Vermieter ein Verschulden trifft oder ob er die Beeinträchtigung unterbinden kann. Störungen durch Lärm sind sehr unterschiedlich geartet und können die unterschiedlichsten Ursachen haben.

5.1 Ursachen von Störungen durch Lärm

Sie können in der Mietsache selbst begründet sein:

- Rauschen in den Wasserleitungen
- Klopfgeräusche der Heizungsanlage
- Trittschallgeräusche
- Geräusche von Aufzugsanlagen

Sie können von Mitbewohnern verursacht sein:

- Spielen von Musikinstrumenten
- Feiern oder Partys
- Nutzung von Radio-, Fernseh- oder sonstigen Tonwiedergabegeräten
- Kindergeschrei
- Lautstarkes Streiten anderer Bewohner
- Geräusche von Tieren, zum Beispiel Hundegebell
- Sanierung oder Modernisierung innerhalb des Hauses
- Bedienen von Rollläden
- Gartenarbeiten
- Benutzung von Haushaltsgeräten, zum Beispiel Staubsauger, Bohrer
- Wasserrauschen bei Dusch- oder Badewannenbenutzung

Auch außerhalb der Mietsache liegende Umstände können Ursachen sein:

- Baulärm aus der Nachbarschaft
- Verkehrslärm
- Gaststättenlärm, zum Beispiel grölende Gäste, Zuschlagen von Autotüren
- Volksfeste
- Lärm durch Einwurf von Flaschen in Flaschencontainer
- Aktivitäten auf Sportplatz
- Straßenbauarbeiten
- Fluglärm
- Lärm von Bahntrassen

5.2 Ruhezeiten/Zimmerlautstärke

Die Beurteilung, ob eine Lärmimmission einen Mangel darstellt, hängt in erster Linie davon ab, ob diese erheblich ist. Sind Mitbewohner die Ursache, muss zunächst geprüft werden, ob die störenden Geräusche im Rahmen des vertragsgemäßen Gebrauchs zu akzeptieren sind. Wenn ein Mieter fernsieht, Radio hört, Musikinstrumente spielt oder Haushalts- und Gartengeräte benutzt, verhält er sich grundsätzlich vertragsgemäß. Die mit diesen Tätigkeiten verbundenen Geräuschentwicklungen sind in der Regel vom vertragsgemäßen Gebrauch der Mietsache gedeckt und von den Mitbewohnern zu dulden.

Einschränkungen können sich jedoch aus den Regelungen für Ruhezeiten ergeben, die zumeist in den Hausordnungen festgeschrieben sind. Die Mittagsruhe dauert in der Regel von 13:00 bis 15:00 Uhr und die Nachtruhe von 22:00 bis 7:00 Uhr. An Sonn- und Feiertagen ist darauf zu achten, dass die Zimmerlautstärke ganztägig eingehalten wird.

HINWEIS

Zimmerlautstärke bedeutet, dass Geräusche in den angrenzenden Wohnungen nicht mehr als geringfügig zu hören sein dürfen. Geringfügigkeit liegt meist dann vor, wenn es sich um Geräusche handelt, die der Durchschnittsmensch kaum noch empfindet (BGH, Urteil vom 30.10.1981, V ZR 191/80, NJW 1982, 441).

Grundsätzlich dürfen daher auch während der Ruhezeiten Radio-, Fernseh- oder sonstige Tonwiedergabegeräte benutzt werden, solange Zimmerlautstärke eingehalten wird. Das bedeutet jedoch nicht, dass außerhalb der Ruhezeiten laut Musik oder Radio gehört werden darf (AG Düsseldorf, Urteil vom 28.7.1988, 20 C 79/87,

DWW 1988, 357). Ebenso wenig ist es erlaubt, außerhalb der festgelegten Ruhezeiten lautstark zu feiern. Dazu existiert auch kein Gewohnheitsrecht oder sonstiges Recht dahingehend, dass jeder Mieter dies einmal im Jahr tun darf, zum Beispiel anlässlich seines Geburtstags (LG Düsseldorf, Urteil vom 15.1.1990, 5 Ss (Owi) 475/89, NJW 1990, 1676).

Auf Zimmerlaustärke sollen die Mieter möglichst bei jeder Tätigkeit achten. Allerdings gibt es viele Tätigkeiten, die zwar vom vertragsgemäßen Gebrauch gedeckt sind, aber nicht so leise ausgeübt werden können, dass die Nachbarn nur geringfügig beeinträchtigt werden. So lässt sich das Spielen eines Musikinstruments, zum Beispiel Klavier oder Flöte, oder das Benutzen von Haushaltsgeräten, zum Beispiel Staubsauger, Hammer oder Bohrer, nicht in „Zimmerlautstärke" durchführen. Bei allen Aktivitäten, bei denen Zimmerlautstärke nicht eingehalten werden kann, gilt es, die Ruhezeiten zu berücksichtigen. Außerhalb dieser sind die (Lärm-)Beeinträchtigungen von Mitbewohnern grundsätzlich zu dulden.

! **ACHTUNG**

Die Ruhezeiten gelten verpflichtend in Bezug auf den Betrieb von Haushalts- oder sonstigen Geräten sowie das Musizieren.

Neben den Ruhezeiten und der Zimmerlautstärke sind die jeweiligen Besonderheiten des Mietobjekts und seiner Bewohner zu beachten. Der Mieter muss sein Wohnverhalten an die Gegebenheiten anpassen. Für alle Bewohner gilt das Gebot der gegenseitigen Rücksichtnahme (§ 242 BGB). Dabei sind insbesondere folgende Anhaltspunkte zu berücksichtigen:

- Baualter und Hellhörigkeit des Anwesens
- Zusammensetzung der Bewohner, zum Beispiel viele Kinder oder überwiegend ältere Menschen
- Örtliche Verhältnisse, zum Beispiel ob das Mietobjekt in einer verkehrsarmen oder verkehrsreichen Gegend, in einem reinen Wohngebiet, Mischgebiet, auf dem Land oder in der Innenstadt liegt
- Wohn- und Geschäftshaus mit regelmäßigem Parteiverkehr
- Hundehaltung im Anwesen erlaubt/nicht erlaubt

Häufig erfolgt die Festlegung von Ruhezeiten durch gemeindliche Verordnungen, die aufgrund von Ermächtigungsnormen in den jeweiligen Landesimmissionsschutzgesetzen erlassen werden können. Existiert für das jeweilige Gemeindegebiet keine entsprechende Verordnung, richten sich die Ruhezeiten nach den Vorschriften des jeweiligen Landes- oder Bundes-Immissionsschutzgesetzes. In der Geräte- und Maschinenlärmverordnung (32. BImSchV) vom 29.8.2002 zum Beispiel sind Geräte und Maschinen aufgezählt, die nur zu bestimmten Zeiten betrieben werden dürfen. An Sonn- und Feiertagen sowie an Werktagen zwischen 20:00 und 7:00 Uhr besteht danach ein Betreibungsverbot für die darin genannten Geräte.

HINWEIS

Ruhezeitenregelungen in Hausordnungen gelten nur für die Bewohner. Sind aufgrund von Baumaßnahmen Handwerker im Haus tätig, müssen sie sich nicht an die Ruhezeiten halten. Saniert ein Vermieter selbst eine Wohnung, hat er die Ruhezeiten zu beachten, beauftragt er einen Handwerker, gelten für diesen die Ruhezeiten wiederum nicht.

5.3 Bewertung von Lärm

Für die Bewertung, wann es sich bei Geräuschimmissionen um Lärm handelt, können die Richtwerte der technischen Anleitung zum Schutz gegen Lärm (TA Lärm) und die VDI-Richtlinie 2058 Anhaltspunkte geben. Lärm wird danach als Schall oder Geräusche bezeichnet, die den Nachbarn oder einen Dritten stören, gefährden, erheblich benachteiligen oder erheblich belästigen können (siehe auch Börstinghaus, Seite 126).

Nach der TA Lärm gelten zum Beispiel folgende Werte:

- In Mischgebieten, Kerngebieten und Dorfgebieten tagsüber 60 dB(A), nachts 45 dB(A)
- In allgemeinen Wohngebieten tagsüber 55 dB(A), nachts 40 dB(A)
- In reinen Wohngebiete tagsüber 50 dB(A), nachts 35 dB(A)

Die Werte der TA Lärm und der VDI-Richtlinie sollen nicht starr angewendet werden, sondern lediglich als Anhaltspunkte dienen. Zudem sind die jeweiligen konkreten Umstände des Einzelfalls in die Beurteilung einzubeziehen, um bewerten zu können, wann unzumutbarer Lärm vorliegt (BayObLG, Beschluss vom 2.5.1985, BReg 2 Z 44/84, WuM 1985, 234).

WICHTIG

Für die Beurteilung, ob Geräuschimmissionen erheblich sind und eine Störung bzw. einen Mangel darstellen, kommt es nicht auf das subjektive Empfinden des Störers an.

5.4 Einzelfälle

Die in der Praxis am häufigsten auftretenden Störungen durch Lärm sollen im Folgenden behandelt werden.

5.4.1 Wohngeräusche

Immissionen, die bei normalem Wohnverhalten und vertragsgemäßem Gebrauch entstehen, sind grundsätzlich von den Mitbewohnern hinzunehmen. Als sozialadäquates Verhalten gelten zum Beispiel das Staubsaugen und das Spielen von Musikinstrumenten. Sofern hierdurch jedoch Zimmerlautstärke überschritten wird, sind die Ruhezeiten zu beachten. Das Üben und Spielen von Elektrogitarre und Schlagzeug unter Einsatz eines Verstärkers zur Mittagszeit und nach 20:00 Uhr verstößt gegen das Gebot der Rücksichtnahme und gegen die von der Hausordnung gezogenen Grenzen. Zudem beeinträchtigt es den Mietgebrauch der Mitmieter erheblich (LG Berlin, Urteil vom 15.3.2001, 65 S 59/10, GE 2011, 752).

Durch vertragliche Regelungen oder Bestimmungen der Hausordnung kann kein generelles Musizierverbot ausgesprochen werden. Das Spielen eines Musikinstruments gehört zum Recht eines jeden Menschen auf Entfaltung seiner Persönlichkeit. Die Grenzen sind jedoch da zu ziehen, wo andere Mitbewohner erheblich gestört werden. Es ist daher stets eine Interessenabwägung zwischen noch vom vertragsgemäßen Gebrauch verursachte Geräusche und einer erheblichen Belästigung der Mitbewohner hierdurch vorzunehmen. Klavierspielen von ein bis zwei Stunden täglich ist in der Regel noch vom vertragsgemäßen Gebrauch gedeckt (Eisenschmid in Schmidt-Futterer, § 536 Rn 134).

Ebenso stellt das Schließen von Türen oder auch Kindergeschrei stets ein sozialadäquates, von den Mitbewohnern zu duldendes Verhalten dar (LG Wiesbaden, Urteil vom 17.2.2012, 3S 54/11, WuM 2012, 200). Das Bedienen von Rollläden entspricht auch noch nach 22:00 Uhr einer vertragsgemäßen Nutzung der Mieträume (AG Düsseldorf, Urteil vom 29.11.2010, 55 C 7723/10, WuM 2011, 173). Ebenso sind Duschen und Baden vom vertragsgemäßen Gebrauch einer Wohnung gedeckt, beides ist daher nach 22:00 Uhr möglich, selbst wenn andere Bewohner hierdurch in ihrer Nachtruhe gestört werden. Allerdings darf das nächtliche Baden nach Auffassung des OLG Düsseldorf nicht länger als 30 Minuten dauern (Beschluss vom 25.1.1991, 5 Ss (OWi) 411/90, WuM 1991, 288).

! ACHTUNG

Wenn es darum geht zu beurteilen, ob ein Verhalten noch als sozialadäquat gilt oder schon die Grenzen der Zumutbarkeit überschritten sind, müssen stets die Umstände des Einzelfalls berücksichtigt und die widerstreitenden Interessen abgewogen werden.

5.4.2 Baulärm

Bautätigkeiten sind allgegenwärtig. Sie können im Haus selbst oder in der Nachbarschaft stattfinden. Grundsätzlich berechtigt Baulärm zur Minderung der Miete, wenn er die vertragsgemäße Nutzung der Mieträume erheblich beeinträchtigt. Strittig ist jedoch, ob das Minderungsrecht ausgeschlossen ist, wenn der Mieter bei Vertragsabschluss oder Übergabe der Mietsache (§ 536b BGB) wusste, dass er mit künftigen Bautätigkeiten im Haus oder in der Umgebung zu rechnen hatte. Hat der Vermieter im Mietvertrag oder im Übergabeprotokoll auf künftige Bautätigkeiten hingewiesen und werden diese später aufgenommen, ist eine Mietminderung ausgeschlossen, da der Mieter bereits seit Beginn des Mietverhältnisses davon Kenntnis hatte. Enthält der Mietvertrag keinerlei Hinweise auf künftige Beeinträchtigungen, kann sich ein Minderungsausschluss daraus ergeben, dass der Mieter mit Bautätigkeiten hätte rechnen müssen und die damit verbundenen Nachteile somit als bei Vertragsabschluss konkludent vereinbart gelten (siehe auch Kapitel 1.2.2.).

Inwieweit die Vertragsparteien das Risiko einer zukünftigen Bautätigkeit erkannt und bei Vertragsabschluss zur Bestimmung des Sollzustands der Mietsache in ihren Willen aufgenommen haben, ist im Einzelfall vom Tatrichter zu prüfen und zu entscheiden (BGH, Beschluss vom 21.2.2012, VIII ZR 22/11, WuM 2012, 271). Im Innenstadtbereich etwa muss ein Mieter damit rechnen, dass es im Rahmen von Sanierungsmaßnahmen in der Nachbarschaft zu einer Zunahme der Lärm- und Schmutzimmissionen kommen kann (LG Berlin, Urteil vom 27.9.2011, 63 S 641/10, GE 2011, 1685). Es besteht auch kein Recht des Mieters, die Miete zu mindern, wenn aufgrund einer bei Mietbeginn vorhandenen Baulücke auf dem Nachbargrundstück zwingend Baumaßnahmen vorhersehbar waren. In solchen Fällen sind die mit der Aufnahme der Bauarbeiten verbundenen Störungen bei Vertragsschluss stillschweigend vorausgesetzt (LG Berlin, Urteil vom 7.10.2011, 63 S 59/11, GE 2012, 64).

● HINWEIS

Zukünftige Entwicklungen im Umfeld der Mietsache können ebenfalls Gegenstand mietvertraglicher Beschaffenheitsvereinbarungen sein (LG Gießen, Urteil vom 15.12.2010, 1 S 210/10, WuM 2012, 76).

Darüber hinaus kann der vertragsgemäße Gebrauch durch eine bestimmte Lage des Mietobjekts, zum Beispiel in der Nähe eines Sportplatzes, eines Flughafens, einer Bahntrasse oder einer Autobahn, geprägt sein. Durch solche lagebedingten Nachteile wird die Beschaffenheit der Mietsache zum vertragsgemäßen Gebrauch mitbestimmt, ohne dass ein Hinweis im Mietvertrag erfolgen muss (Eisenschmid in Schmidt-Futterer, § 535 Rn 413).

Im Innenstadtbereich muss ein Mieter jederzeit damit rechnen, dass Straßenbauarbeiten, von denen Lärmbeeinträchtigungen ausgehen, in größerem Umfang und von längerer Dauer stattfinden (LG Berlin, Urteil vom 26.9.2013, 67 S 251/13, GE 2013, 1515). Nach Auffassung des BGH stellt nicht jede nachteilige Veränderung des Wohnumfelds und der Geräuschsituation einen Mangel der Mietsache dar. Maßgeblich ist, ob der Mieter bestimmte Eigenschaften seines Umfelds als unveränderlich voraussetzen durfte oder ob er mit bestimmten nachteiligen Veränderungen rechnen musste (BGH, Urteil vom 23.9.2009, VIII ZR 300/08, WuM 2009, 659; Chr. Spielbauer in Spielbauer/Schneider, § 536 Rn 55).

5.4.3 Kinderlärm

Lärm, der von Kindern ausgeht, ist grundsätzlich als sozialadäquat hinzunehmen, da Spielen und Bewegung zur natürlichen Entwicklung gehört. So sind Babygeschrei in der Nacht, aber auch Lachen, Weinen und Schreien von Kleinkindern als natürliches und kindgerechtes Verhalten von den Hausbewohnern grundsätzlich hinzunehmen (BGH, Urteil vom 5.2.1993, V ZR 62/91, WuM 1993, 277). Je nach Alter und Einsichtsvermögen der Kinder oder Jugendlichen kann von ihnen jedoch verlangt werden, bestimmte Regeln, so auch die Ruhezeiten oder die Hausordnung, zu beachten. Eltern müssen dafür sorgen, dass ihre Kinder die Ruhezeiten einhalten, sofern man dies aufgrund des Entwicklungsstands erwarten kann. Wird jedoch absichtlich Lärm erzeugt, zum Beispiel um Nachbarn zu ärgern, ist das Verhalten nicht mehr sozialadäquat und nicht vom vertragsgemäßen Gebrauch gedeckt. Bei schikanösem Verhalten ist der Vermieter berechtigt, die Mieter bzw. die Eltern als Erziehungsberechtigte abzumahnen und ggf. auch das Mietverhältnis zu kündigen (Börstinghaus, Seite 131).

Geht Lärm von Kinderspielplätzen und Kindertageseinrichtungen aus, gilt das Bundes-Immissionsschutzgesetz. Artikel 1a dieses Gesetzes bestimmt, dass Geräuscheinwirkungen, die von Kindern in Kindertageseinrichtungen, auf Kinderspielplätzen und in ähnlichen Einrichtungen wie beispielsweise Ballspielplätzen hervorgerufen werden, im Regelfall keine schädlichen Umwelteinwirkungen darstellen. Bei der Bewertung der Geräuscheinwirkungen dürfen Immissionsgrenzen und -richtwerte nicht herangezogen werden.

In Bayern gilt darüber hinaus das Gesetz über Anforderungen an den Lärmschutz bei Kinder- und Jugendspieleinrichtungen vom 20.7.2011 (KJG). Dieses Gesetz regelt die Zulässigkeit von Immissionen durch Geräusche von Kinder- und Jugendspieleinrichtungen in der Nachbarschaft von Wohnbebauung.

!

ACHTUNG

Als sozialadäquat hinzunehmen sind natürliche Lebensäußerungen von Kindern, die Ausdruck natürlichen Spielens oder anderer kindlicher Verhaltensweisen sind (Artikel 2 KJG).

Auseinandersetzungen über Kinderlärm treten in der letzten Zeit häufiger auf. Die Rechtsprechung entscheidet tendenziell großzügig, was als noch sozialadäquater Kinderlärm gilt und daher von den Bewohnern hinzunehmen ist. Bei dieser Art der Lärmbelästigung gilt ebenfalls, dass immer auch die Umstände des Einzelfalls, insbesondere die Reife und das Entwicklungsstadium der Kinder oder Jugendlichen, zu berücksichtigen sind.

5.4.4 Tierlärm

Inwieweit die Haltung von Tieren dem vertragsgemäßen Gebrauch entspricht, hängt von den Regelungen im Mietvertrag ab. Finden sich darin keine Bestimmungen, kommt es auf die Umstände des Einzelfalls an, zum Beispiel auf die Art der Tiere, ihre Anzahl, die Größe der Wohnung, das besondere Bedürfnis des Mieters (Blindenhund) oder ob anderen Parteien bereits Tierhaltung gestattet ist.

An dieser Stelle geht es jedoch um die Problematik, ob Geräusche, die von Tieren ausgehen, als vertragsgemäß eingestuft werden können oder nicht. Üblicherweise haben die meisten Streitigkeiten Hundegebell zum Thema. Wenn ein Hund gelegentlich bellt, so ist das als typisches und artgerechtes Verhalten von den Mitbewohnern hinzunehmen. Bellt ein Hund dagegen regelmäßig oder über Stunden hinweg, so ist dieser Lärm nicht mehr von einer vertragsgemäßen Hundehaltung gedeckt (AG Bremen, Urteil vom 5.5.2006, 7 C 240/2005, WuM 2007, 124).

5.5 Vorgehensweise bei Lärmbelästigungen

Je nach Ursache der Lärmbeeinträchtigung gibt es verschiedene Möglichkeiten für die Vertragsparteien, dagegen vorzugehen.

5.5.1 Störung durch Mieter

Stört ein Mieter durch vertragswidriges Verhalten die anderen Bewohner erheblich, kann der Vermieter den Mieter zunächst abmahnen und im Wiederholungsfall, je nach Situation, entweder eine ordentliche oder außerordentliche fristlose Kündigung aussprechen. So hat das LG Berlin einer außerordentlichen fristlosen Kündigung des Vermieters stattgegeben, der einem Mieter gekündigt hat, der trotz mehrfacher Abmahnungen immer wieder durch Streitigkeiten mit Familienangehörigen die Nachtruhe anderer Bewohner erheblich störte (Urteil vom 11.2.2010, 67 S 382/09, WuM 2011, 351).

Mindern die anderen Mieter die Miete zu Recht wegen Lärmstörungen, kann der Vermieter die entgangene Miete dem störenden Mieter gegenüber als Schadensersatz geltend machen (AG Bremen, Urteil vom 9.3.2011, 17 C 105/10, WuM 2011, 362).

5.5.2 Störung durch Dritte

Handelt es sich bei dem (rechtswidrigen) Störer um einen Dritten, zum Beispiel einen Mieter oder Pächter eines anderen Anwesens, kann der Vermieter von der betreffenden Person die Unterlassung der Störung verlangen (§§ 903, 862, 869 BGB). Des Weiteren kann er durch eine Anzeige bei der Polizei oder Verwaltungsbehörde erreichen, dass diese einschreitet.

Die wegen der Lärmbelästigung eines Dritten von den Mietern zu Recht einbehaltene Miete kann der Vermieter als Schadensersatz gegenüber dem Störer geltend machen.

5.5.3 Rechtmäßiger Lärm

Denkbar sind auch Fälle, in denen sich der Verursacher des Lärms rechtmäßig verhält. Das gilt zum Beispiel dann, wenn auf dem Nachbargrundstück gebaut wird. Der Nachbar als Bauherr kann in der Regel eine Baugenehmigung vorweisen und darf deshalb die Baustelle betreiben. Unter diesen Umständen muss der Vermieter die Mietminderung seines Mieters hinnehmen, obwohl er gegen den Störer nicht vorgehen kann. Nach einer Entscheidung des LG Hamburg kann der Vermieter gegen den Bauherrn aber einen nachbarrechtlichen Ausgleichsanspruch nach § 906 Abs. 2 Satz 2 BGB geltend machen, wenn die berechtigte Mietminderung durch den Mieter 20 % beträgt und die Nettorendite nur bei 6 % liegt (Urteil vom 3.12.1998, MDR 99, 154). Ebenso gesteht das LG Berlin einem Vermieter einen Ausgleichsanspruch gegen den Nachbarn zu, wenn der Mieter wegen erheblichen Baulärms auf dem Nachbargrundstück die Miete zu Recht gemindert hat. Die Zumutbarkeitsgrenze für den Vermieter beträgt nach Auffassung des LG Berlin 5 % (Urteil vom 31.3.2011, 51 S 245/10, GE 2011, 695).

Das Risiko, dass ein Mieter die Miete zu Recht mindert und der Vermieter diesen Mietausfall nicht als Schadensersatz geltend machen kann, weil dem Störer kein rechtswidriges Verhalten vorzuwerfen ist, hat der Vermieter zu tragen.

HINWEIS

Gemäß § 117 Ordnungswidrigkeitengesetz (OWiG) handelt ordnungswidrig, wer ohne berechtigten Anlass oder im unzulässigen oder nach den Umständen vermeidbaren Ausmaß Lärm erregt, der geeignet ist, die Allgemeinheit oder die Nachbarschaft erheblich zu belästigen oder die Gesundheit eines anderen zu schädigen.

5.6 Beweislast

Den Mieter trifft die Darlegungs- und Beweislast hinsichtlich der Voraussetzungen für das Minderungsrecht (§ 536 Abs. 1 BGB). Wenn er wegen Lärmstörungen die Miete mindert, muss er darlegen, dass eine Lärmbeeinträchtigung vorliegt, diese erheblich ist und sie ihn deshalb bei der Nutzung der Mieträume beeinträchtigt. Es bedarf grundsätzlich eines konkreten Sachvortrags, aus dem sich die Art, der Umfang und der Zeitraum der Störung ergeben. Zumeist wird dafür ein Lärmprotokoll angefertigt.

Zur Frage, wie umfangreich und detailliert ein solches Lärmprotokoll sein sollte, hat sich der BGH in mehreren Entscheidungen geäußert. Danach ist ein Mieter nicht verpflichtet, bei wiederkehrenden Beeinträchtigungen des Mietgebrauchs ein exaktes Lärmprotokoll zu erstellen. Es reicht aus, wenn die wiederkehrenden Beeinträchtigungen beschrieben werden und zu erkennen ist, zu welcher Tageszeit, über welchen Zeitraum und in welcher Häufigkeit diese ungefähr auftreten (BGH, Urteile vom 29.12.2012, VIII ZR 155/11, WuM 2012, 135 und vom 20.6.2012, VIII ZR 268/11, WuM 2012, 508).

Nach Auffassung des LG Wiesbaden bedarf es ebenfalls keiner Protokollierung der Lärmbelästigungen, wenn der Schallschutz der Trennwände zur Nachbarwohnung nicht der anzuwendenden DIN-Norm entspricht (Urteil vom 17.2.2012, 3 S 54/11, WuM 2012, 200).

ARBEITSHILFE ONLINE

MUSTER: Lärmprotokoll

Lärmprotokoll

Wohnung Sonnenstraße 13, 80331 München

Für den Zeitraum 1.7.2014 bis 10.8.2014

Datum	Uhrzeit	Vorfall
1.7.2014	23:30—3:00	Laute Musik
3.7.2014	22:30—0:30	Laute Musik und Türenknallen
10.7.2014	23:00	Rollläden lautstark heruntergelassen
11.7.2014	23:30	Rollläden lautstark heruntergelassen
14.7.2014	0:30—2:30	Laute Musik mit Geschrei
18.7.2014	23:30—4:30	Laute Musik, durch Polizeieinsatz beendet
29.7.2014	22:30—1:00	Lautes Streitgespräch
31.7.2014	23:30	Rollläden lautstark heruntergelassen
1.8.2014	1:00—2:00	Laute Musik und Türenknallen
3.8.2014	0:30—3:30	Laute Musik, durch Polizeieinsatz beendet
6.8.2014	23:00	Rollläden lautstark heruntergelassen
7.8.2014	23:20—1:30	Lautes Gespräch auf Balkon
10.8.2014	22:30—1:00	Laute Musik

6 Besonderheiten bei Feuchte und Schimmel

Dem Mieter obliegt eine allgemeine Sorgfalts- und Obhutspflicht bezüglich des Mietgegenstands. Das bedeutet, er darf die Mietsache nicht nur im Rahmen seines vertragsgemäßen Gebrauchs nutzen, sondern muss sie pfleglich behandeln und Schäden möglichst von ihr fernhalten. Diese Pflichten umfassen das Reinigen, das regelmäßige Lüften und ausreichendes Beheizen der Wohnung, aber auch die Mitteilung an den Vermieter, wenn Schäden am Mietobjekt festgestellt werden. Die Anzeigepflicht für Schäden ergibt sich aus § 536c BGB.

Der Mieter hat diese Verpflichtungen auch bei Abwesenheit einzuhalten. Wenn er verreist, muss er dafür sorgen, dass während seiner Abwesenheit, zum Beispiel im Winter, eine ausreichende Beheizung und Belüftung erfolgt. Darüber hinaus hat er bei extremen Witterungsverhältnissen dafür zu sorgen, dass Fenster und Türen geschlossen sind. Der Mieter muss diese Obhutspflicht nicht nur während einer vorübergehenden Abwesenheit erfüllen, sondern auch dann, wenn er die Mieträume bereits aufgegeben hat, weil er schon umgezogen ist, obwohl das Mietverhältnis noch besteht (OLG Düsseldorf, Urteil vom 19.5.1994, 10 U 138/93, WuM 1994, 461).

Dem Mieter obliegt zudem die Überwachungspflicht in Hinblick auf Haushaltsgeräte, die er betreibt, zum Beispiel Waschmaschine oder Spülmaschine. Er ist dafür verantwortlich, dass es durch seine Maschinen zu keinen (Wasser-)Schäden im Mietobjekt kommt. Nach Auffassung des OLG Hamm darf der Mieter solche Geräte nicht längere Zeit unbeaufsichtigt laufen lassen. Im Rahmen seiner Verkehrssicherungspflicht hat der Mieter dafür zu sorgen, dass von dem von ihm eingebrachten Gegenständen und Geräten keine Gefahr ausgeht oder Beschädigungen für das Mietobjekt oder andere Bewohner des Anwesens drohen. So hat sich der Mieter vor Beginn einer längeren Reise zu vergewissern, dass das Absperrventil der Kaltwasserleitung am Geschirrspüler verschlossen ist (OLG Düsseldorf, Urteil vom 16.8.1988, 4 U 232/87, MDR 1989, 645).

Verstößt der Mieter gegen die ihm obliegenden Sorgfalts- und Obhutspflichten, haftet er dem Vermieter und auch Dritten auf Schadensersatz. Bei Gefährdung der Mietsache oder nachhaltigen Verstößen, die der Mieter trotz Abmahnung nicht unterlässt, kann der Vermieter das Mietverhältnis ordentlich und ggf. auch fristlos kündigen.

! **ACHTUNG**

Der Mieter ist nicht verpflichtet, dem Vermieter, dem Hausverwalter oder einem anderen Vertreter des Vermieters einen Wohnungsschlüssel zu überlassen, damit jemand während seiner Abwesenheit für die Einhaltung der nötigen Überwachung sorgen kann.

6.1 Ursachen von Schimmel- und Feuchteschäden

In den vergangenen Jahren haben die Auseinandersetzungen zwischen Vermietern und Mietern bezüglich des Auftretens und der Ursachen von Schimmel- und Feuchteschäden erheblich zugenommen. Die Ermittlung der Auslöser für Feuchte- oder Schimmelschäden ist daher maßgeblich für die rechtliche Einordnung und die Art der Ansprüche.

Beim Wohnen entsteht naturgemäß viel Wasserdampf. Wird gekocht, gebadet oder geduscht, erhöht sich die Luftfeuchtigkeit in den Mieträumen, was zu einer hohen Konzentration von Feuchte in der Raumluft führt. Zudem bewirken ausgekühlte Oberflächen, dass Kältebrücken entstehen. Es ist daher unbedingt erforderlich, dass eine hohe relative Luftfeuchtigkeit durch ausreichendes Lüften nach außen entweichen kann. Darüber hinaus können zum Beispiel Dämmmaßnahmen oder der Austausch alter Fenster durch moderne Kunststofffenster dazu führen, dass der zuvor gut funktionierende Luftaustausch in den Mieträumen nunmehr unterbunden oder erheblich erschwert wird, wenn nicht vermehrt gelüftet wird.

Einen großen Anteil beim Entstehen von Schimmelschäden hat auch ein falsches Verständnis in Bezug auf Energie- und Kosteneinsparung. Mieter wollen die höheren Energiekosten ausgleichen, indem Sie die Mieträume weniger heizen und seltener lüften. Dies führt jedoch dazu, dass die hohe Luftfeuchtigkeit aus den Mieträumen nicht entweichen kann und sich deshalb an Wänden und Decken niederschlägt.

Von Mieterseite werden Schimmel- und Feuchteschäden mit schlechter Bausubstanz, einer fehlenden Dämmung oder einer nicht funktionierenden Heizungsanlage begründet mit der Folge, dass Mietminderungsansprüche oder Schadens- bzw. Aufwendungsersatzansprüche geltend gemacht werden. Von Vermieterseite wird dem Mieter zumeist falsches Heiz- und Lüftverhalten als Schadensursache vorgehalten.

Für die rechtliche Bewertung und die sich hieraus ableitenden Konsequenzen kommt es ganz entscheidend auf die Ursache der Schäden an. Sind sie auf Baumängel zurückzuführen, können sich hieraus Gewährleistungsansprüche zugunsten des Mieters ergeben (Mietminderung, Schadensersatz, Kündigung). Liegt die Ursache im Fehlverhalten des Mieters, kann der Vermieter Schadensersatz oder Unterlassung verlangen oder auch das Mietverhältnis kündigen.

Mit letzter Sicherheit wird die Ursache von Feuchtigkeitsschäden und Schimmelbefall nur durch Einschaltung eines Sachverständigen geklärt werden können.

HINWEIS

Je höher die Temperatur der Luft ist, umso mehr Wasser kann sie aufnehmen, vorausgesetzt der Raum, in den die Luft gelangt, ist beheizt (vgl. Haugg/Hitpaß in WuM 2004, 139 ff.).

6.1.1 Anhaltspunkte für ein falsches Heiz- und Lüftverhalten des Mieters

Die folgenden Anhaltspunkte weisen darauf hin, dass die Ursache von Feuchteschäden und Schimmel im Verhalten des Mieters zu suchen sind:

- Wesentlich geringere Heizkosten als der Durchschnittsverbrauch des Anwesens bzw. der letzten Heizperiode
- Wesentlich weniger Heizkosten als vergleichbare Wohnungen
- Wäschetrocknung in der Wohnung
- Vorhänge vor Fenstern und Heizkörpern, sodass die Luftzirkulation unterbunden oder erschwert wird
- Heizkörper sind mit Möbeln zugestellt
- Zahlreiche Pflanzen in der Wohnung
- Überbelegung der Wohnung
- Häufige Abwesenheit des Mieters
- Aquarien in einer kleinen Wohnung
- Lüftung meist durch Kippstellung der Fenster, keine Stoßlüftung

6.1.2 Anhaltspunkte für bauseitige Ursachen

Werden eher bauseitige Ursachen vermutet, können folgende Aspekte eine Rolle spielen:

- Austausch alter Holzkastenfenster gegen isolierverglaste Kunststofffenster, dadurch geringerer oder kein Luftaustausch
- Risse in der Fassade, Schäden am Mauerwerk
- Zu geringe Leistung oder defekte Heizanlage
- Zu wenige Heizkörper
- Undichtes Dach
- Verstopfte Regenrinnen
- Kältebrücken
- Schadhafte Fenster oder Türen
- Undichte oder verstopfte Wasserleitungen
- Mangelhafte oder fehlende Isolierung im Sockel- oder Kellerbereich
- Schadhafte Balkondecken
- Fehlende oder beschädigte Dampfsperre

Mängel und Schäden an einem Gebäude müssen aufgrund der Instandhaltungs- und Instandsetzungspflicht grundsätzlich vom Vermieter behoben werden (§ 535 BGB), außer der Mieter hat das Entstehen der Schäden zu vertreten. Der Vermieter ist jedoch nicht verpflichtet, sein Anwesen oder seine Wohnung nachzurüsten oder zu modernisieren, sofern keine gesetzlichen Bestimmungen dies zwingend vorschreiben, wie zum Beispiel die EnEV (vgl. Kapitel 1.2.5).

Bezieht der Mieter eine Altbauwohnung und entstehen deswegen höhere Heizkosten, weil die Fassade nicht mit Vollwärmeschutz versehen ist oder noch alte Holzfenster vorhanden sind, kann der Mieter keine Nachrüstung verlangen. Ein Mangel liegt in diesem Fall nicht vor. Die Tatsache, dass durch Modernisierungsmaßnahmen eine Energieeinsparung bewirkt werden kann, führt nicht dazu, dass die Mietsache mangelhaft ist. Gleiches gilt, wenn der Keller in einem Altbau von jeher eine geringe Feuchtigkeit aufweist und der Mieter nunmehr einen trockenen Keller fordert.

! **ACHTUNG**

Auch bei Feuchte- und Schimmelschäden gilt, dass ein Mangel nur dann vorliegt, wenn eine erhebliche Beeinträchtigung der Tauglichkeit der Mieträume zum vertragsgemäßen Gebrauch gegeben ist (§ 536 Abs. 1 Satz 3 BGB).

6.1.3 Energetische Modernisierung

Erfahrungsgemäß kommt es häufig zu Schimmel- und Feuchteschäden, nachdem ein Anwesen oder eine Wohnung energetisch modernisiert oder saniert wurde. Dämmmaßnahmen oder der Austausch von Fenstern führen dazu, dass ein geringerer Luftaustausch in den Mieträumen stattfindet oder Kältebrücken an den Fensterlaibungen entstehen. Sind in den Mieträumen vor Durchführung der Baumaßnahmen keine Feuchtigkeitsschäden aufgetreten, muss der Mieter sein Heiz- und Lüftverhalten ändern, das heißt, an die neue raumklimatische Situation anpassen. Aus der dem Mieter obliegenden Sorgfalts- und Obhutspflicht ergibt sich, dass er die Mietsache ausreichend lüften und beheizen muss.

Allerdings muss der Mieter nicht von sich aus Überlegungen oder Untersuchungen anstellen, wie er nunmehr bestmöglich zu heizen und zu lüften hat. Es ist Aufgabe des Vermieters, den Mieter auf die veränderte klimatische Situation in den Mieträumen aufmerksam zu machen und ihm konkrete Anweisungen im Hinblick auf sein Lüft- und Heizverhalten zu geben.

ARBEITSHILFE ONLINE

MERKBLATT

Ein entsprechendes Merkblatt hierzu steht als Arbeitshilfe online bereit.

!

WICHTIG

Hat der Vermieter alte Fenster durch isolierverglaste Kunststofffenster ersetzt oder einen Vollwärmeschutz angebracht, was zu einer größeren Dichtigkeit des Gebäudes führt, muss der Vermieter den Mieter präzise auf die geänderte Situation hinweisen und ihm konkrete Heiz- und Lüfthinweise geben.

Da auch der Vermieter in der Regel die raumklimatischen Verhältnisse nicht ausreichend beurteilen kann, sollte er unbedingt fachmännischen Rat von Handwerkern oder Herstellern einholen. Unterlässt es der Vermieter, nach durchgeführten (energetischen) Maßnahmen dem Mieter Hinweise zu geben, und treten in der Folge Schimmel- oder Feuchteschäden in den Mieträumen auf, haftet der Mieter nicht, falls die Schäden durch falsches Heiz- und Lüftverhalten entstanden sind. Nur wenn der Mieter, obwohl er Anweisungen vom Vermieter erhalten hat, sein Verhalten nicht an die geänderte Situation anpasst, haftet er gegenüber dem Vermieter auf Schadensersatz. Der Mieter kann vom Vermieter auch dann zur Verantwortung gezogen werden, wenn die Ursache der Schimmelschäden nicht auf falsches Lüft- und Heizverhalten zurückzuführen ist, sondern zum Beispiel darauf, dass Wäsche in den Mieträumen getrocknet wird.

HINWEIS

Konkrete Hinweise zum Heiz- und Lüftverhalten für den Mieter sollten nicht nur nach Modernisierungsmaßnahmen erfolgen, sondern auch, wenn ein Neubau vermietet wird. Denn nur wenn der Mieter weiß, wie sein Wohnverhalten auszusehen hat, kann er der sogenannten Neubaufeuchte angemessen begegnen.

6.1.4 Richtiges Lüften

In Prozessen, in denen es um Schimmel- und Feuchteschäden geht, wird häufig darüber gestritten, was richtiges Lüften bedeutet. Zu berücksichtigen sind immer die jeweiligen Umstände des Einzelfalls. So ist zum Beispiel danach zu unterscheiden, ob sich die Mieträume in einem Neubau oder in einem Altbau befinden, in welche Himmelsrichtung die Räume ausgerichtet sind, ob die vorhandenen Fenster klein oder groß sind, ob energetische Maßnahmen zur Dämmung oder ein Fensteraustausch stattgefunden haben, wie viele Personen in der Wohnung leben und vieles mehr.

Unstrittig ist jedenfalls, dass es für ein ausreichendes Lüften der Wohnung nicht genügt, wenn die Fenster nur gekippt werden (AG Wolfsburg, Urteil vom 9.10.1985, 10 C 163/85, ZMR 1986, 16). Der Luftaustausch fällt dabei zu gering aus. Zudem besteht die Gefahr, dass die Fensterlaibungen auskühlen und deshalb Kältebrücken entstehen.

Allerdings kann dem Mieter einer Neubauwohnung nicht zugemutet werden, die Wohnung „trockenzuheizen". Dies ist vielmehr Aufgabe des Vermieters, denn dieser schuldet zum vertragsgemäßen Gebrauch geeignete Mieträume (LG Wuppertal, Urteil vom 11.10.2002, 10 S 22/02, WuM 2002, 667). Hingegen darf vom Mieter verlangt werden, dass er der bei Neubauten unvermeidbaren Restfeuchte mit zumutbarem Heiz- und Lüftverhalten begegnet. Zu empfehlen ist dem Vermieter daher, dass er entsprechende Verhaltensregeln in den Mietvertrag aufnimmt.

ACHTUNG

Ein ausreichendes Belüften der Wohnung setzt mindestens dreimaliges Stoßlüften täglich voraus (OLG Frankfurt/Main, Urteil vom 11.2.2000, 19 U 7/99, NZM 2001, 39).

Das LG Frankfurt/Main vertrat ebenfalls die Auffassung, dass ein drei- bis viermaliges Stoßlüften täglich auch für einen berufstätigen Mieter zumutbar ist (Urteil vom 7.2.2012, 2-17 S 89/11, WuM 2012, 266). Wenn sich durch geeignetes und zumutbares Lüftverhalten des Mieters Schimmelschäden vermeiden lassen, liegt kein Mangel an der Mietsache vor. Der Vermieter ist auch nicht verpflichtet nachzubessern, wenn baualtersbedingt Kältebrücken auftreten und der dem Baujahr entsprechende Stand der Technik eingehalten wurde (BGH, Urteil vom 7.7.2010, VIII ZR 85/09, NJW 2010, 3088).

Bei einem Altbau kann der Mieter nicht erwarten, dass die Wärmedämmung des Hauses den Maßstäben eines modernisierten Altbaus entspricht. Die Vermeidung von Schimmelbildung durch entsprechendes Heiz- und Lüftverhalten ist daher zumutbar (LG Freiburg, Urteil vom 5.1.2010, 3 S 232/09, DWW 2012, 55). Allerdings kann vom Mieter nur das Lüftverhalten gefordert werden, das normalerweise erwartet werden kann, wenn keine bauseitig bedingten Mängel vorliegen (LG Dortmund, Urteil vom 25.9.2012, 1 S 73/11, ZMR 2013, 718). Kann die Entstehung von Feuchte- und Schimmelschäden durch das übliche und zumutbare Lüftverhalten nicht vermieden werden, stellt dies einen Mangel der Mietsache dar. Ein Mieter verhält sich noch vertragsgemäß, wenn eine Temperatur der Mieträume von durchschnittlich 18 °C erreicht und täglich dreimalig stoßgelüftet wird (LG Konstanz, Urteil vom 20.12.2012, 61 S 21/12 A, WuM 2013, 156).

Neben der Stoßlüftung eignet sich das Querlüften, um einen optimalen Luftaustausch zu erreichen. Dabei wird durch das Öffnen von gegenüberliegenden Türen oder Fenstern ein schneller und optimaler Luftaustausch gewährleistet. Wie lange der Vorgang des Stoßlüftens oder Querlüftens andauern sollte, hängt von den Umständen des Einzelfalls ab.

HINWEIS

Je kürzer der Lüftungsvorgang ausfällt, desto intensiver muss er erfolgen oder desto öfter wiederholt werden.

6.1.5 Reaktionsmöglichkeiten des Vermieters

Hat der Mieter Schimmel- und Feuchteschäden angezeigt, sollte der Vermieter die Mieträume besichtigen und auf die Wohn- bzw. Nutzungsverhältnisse achten, zum Beispiel auf die Möblierung, um eventuell Rückschlüsse auf die Schadensursache ziehen zu können. Zudem sollte der Vermieter das Gebäude und die Mieträume auf bestehende Baumängel hin untersuchen und ggf. einen Fachmann hinzuziehen. Oft liegt die Schadensursache auch in der falschen Bedienung und Einstellung der Heizungsanlage. Um dies auszuschließen, sollte mit dem Mieter, einem Heizungsfachmann oder dem Kaminkehrer die richtige Bedienung und Einstellung der

Heizanlage geklärt werden. Ursache von mangelhafter Belüftung der Mieträume können auch defekte oder nicht mehr ausreichende Lüftungsanlagen in Bädern oder WCs sein. Weiterhin sollte der Vermieter die Höhe der Luftfeuchtigkeit in den betroffenen Räumen mit geeigneten Geräten messen oder einen Sachverständigen mit der Ermittlung der Ursache der Feuchteschäden beauftragen.

Stellt sich heraus, dass der Mieter die Schäden durch rechtswidriges Verhalten verursacht hat, besteht der nächste Schritt darin, dass der Vermieter den Mieter hierüber informiert. Aus Beweisgründen sollte eine Belehrungen oder die Übergabe von Bedienungshinweisen immer in schriftlicher Form erfolgen. Informationsbroschüren zum richtigen Heiz- und Lüftverhalten können, wenn das nicht schon bei Vertragsabschluss geschehen ist, auch später noch ausgehändigt werden.

Hat der Mieter den Anweisungen des Vermieters oder des Fachmanns nicht Folge geleistet, kann der Vermieter ihn abmahnen. In der Abmahnung ist das Fehlverhalten des Mieters, das nach Ansicht des Vermieters zu den Schimmelschäden führt, konkret zu beschreiben, ggf. kann auf eine Besichtigung oder auf Feststellungen eines Fachmanns verwiesen werden. Nicht erforderlich, aber empfehlenswert ist es, den Mieter darüber hinaus auf die Konsequenz seines rechtswidrigen Verhaltens hinzuweisen. Als Rechtsfolgen können sich für den Vermieter Schadensersatzansprüche ergeben oder, wenn die Voraussetzungen gemäß § 573 Abs. 2 Nr. 1 und § 543 Abs. 2 Nr. 2 BGB vorliegen, der Vermieter kann das Mietverhältnis ordentlich oder fristlos kündigen.

6.2 Beweislage

Es gelten folgende Regelungen: In einem Rechtstreit hat jede Partei grundsätzlich die für sie günstigen Tatsachen vorzutragen und sie, falls sie bestritten werden, zu beweisen. Insoweit obliegt der jeweiligen Prozesspartei die Beweislast. Für einen Prozess, in dem es um die Frage geht, wer die Ursachen für Schimmel- und Feuchteschäden zu vertreten hat, gilt Folgendes:

- Der Mieter muss beweisen, dass ein Mangel vorliegt.
- Der Vermieter muss beweisen, dass die Mietsache keine Baumängel aufweist.
- Der Vermieter muss beweisen, dass die Schäden durch vertragswidrigen Gebrauch des Mieters entstanden sind.

Da es für den Vermieter in manchen Fällen schwierig sein dürfte, das rechtswidrige Verhalten des Mieters zu beweisen, da er ja das Nutzungs- bzw. Wohnverhalten des Mieters nicht kennt, lässt die Rechtsprechung eine Beweislastverteilung nach Gefahrenkreisen zu. Das bedeutet, dass der Vermieter zunächst beweisen muss, dass die Schadensursache dem Bereich zuzuordnen ist, der der unmittelbaren Obhut des Mieters unterliegt und nicht in seinem eigenen oder dem Verantwortungsbereich eines anderen Mieters im Haus. Wenn der Vermieter diesen Beweis erbracht hat, ist es wiederum Sache des Mieters, sich sowohl hinsichtlich der Ursache als auch des Verschuldens zu entlasten (OLG Karlsruhe, RE vom 9.8.1984, 3 RE-Miet 6/84, WuM 1984, 267; BGH, Urteile vom 19.10.1995, IX ZR 82/94, NJW 1996, 321 ff., vom 10.11.2004, XII ZR 71/01, WuM 2005, 54 und vom 3.11.2004, VIII ZR 28/04, NZM 2005, 100).

In der Regel genügt es für die Annahme eines Mangels der Mietsache nicht, dass der Mieter lediglich befürchtet, durch vorhandene Feuchtigkeitsschäden in seiner Gesundheit beeinträchtigt zu sein. Vielmehr muss der Mieter darlegen, dass die vorhandenen Schimmelpilze tatsächlich Toxine bilden und zu einer Gesundheitsbeeinträchtigung führen. Atteste genügen daher nur dann, wenn entsprechende Laboruntersuchungen stattgefunden haben (KG Berlin, Urteil vom 26.2.2004, 12 U 1493/00, GE 2004, 688). Will der Mieter wegen erheblicher Gesundheitsgefährdung aufgrund Schimmelbefalls in den Mieträumen das Mietverhältnis außerordentlich fristlos gemäß § 543 Abs. 1 und § 569 Abs. 1 BGB kündigen, muss er dem Vermieter gemäß § 543 Abs. 3 Satz 1 BGB zuvor eine angemessene Nachhilfefrist gesetzt oder eine Abmahnung erteilt haben (BGH, Urteil vom 18.4.2007, VIII ZR 182/06, WuM 2007, 319).

Ein außerordentliches Kündigungsrecht des Mieters besteht nicht, wenn er die Störung des vertragsgemäßen Gebrauchs selbst zu vertreten hat, zum Beispiel bei einem Wasserschaden, weil seine Waschmaschine falsch angeschlossen war. Ist zwischen den Vertragsparteien die Ursache eines Schadens strittig, trägt der Vermieter die Beweislast dafür, dass die Ursache im Obhutsbereich des Mieters liegt. Sind sämtliche Ursachen, die in den Verantwortungsbereich des Vermieters fallen, ausgeschlossen, trägt der Mieter die Beweislast dafür, dass er den Schadenseintritt nicht zu vertreten hat (BGH, Urteil vom 10.11.2004, XII ZR 71/01, WuM 2005, 54).

Lässt sich bei Schimmelbefall nicht ausschließen, dass die Ursache auf einem Baumangel beruht, muss der Vermieter beweisen, dass die festgestellten Feuchtigkeitsschäden gerade nicht bauseitig begründet sind (LG Dortmund, Urteil vom 25.9.2012, 1 S 73/11, ZMR 2013, 718).

6.3 Fogging

Zumeist in frisch renovierten Räumen, aber auch in Neubauten tritt das Phänomen des Foggings auf. Dabei kommt es zumeist im Winter, also während der Heizperiode, zu Schäden. Beim Fogging handelt sich um eine Schwarzfärbung durch einen öligen, schwarzgrauen Film, der nicht nur Wände und Decken, sondern auch Einrichtungsgegenstände überziehen kann. Verursacht wird dies durch Partikel, die sich in der Raumluft befinden. Diese Partikel sind Ausdünstungen von Weichmachern aus Bodenbelägen, Farben, Lacken oder Einrichtungsgegenständen. Zudem können sie durch den Gebrauch von Kerzen oder durch Tabakrauch entstehen. Aufgrund bauphysikalischer Einflüsse lagern sich diese Partikel an Oberflächen ab und verursachen die Schwarzfärbung (Stürzer/Koch, Vermieterlexikon, Seite 304).

Wenn Fogging in den Mieträumen auftritt, ist die Wohnqualität in der Regel herabgesetzt. Da sich die Ursachen dieses Phänomens oft nicht eindeutig klären lassen, kommt der Beweislastverteilung große Bedeutung zu. Das Problem wird dadurch verschärft, dass meist mehrere Faktoren aus dem Verantwortungsbereich des Vermieters, aber auch des Mieters vorliegen. Was im Einzelfall ausschlaggebend für die Schadensentstehung ist, kann oft auch ein Sachverständiger nicht eindeutig feststellen. Daher erscheint es meist wirtschaftlich sinnvoll, sich mit der Mietvertragspartei auf einen Kompromiss zu einigen.

Tritt Fogging in Mieträumen auf, ohne dass die konkrete Ursache bekannt ist, liegt ein vertragswidriger Zustand vor. Der Vermieter kann vom Mieter die Beseitigung der Schwarzfärbung nur dann verlangen, wenn er beweist, dass der Schaden der Sphäre des Mieters entstammt. Der Mieter wiederum muss beweisen, dass er das Fogging nicht verursacht hat (LG Wuppertal, Urteil vom 19.7.2012, 9 S 212/11, juris-i). Letztendlich kann der Mieter vom Vermieter die Beseitigung der Foggingschäden verlangen, wenn zwar deren Entstehung der Sphäre des Mieters zuzurechnen ist, dieser den Mangel aber nicht zu vertreten hat, da auf seiner Seite kein vertragswidriges Verhalten vorliegt (BGH, Urteil vom 28.5.2008, VIII ZR 271/07, WuM 2008, 476). Lässt sich die Schwarzverfärbung zum Beispiel auf eine in den Mieträumen verwendete Farbe zurückführen, haftet der Mieter dem Vermieter auf Schadensersatz, wenn der Mieter selbst oder ein von ihm Beauftragter die Wände mit dieser Farbe gestrichen hat.

Fogging kann nicht nur zu einem Anspruch des Mieters gegenüber dem Vermieter auf Beseitigung der Schäden (§ 535 Abs. 1 BGB) führen, sondern auch zu einer Mietminderung berechtigen. Das ist dann der Fall, wenn die Verfärbungen nicht nur eine optische Beeinträchtigung darstellen (LG Düsseldorf, Urteil vom 1.10.2009, 21 S 80/08, WuM 2011, 416).

Macht der Mieter wegen Foggingbefall der Mieträume einen Schadensersatz gegenüber dem Vermieter gemäß § 536a Abs. 1 Alt. 2 BGB geltend, muss er die Voraussetzungen hierfür sowie das Verschulden des Vermieters beweisen. Etwas anderes gilt nur dann, wenn feststeht, dass die Schadensursache im Herrschafts- und Einflussbereich des Vermieters liegt. Hat der Mieter diesen Beweis geführt, muss sich der Vermieter wiederum hinsichtlich seines Verschuldens entlasten (BGH, Beschluss vom 25.1.2006, VIII ZR 223/04, WuM 2006, 147).

7 Umweltgifte

Umweltgifte als Bestandteile von Immissionen aus der Umgebung können von außen auf die Mietsache und ihre Bewohner einwirken und zu einer Gebrauchsbeeinträchtigung der Mietsache oder gesundheitlichen Gefährdung der Bewohner führen. Auch in den Mieträumen können Umweltmängel vorhanden sein, zum Beispiel durch Verwendung von gesundheitsschädlichen Materialien wie Asbest. Als gesundheitsschädlich sind unter anderem folgende Stoffe bekannt: Asbest, Holzschutzmittel, Formaldehyd, Blei in Rohren, Elektrosmog oder Altlasten im Erdreich. Auch die Ansiedlung von Legionellen in Warmwasserleitungen kann eine Gesundheitsgefährdung mit sich bringen.

Der BGH hat bereits mit einer Entscheidung aus dem Jahr 1972 den Mangelbegriff in Bezug auf Umweltgifte definiert. Danach handelt es sich bei Gefahrenquellen aus der unmittelbaren Umgebung der Mietsache, die auf diese einwirken und ihre vertragliche Tauglichkeit beeinträchtigen oder aufheben, um Mängel (Urteil vom 27.3.1972, VIII ZR 177/70, NJW 1972, 944). Entscheidend ist also nicht allein das Vorhandensein von Giftstoffen, sondern es muss die negative Einwirkung auf die Mietsache oder deren Bewohner hinzukommen. Ein Umweltmangel liegt dann vor, wenn die Bewohner mit einer konkreten gesundheitlichen Schädigung rechnen müssen, auch wenn der Schaden noch nicht eingetreten ist. Eine abstrakte Gefährdung, die bei Umweltgiften immer gegeben ist, reicht jedoch nicht aus, um einen Mangel an der Mietsache zu bejahen (LG Tübingen, Urteil vom 28.11.1996, 1 S 86/96, WuM 1997, 41).

Als Anhaltspunkt, dass eine konkrete Gefährdung vorliegt, gilt das Überschreiten einschlägiger Richt- und Grenzwerte. Fraglich ist hierbei, auf welchen Zeitpunkt bei der Beurteilung, ob bestimmte Werte eingehalten werden, abzustellen ist. Maßgeblich sind dabei die Standards bzw. Werte, die zu dem Zeitpunkt gegolten haben, die für die jeweilige Rechtsfolge entscheidend sind (BayObLG, RE vom 4.8.1999, RE-Miet 6/98, WuM 1999, 568; BGH, Urteil vom 25.1.1983, VI ZR 24/82, NJW 1983, 2935). Ob eine Beeinträchtigung und somit eine Gefährdung der Gesundheit vorliegt, muss stets nach objektiven Kriterien beurteilt werden. Besondere subjektive Umstände beim Mieter, zum Beispiel Allergien, spielen bei der Bewertung keine Rolle (LG Berlin, Urteil vom 11.6.1998, 62 S 10/98, GE 1998, 1465).

7.1 Elektrosmog

Bei Elektrosmog handelt es sich um elektrische oder elektromagnetische Felder und Strahlungen, die auf Menschen einwirken. Sie gehen vor allem von den in den letzten Jahren vermehrt eingerichteten Mobilfunkstationen und dem sich immer weiter verbreitenden UMTS-Netz aus. Zudem senden überirdische Bahnoberleitungen sowie Hochspannungs- und Stromleitungen elektromagnetische Strahlen aus.

Grundsätzlich stellt eine Mobilfunkantenne keinen Mangel der Mietsache dar, solange die Grenzwerte der 26. Bundesimmissionsschutzverordnung (BImSchV) eingehalten werden. Diese Verordnung wurde zum Schutz der Allgemeinheit und der Nachbarschaft vor schädlichen Umwelteinwirkungen durch elektromagnetische Felder erlassen (§ 1 BImSchV). Sie gilt sowohl für Hochfrequenz- als auch für Niederfrequenzanlagen. Wenn eine Mobilfunkanlage auf dem Dach des Anwesens oder auf dem Nachbargrundstück errichtet wird, können Mieter und/oder Vermieter bzw. Eigentümer dagegen nur vorgehen, wenn die Grenzwerte der 26. BImSchV überschritten sind. Diese „Indizwirkung" kann nur durch einen wissenschaftlich begründeten Zweifel an der Richtigkeit der Grenzwerte und einen fundierten Verdacht auf eine Gesundheitsgefährdung widerlegt werden (BGH, Urteil vom 13.2.2004, V ZR 217/03, WuM 2004, 217).

7.2 Legionellen

Am 1.11.2003 ist die Trinkwasserverordnung (TrinkwV) in Kraft getreten. Es folgte eine Novellierung zum 28.11.2011 und schließlich eine Zweite Verordnung zur Änderung der Trinkwasserverordnung am 5.12.2012 (BGBl I, Seite 2562). Zweck und Ziel der Trinkwasserverordnung ist es, die Qualität von Wasser für den menschlichen Gebrauch zu regeln und zu bewahren. Es wurde daher eine ganze Reihe von Pflichten und Aufgaben für Eigentümer, Verwalter und Vermieter begründet (Noack, Trinkwasserverordnung für Vermieter und Verwalter).

7.2.1 Anwendungsbereich der Trinkwasserverordnung

Voraussetzung für die Anwendung der Trinkwasserverordnung ist, dass eine zentrale Warmwasserversorgunganlage im Anwesen vorhanden ist, die folgende Voraussetzungen erfüllt (§ 3 Nr. 12 TrinkwV): Es muss sich um eine Anlage mit Speicher-

Trinkwassererwärmer oder zentralem Durchfluss-Trinkwassererwärmer mit mehr als 400 Litern Inhalt oder mit Warmwasserleitungen mit mehr als drei Litern Inhalt zwischen dem Abgang des Trinkwassererwärmers und der Entnahmestelle (Wasserhahn oder Dusche) handeln. Bei der Dreilitergrenze wird der Inhalt einer Zirkulationsleitung nicht berücksichtigt.

! **WICHTIG**

Ein- und Zweifamilienhäuser fallen, unabhängig vom Inhalt des Trinkwassererwärmers und dem Inhalt der Rohrleitungen, nicht unter den Anwendungsbereich der Trinkwasserverordnung (§ 3 Nr. 12 TrinkwV). Darüber hinaus findet die Trinkwasserverordnung keine Anwendung bei dezentralen Anlagen zur Trinkwassererwärmung. Das sind zum Beispiel Durchlauferhitzer, die sich im Bad oder in der Küche befinden und nur zur Versorgung der jeweiligen Wohneinheit dienen.

7.2.2 Was ist Trinkwasser?

Nach § 3 Nr. 1 TrinkwV ist Trinkwasser unter anderem alles Wasser, das für folgende Fälle bestimmt ist:

- Zum Trinken, Kochen, Zubereiten von Speisen oder Getränken
- Zur Körperpflege oder Körperreinigung
- Zur Reinigung von Gegenständen, die mit Lebensmitteln in Berührung kommen, zum Beispiel Geschirrspülen
- Zur Reinigung von Gegenständen, die mit dem menschlichen Körper in Kontakt kommen, zum Beispiel Waschen von Kleidung und Handtüchern

Die Qualität des Trinkwassers hängt maßgeblich von der internen Hausinstallationsanlage ab. Der Gebäudeeigentümer haftet daher ab dem Übergabepunkt (Hauptabsperrhahn) für die Wasserqualität im Anwesen. Bis zum Hauptabsperrhahn trägt das Wasserversorgungsunternehmen die Verantwortung für die Trinkwasserqualität nach der Verordnung über die Allgemeinen Bedingungen für die Versorgung mit Wasser (AVBWasserV). Die Trinkwasserverordnung ist auf alle Immobilien und Wohnungseigentumsanlagen anwendbar, die an eine zentrale Trinkwasserversorgung angeschlossen sind und in denen sich eine sogenannte Großanlage zur Trinkwassererwärmung befindet, aus der im Rahmen einer gewerblichen oder öffentlichen Tätigkeit Trinkwasser an Verbraucher abgegeben wird.

7.2.3 Anforderungen an das Trinkwasser

Trinkwasserinstallationen können nicht ständig überwacht werden. Es wird daher unterstellt, dass der Genuss bzw. der Gebrauch von Trinkwasser gesundheitlich unbedenklich ist, wenn zwei Voraussetzungen erfüllt sind:

- Bei der Wasserverteilung und -aufbereitung müssen mindestens die allgemein anerkannten Regeln der Technik eingehalten werden und
- das Trinkwasser muss den Anforderungen in den §§ 5 bis 7 TrinkwV entsprechen.

! **ACHTUNG**

Genügt das Trinkwasser diesen Anforderungen nicht, darf es nicht als Trinkwasser zur Verfügung gestellt werden.

Nach § 4 Abs. 1 TrinkwV muss Trinkwasser so beschaffen sein, dass durch seinen Genuss oder Gebrauch eine Schädigung der menschlichen Gesundheit insbesondere durch Krankheitserreger nicht zu besorgen ist. Es muss rein und genusstauglich sein sowie die in §§ 5 und 6 TrinkwV in Verbindung mit Anlage 2 vorgegebenen mikrobiologischen und chemischen Anforderungen erfüllen.

Die nach § 14 Abs. 3 TrinkwV notwendige turnusmäßige Untersuchung auf Legionellen betrifft Vermieter von Wohnungen mit zentraler Warmwasserversorgungsanlage. Danach muss der Vermieter das Trinkwasser mindestens alle drei Jahre an mehreren repräsentativen Probeentnahmestellen untersuchen lassen. Bei Wohnungseigentumsanlagen ist der Verwalter im Rahmen der ordnungsgemäßen Verwaltung verpflichtet, die Legionellenuntersuchung fristgerecht durchzuführen. Im Rahmen einer entsprechenden Beschlussfassung können die Wohnungseigentümer nicht über das Ob der Untersuchung entscheiden, sie ist verpflichtend, aber über das Wie, das heißt über die Schaffung einer geeigneten Probeentnahmestelle oder die Auswahl des Prüflabors (Mediger, NZM 2012, 670). Gemäß § 14 Abs. 3 TrinkwV in Verbindung mit Anlage 4, Teil IIb war als Termin für die erste Legionellenuntersuchung der 31.12.2013 festgelegt. Bei Verstoß gegen diese Untersuchungspflicht kann gemäß § 25 Abs. 4 TrinkwV ein Bußgeld bis zu 25.000,00 Euro verhängt werden, was wohl bislang seitens der Behörden noch nicht erfolgte.

! **ACHTUNG**

Bei einem Legionellenbefund bis 100 koloniebildende Einheiten (KBE) pro 100 ml Wasser sind keine weiteren Schritte nötig. Geht der Wert darüber hinaus, müssen weitergehende Untersuchungen vorgenommen werden. Das Gesundheitsamt ist vom Überschreiten des Grenzwerts zu unterrichten (§ 16 Abs. 1 TrinkwV).

Der Vermieter bzw. der Verwalter ist verpflichtet, die Verbraucher schriftlich oder durch Aushang über die Trinkwasserqualität auf der Grundlage des Untersuchungsergebnisses zu informieren

7.2.4 Gewährleistungsrechte des Mieters

Liegt das Untersuchungsergebnis der Trinkwasseruntersuchung vor und wurde der Grenzwert bei den Legionellen überschritten, stellt sich die Frage, ob bereits ein Mangel an der Mietsache vorliegt. Zu den Hauptpflichten des Vermieters zählt die Erhaltungspflicht der Mietsache (§ 535 BGB), das heißt die Verpflichtung, die Mietsache in einem zum vertragsgemäßen Gebrauch geeigneten Zustand zu erhalten. Der Mieter kann die Miete mindern, wenn die Mietsache einen erheblichen Mangel aufweist (§ 536 BGB).

Entspricht das Trinkwasser nun nicht der gemäß § 4 Abs. 1 TrinkwV vorgeschriebenen Beschaffenheit, kann ein Mangel an der Mietsache vorliegen. Das Trinkwasser muss nämlich so beschaffen sein, dass durch seinen Genuss oder Gebrauch eine Schädigung der menschlichen Gesundheit insbesondere durch Krankheitserreger ausgeschlossen ist. Wie bereits ausgeführt, hat der BGH das Vorliegen eines Umweltmangels dann bejaht, wenn die Bewohner mit einer konkreten gesundheitlichen Beeinträchtigung rechnen müssen. Eine abstrakte Gefährdung reicht hingegen nicht aus. Als Anhaltspunkt dafür, dass eine konkrete Gefährdung vorliegt, kann ein Überschreiten von Richt- und Grenzwerten genommen werden (BGH, Urteil vom 25.1.1983, VI ZR 24/82, NJW 1983, 2935). Ein Mangel an der Mietsache ist bei Überschreitung der Grenzwerte der Trinkwasserverordnung jedoch nicht gegeben, wenn eine gesundheitliche Gefährdung nicht zu befürchten ist, so jedenfalls LG Berlin (Urteil vom 28.8.2001, 64 S 180/0, GE 2001,1607).

Unabhängig davon, ob dem Mieter ein Minderungsrecht zusteht, weil die Grenzwerte der Trinkwasserverordnung überschritten sind, ergibt sich aus der Instandsetzungs- und Erhaltungspflicht des Vermieters (§ 535 BGB), dass dieser eine Qualität des Trinkwasser schuldet, die den Vorgaben der Trinkwasserverordnung entspricht. Der Mängelbeseitigungsanspruch des Mieters besteht also unabhängig davon, ob ein Recht zur Mietminderung gegeben ist. Bei einem Legionellenbefall, der die Grenzwerte überschreitet, hat der Vermieter neben seiner Erhaltungspflicht aus § 535 BGB gemäß den Bestimmungen der Trinkwasserverordnung Maßnahmen durchzuführen, die nach den allgemeinen Regeln der Technik zum Schutz der Gesundheit der Verbraucher erforderlich sind (§ 16 Abs. 7 TrinkwV).

7.3 Sonstige Gifte

Die Rechtsprechung hat bereits in der Vergangenheit zahlreiche Urteile darüber gefällt, ab wann und unter welchen Umständen ein Mangel vorliegt, der den Mieter zur Mietminderung berechtigt. Entsteht in der Trinkwasserleitung zum Beispiel ein Biofilm, der sich ablagert, ist das kein Mangel, wenn sich dadurch keine weitere Beeinträchtigung ergibt (LG Münster, Urteil vom 7.1.2010, 8 S 185/09, WuM 2010, 87). Allerdings liegt dann ein Mangel vor, wenn zwar keine Grenzwertüberschreitung gemäß den Bestimmungen der Trinkwasserverordnung gegeben ist, aber ein Biofilmabriss in Form weißer Flocken auftritt (LG Arnsberg, Urteil vom 24.4.2007, 5 S 136/06, juris-i).

Mit Inkrafttreten der Trinkwasserverordnung vom 21.5.2001 zum 1.1.2003 wurde der Grenzwert für die Bleibelastung des Trinkwassers bei 0,025 mg/l festgelegt. Seit 1.12.2013 gilt gemäß der Novellierung der Trinkwasserverordnung ein neuer Grenzwert von 0,010 mg/l. In Anwesen, die vor 1945 errichtet wurden, wurden sehr häufig Wasserrohre aus Blei verwendet. Seit 1973 ist der Einbau von Bleirohren verboten. Der Vermieter ist zudem dafür verantwortlich, dass die Grenzwerte eingehalten werden. Da Blei als besonders gesundheitsgefährdend gilt, ist bei Überschreiten des Grenzwerts davon auszugehen, dass ein Mangel vorliegt (Eisenschmid in Schmidt-Futterer, § 536 Rn181).

Asbest darf heute nicht mehr verwendet werden, da es als krebserregend und gesundheitsgefährdend gilt. In der Vergangenheit gab es in diesem Zusammenhang eine Vielzahl von Entscheidungen zum Thema Nachtstromspeicheröfen (vgl. Eisenschmid in Schmidt-Futterer, § 536 Rn 177 ff.).

8 Vorgehensweise des Vermieters

Die Streitigkeiten zwischen den Vertragsparteien rund um Gewährleistungsrechte und vor allem Mietminderungen gestalten sich sehr vielfältig. Über das Bestehen des Minderungsrechts lässt sich genauso streiten wie über die Quote und die Dauer der Minderung, ein Betretungs- und Besichtigungsrecht des Vermieters oder Reparaturmaßnahmen des Vermieters. Auch über sonstige Rechte des Mieters oder Vermieters wegen Schadens- oder Aufwendungsersatz sowie über Kündigungsmöglichkeiten können Unklarheiten bestehen.

8.1 Klagearten

Der Vermieter hat mehrere Möglichkeiten, seine Rechte gerichtlich geltend zu machen, hierzu gibt es unterschiedliche Klagearten.

8.1.1 Zahlungsklage

Der Vermieter kann eine Zahlungsklage erheben, sofern der Mieter die Miete zu Unrecht nicht zahlt oder mindert. Des Weiteren kann der Vermieter mittels Zahlungsklage gegen den Mieter vorgehen, wenn er Schadensersatz geltend machen will, zum Beispiel wegen der Verletzung vertraglicher Pflichten.

Der Streitwert einer Zahlungsklage entspricht grundsätzlich dem geltend gemachten Betrag. Hieraus errechnen sich auch die Gebühren für Rechtsanwalt und Gericht.

8.1.2 Räumungsklage

Dem Vermieter steht das Recht zu, das Mietverhältnis aufgrund einer ordentlichen oder einer außerordentlichen fristlosen Kündigung zu beenden, wenn die gesetzlichen Voraussetzungen vorliegen. Hat der Vermieter das Mietverhältnis gekündigt und ist der Mieter nach Ablauf der Kündigungs- oder Räumungsfrist nicht ausgezogen, kann der Vermieter die Räumung und Herausgabe der Mietsache mit einer Räumungsklage durchsetzen.

Der Streitwert bestimmt sich grundsätzlich nach der Höhe der Jahresnettomiete.

8.1.3 Duldungsklage

Hiermit kann der Vermieter ein Betreten und Besichtigen der Mieträume erreichen, was erforderlich ist, um Schäden an der Mietsache festzustellen sowie Reparaturmaßnahmen planen und durchführen zu können.

Der Streitwert für eine Klage auf Duldung von Erhaltungsmaßnahmen bemisst sich gemäß § 41 Abs. 5 Gerichtskostengesetz (GKG) nach dem Jahresbetrag einer angemessenen Mietminderung (vgl. Eisenschmid in Schmidt-Futterer, § 555a Rn 76).

8.1.4 Unterlassungsklage

Verstößt der Mieter wiederholt gegen vertragliche Verpflichtungen, insbesondere gegen seine Sorgfalts- und Obhutspflichten, kann ihn der Vermieter auf Unterlassung in Anspruch nehmen, wenn er ihn vorher erfolglos abgemahnt hat.

Der Streitwert ist in diesen Fällen gemäß § 3 ZPO durch das Gericht nach freiem Ermessen festzusetzen.

8.1.5 Selbstständiges Beweisverfahren

Gemäß § 485 ZPO ist ein selbstständiges Beweisverfahren unter anderem dann zulässig, wenn die Besorgnis besteht, dass ein Beweismittel verloren geht. Das kann zum Beispiel der Fall sein, wenn ein Mangel wie Schimmelbefall beseitigt werden soll. Auch dient dieses Verfahren dazu, Ursachen von Mängeln oder Schäden sowie den Aufwand für deren Beseitigung festzustellen.

8.1.6 Vorläufiger Rechtsschutz

Nach den Bestimmungen der §§ 935 ff. ZPO kann eine einstweilige Verfügung dann beantragt werden, wenn befürchtet werden muss, dass die Verwirklichung des Rechts einer Partei vereitelt oder wesentlich erschwert werden könnte, sollte sich der bestehende Zustand verändern. Ist Eile geboten oder besteht eine konkrete Gefahr, können sowohl der Vermieter als auch der Mieter mittels einer einstweiligen Verfügung vorläufigen Rechtsschutz erlangen.

8.2 Beweislast

Streitigkeiten darüber, ob Minderungsansprüche des Mieters berechtigt sind, über die Geltendmachung von Schadensersatzansprüchen des Vermieters, weil sich der Zustand der Mietsache wegen vertragswidrigen Verhaltens des Mieters verschlechtert hat, oder über Ansprüche des Mieters auf Wiederherstellung des vertragsgemäßen Zustands führen häufig zu der Frage, welche Partei was zu beweisen hat. Für die Geltendmachung von Ansprüchen und deren Durchsetzung bei Gericht ist daher die Beweislastverteilung von entscheidender Bedeutung.

HINWEIS

- **Der Mieter muss beweisen, dass ein Mangel vorliegt.**
- **Der Vermieter muss beweisen, dass an der Mietsache keine Baumängel vorhanden sind.**
- **Der Vermieter muss beweisen, dass die Schäden durch vertragswidrigen Gebrauch des Mieters entstanden sind.**

Die Minderung tritt gemäß § 536 Abs. 1 BGB kraft Gesetzes ein. Der Mieter genügt daher seiner Darlegungs- und Beweispflicht bereits dann, wenn er den konkreten Sachverhalt schildert, der die Tauglichkeit der Mietsache zum vertragsgemäßen Gebrauch beeinträchtigt oder aufhebt. Der Mieter ist nicht verpflichtet, das Maß der Beeinträchtigung darzulegen. Ein Sachvortrag zur Begründung eines Anspruchs ist dann schlüssig und erheblich, wenn die Partei Tatsachen vorträgt, die in Verbindung mit einem Rechtssatz geeignet und erforderlich sind, das geltend gemachte Recht als in der Person der Partei entstanden erscheinen zu lassen. Nähere Einzelheiten müssen nicht angegeben werden, soweit sie für die Rechtsfolgen nicht von Bedeutung sind (BGH, Beschluss vom 25.10.2011, VIII ZR 125/11, WuM 2011, 700). Hat der Mieter den Sachverhalt, der seiner Minderung zugrunde liegt, konkret beschrieben, so ist es Sache des Tatrichters, in die Beweisaufnahme einzutreten, um die streitigen Fragen durch Zeugeneinvernahme oder Sachverständige zu klären (Chr. Spielbauer in Spielbauer/Schneider, § 536 Rn 122).

Der Mieter ist nach Auffassung des BGH bei wiederkehrenden Beeinträchtigungen des Mietgebrauchs auch nicht verpflichtet, ein exaktes Lärmprotokoll zu erstellen. Es genügt, die wiederkehrenden Belästigungen so zu beschreiben, dass sich ergibt, um welche Art von Beeinträchtigungen es sich handelt sowie zu welcher Tageszeit, über welchen Zeitraum und in welcher Häufigkeit diese ungefähr auftreten (BGH, Urteile vom 29.2.2012, VIII ZR 155/11, WuM 2012, 135 und vom 20.6.2012, VIII ZR 268/11, WuM 2012, 508).

9 Pflichten und Rechte des Mieters

Ist die Mietsache mangelhaft, das heißt, liegt entweder ein Sach- oder Rechtsmangel vor oder fehlt der Mietsache eine zugesicherte Eigenschaft, hat der Mieter nicht nur Gewährleistungsrechte, sondern auch Pflichten zu erfüllen, damit er in der Folge nicht von der Geltendmachung seiner Rechte ausgeschlossen ist.

9.1 Pflichten des Mieters

Neben dem Nachweis der Voraussetzungen für die Geltendmachung von Minderung, Schadensersatz und Kündigung treffen den Mieter weitere Verpflichtungen, die bei Nichteinhaltung zu Ansprüchen seitens des Vermieters führen können.

9.1.1 Anzeigepflicht

Der Mieter ist gemäß § 536c Abs. 1 BGB dazu verpflichtet, dem Vermieter einen Mangel oder Schaden, der während der Mietzeit auftritt, anzuzeigen. Diese Anzeigepflicht des Mieters ist wichtig, andernfalls der Vermieter von dem Mangel keine Kenntnis erlangt. Weiß der Vermieter nicht, dass ein Fehler an der Mietsache vorliegt, kann er ihn auch nicht beseitigen und somit seiner Erhaltungspflicht nach § 535 Abs. 1 BGB nicht nachkommen. Die Pflicht des Mieters, Mängel mitzuteilen, bezieht sich nicht nur auf die Mieträume, sondern auf das gesamte Mietobjekt, zum Beispiel auf Freiflächen, Gemeinschaftseinrichtungen oder Garagen.

Zudem ist der Mieter verpflichtet, den Vermieter unverzüglich zu benachrichtigen, sobald Maßnahmen für das Mietobjekt erforderlich werden, um Gefahren abzuwehren (§ 536c Abs. 1 Satz 1 BGB). Dies gilt etwa für Schäden, die durch Stürme, Gewitter sowie heftige Schnee- oder Regenfälle aufgetreten sind oder unmittelbar bevorstehen. Der Mieter kann sich in solchen Fällen nicht unbegrenzt Zeit lassen, sondern er muss sofort tätig werden und den Vermieter informieren. Gleiches gilt, wenn sich ein Dritter ein Recht an der Mietsache anmaßt, zum Beispiel wenn Unbekannte Werbeplakate an der Hausfassade anbringen (§ 536c Abs. 1 Satz 2 BGB).

Die Verpflichtung des Mieters, Mängel bzw. Schäden der Mietsache dem Vermieter anzuzeigen, besteht unabhängig davon, ob er selbst in seinen Rechten als Mieter beeinträchtigt ist oder nicht. Liegen Dachziegel im Hof, neigt sich ein Baum bedrohlich in Richtung Haus oder zeigen sich Risse im Mauerwerk, muss der Mieter dies, sobald er davon Kenntnis erlangt, dem Vermieter mitteilen.

! **WICHTIG**

Zeigt der Mieter Schäden oder Mängel an der Mietsache nicht an, verliert er seine Gewährleistungsrechte (vgl. Kapitel 3.2.3).

In welcher Form der Mieter dem Vermieter einen Mangel mitteilt, ist grundsätzlich unerheblich, das kann ebenso gut in mündlicher Form geschehen. Aus Beweisgründen sollte die Anzeige jedoch schriftlich erfolgen.

9.1.2 Duldungspflicht

Hat der Mieter dem Vermieter oder dessen Vertreter einen Mangel an den Mieträumen gemeldet, muss er selbstverständlich die Begutachtung und gegebenenfalls die Beseitigung des Schadens innerhalb seiner angemieteten Räume dulden.

Besichtigung

Der Mieter hat dem Vermieter oder dessen Beauftragten sowie Handwerkern den Zutritt zu den betreffenden Mieträumen zu ermöglichen, damit der Schaden besichtigt und die weitere Vorgehensweise vom Vermieter geplant werden kann. Besichtigungstermine sind vom Vermieter rechtzeitig anzukündigen.

Die Besichtigung darf nicht zur Unzeit erfolgen, sondern muss innerhalb der üblichen Geschäftszeiten stattfinden. Die Beteiligten können eine Besichtigung aber auch außerhalb der üblichen Zeiten vereinbaren, so zum Beispiel an Sonn- und Feiertagen.

Bei Gefahren für die Mietsache, zum Beispiel durch einen Wasserschaden, oder bei einem Mangel, der weitreichende Folgen haben kann, zum Beispiel Ausfall der Elektrik, kann der Vermieter auch auf einen kurzfristig anberaumten Besichtigungstermin bestehen.

Reparatur

Gemäß § 555a Abs. 1 BGB hat der Mieter Maßnahmen zu dulden, die zur Instandhaltung oder Instandsetzung der Mietsache erforderlich sind (Erhaltungsmaßnahmen). Diese Duldungspflicht ergibt sich bereits aus der Verpflichtung des Vermieters, die Mietsache während der Mietzeit in vertragsgemäßem Zustand zu erhalten. Dieser Verpflichtung kann er jedoch nur nachkommen, wenn er Zutritt zu den Mieträumen erhält.

Ebenso wie bei der Besichtigung der Mieträume durch den Vermieter, um Schäden zu begutachten, muss ein Termin für die Durchführung von Reparaturmaßnahmen vereinbart werden. Es ist Aufgabe des Vermieters, dem Mieter einen Termin zu nennen. Erhaltungsmaßnahmen sind dem Mieter darüber hinaus rechtzeitig anzukündigen. In Fällen, in denen nur mit einer unerheblichen Einwirkung auf die Mietsache zu rechnen ist, kann die Ankündigung auch kurzfristig erfolgen (§ 555a Abs. 2 BGB). Gleiches gilt, wenn die sofortige Durchführung der Maßnahme zwingend erforderlich ist.

BEISPIELE

Geringfügige Maßnahmen

- Schlossaustausch
- Austausch von Rollladengurt
- Befestigung von lockeren Tür- oder Fensterscharnieren

Dringende Fälle

- Reparatur einer defekten Heizung oder Elektrik
- Wasserrohrbruch
- Ungezieferbefall

Welche Erhaltungsmaßnahmen der Vermieter in welchem Umfang im Einzelnen durchführt, unterliegt grundsätzlich seiner eigenen Entscheidung. Dies gilt auch für die Wahl des Handwerkers oder dafür, ob er die notwendigen Arbeiten selbst ausführt. Der Mieter hat diesbezüglich kein Mitspracherecht.

9.1.3 Ankündigung der Minderung

Die Minderung ist eine kraft Gesetzes eintretende Änderung der Mietzahlungsverpflichtung. Sie hängt grundsätzlich nicht von einer vorherigen Ankündigung oder Zustimmung des Vermieters ab. Der Mieter muss die Minderung daher dem Vermieter nicht vorab mitteilen. Da jedoch die Mietminderung einen Mangel voraussetzt und der Mieter diesen gemäß § 536c Abs. 1 BGB anzeigen muss, kann in der Anzeige die beabsichtigte Minderung erwähnt werden. Generell gilt: Der Mieter muss zwar einen Mangel anzeigen, aber nicht mitteilen, ob er deswegen die Miete mindert.

9.1.4 Fristsetzung

Neben der Minderung stehen dem Mieter weitere Gewährleistungsansprüche zu. So kann er gemäß § 536a Abs. 1 BGB Schadens- bzw. Aufwendungsersatz geltend machen, wenn ein Mangel an der Mietsache nach Abschluss des Mietvertrags eintritt. Voraussetzung für diese beiden Ersatzansprüche ist unter anderem, dass sich der Vermieter mit der Beseitigung des Mangels in Verzug befindet. Verzug setzt voraus, dass der Mieter dem Vermieter erfolglos eine angemessene Frist zur Mängelbeseitigung gesetzt hat (§ 281 Abs. 1 BGB). Für die Verzugsetzung ist eine bestimmte Form nicht vorgeschrieben, sie sollte aus Beweisgründen jedoch schriftlich erfolgen.

Problematisch ist hierbei, was als angemessener Zeitraum für die Mängelbeseitigung angesehen werden kann. Dies kann je nach Einzelfall anders zu bemessen sein, abhängig davon, welche Umstände vorliegen.

BEISPIELE

- Dringlichkeit der Schadensbehebung
- Muss erst ein Fachmann eingeschaltet werden?
- Wohnort des Vermieters (andere Stadt oder in der Nachbarschaft)

9.2 Rechte

Die Geltendmachung von Gewährleistungsrechten durch den Mieter setzt das Vorhandensein eines Mangels im Sinne des § 536 BGB voraus. Wird das Vorliegen eines Mangels bejaht, kann der Mieter grundsätzlich von den im Folgenden dargestellten Rechten Gebrauch machen.

9.2.1 Minderung

Bei Bestehen eines Mangels, der die Tauglichkeit der Mietsache zum vertragsgemäßen Gebrauch aufhebt oder mindert, kann der Mieter die Miete angemessen herabsetzen (§ 536 Abs. 1 BGB). Die Minderung hängt nicht von einer Aufforderung des Mieters an den Vermieter ab, den Mangel zu beseitigen. Der Mieter muss jedoch den Mangel anzeigen, andernfalls steht ihm das Recht zur Minderung nicht zu (§ 536c Abs. 1, 2 BGB).

9.2.2 Schadensersatz

Bei einer mangelhaften Mietsache im Sinne des § 536 BGB kann der Mieter einen Schaden gegenüber dem Vermieter geltend machen (§ 536a Abs. 1 BGB). Dabei werden zwei Tatbestände unterschieden.

Ist die Mietsache schon bei Vertragsabschluss mangelhaft, haftet der Vermieter, ohne dass ein Verschulden oder Verzug seinerseits vorliegen muss (§ 536a Abs. 1 Satz 1 Alt. 1 BGB). Dies gilt selbst dann, wenn der Vermieter keine Kenntnis vom Mangel hat. Es genügt, wenn der Mangel bei Vertragsabschluss vorhanden ist. Insoweit handelt es sich um eine Garantiehaftung des Vermieters. Diese Haftung greift selbst dann, wenn sich der Mangel erst später realisiert. Diese verschuldensunabhängige Haftung des Vermieters kann jedoch vertraglich ausgeschlossen werden. Der Ausschluss kann nicht nur individualrechtlich, sondern auch durch eine Formularklausel erfolgen (vgl. Kapitel 3.6.4).

Entsteht erst nach Abschluss des Mietvertrags ein Mangel an der Mietsache, kann der Mieter Schadensersatz dann geltend machen, wenn der Vermieter den Mangel verschuldet hat. Hierbei hat er sich auch das Verhalten von Vertretern, zum Beispiel des Hausmeisters, Hausverwalters oder eines Handwerkers, zurechnen zu lassen. Insbesondere ist hier an einen Verstoß gegen Überwachungspflichten seitens des Vermieters zu denken. Dem Vermieter obliegt nicht nur die Instandsetzung bzw. Reparatur von Schäden an der Mietsache, sondern auch die Instandhaltung. Das heißt, er muss Maßnahmen durchführen, die zur Vermeidung von Schäden geeignet sind. So hat der Vermieter zum Beispiel für die regelmäßige Wartung von Aufzugs- und Heizungsanlagen zu sorgen.

Im Rahmen der ihm obliegenden Sorgfaltspflicht ist der Vermieter auch gehalten, das Mietobjekt auf Schäden zu kontrollieren. Allerdings geht diese Überwachungspflicht nicht so weit, dass er technische Anlagen regelmäßig auf ihre Funktionstüchtigkeit hin prüfen muss (BGH, Urteil vom 15.10.2008, VIII ZR 321/07, WuM 2008, 719).

Hat der Vermieter das Entstehen eines Mangels zu vertreten (§§ 276 ff. BGB), kann der Mieter Schadensersatz geltend machen. Gleiches gilt, wenn sich der Vermieter mit der Beseitigung eines Mangels in Verzug befindet (§ 536a Abs. 1 Alt. 3 BGB). Für die Verzugsetzung ist eine Mahnung des Mieters erforderlich, aus der sich unmissverständlich ergibt, dass dieser vom Vermieter die Mängelbeseitigung fordert (vgl. Kapitel 9.1.4).

9.2.3 Aufwendungsersatzanspruch

Neben einem Schadensersatzanspruch kann dem Mieter ein Aufwendungsersatzanspruch zustehen. Der Aufwendungsanspruch liegt darin begründet, dass der Mieter die Mängelbeseitigung selbst vorgenommen hat. § 536a Abs. 2 BGB gesteht dem Mieter ein Selbstbeseitigungsrecht zu, allerdings nur in zwei Fällen. Befindet sich der Vermieter mit der Mängelbeseitigung in Verzug, kann der Mieter den Mangel selbst beseitigen und die hierfür aufgewandten Kosten vom Vermieter erstattet verlangen (§ 536a Abs. 2 Nr. 1 BGB; zur Verzugsetzung siehe oben und Kapitel 9.1.4).

Der Vermieter ist bei berechtigter Mängelbeseitigung durch den Mieter dazu verpflichtet, diesem die dadurch entstandenen Aufwendungen zu ersetzen. Allerdings geht die Ersatzpflicht nur so weit, als die Aufwendungen tatsächlich der Mängelbeseitigung gedient haben. Das Selbsthilferecht des Mieters erlaubt es nicht, dass er Handwerkeraufträge im Namen des Vermieters vergibt. Der Mieter kann nur in eigenem Namen Handwerker beauftragen und die dadurch entstehenden Kosten ersetzt verlangen.

Ein Aufwendungsanspruch kann ausnahmsweise auch dann bestehen, wenn sich der Vermieter nicht in Verzug befindet. Dies gilt, wenn die umgehende Beseitigung eines Mangels zur Erhaltung oder zur Wiederherstellung des Bestands der Mietsache dringend notwendig ist (§ 536a Abs. 2 Nr. 2 BGB).

Ob eine Maßnahme tatsächlich dringend durchgeführt werden muss, hängt allein von objektiven Gesichtspunkten und nicht von persönlichen Vorstellungen der Mietpartei ab. Fällt zum Beispiel die Heizungsanlage im Herbst aus, muss nicht zwingend eine Notmaßnahme ergriffen werden. Je nach Einzelfall kann dem Vermieter die Möglichkeit und ausreichend Zeit eingeräumt werden, selbst für die Schadensbehebung zu sorgen.

Der Mieter kann im Rahmen des Selbsthilferechts auch einen Anspruch auf Zahlung eines Vorschusses geltend machen.

ARBEITSHILFE ONLINE

MUSTER: Zurückweisung des Schadens- und Aufwendungsersatzanspruchs

Franz Huber
Sonnenstraße 13
80000 München

Max Grauvogel
Blumenstraße 12
80001 München

München, den 31.5.2014

Zurückweisung des Schadens- und Aufwendungsersatzanspruchs

Sehr geehrter Herr Grauvogel,

mit Schreiben vom 20.4.2014 verlangen Sie die Erstattung von 65,00 Euro gemäß beigefügter Rechnung des Handwerkers Manfred Bauer vom 14.4.2014 für den Austausch eines Rollladengurts im Schlafzimmer sowie die Erstattung entgangenen Gewinns in Höhe von 100,00 Euro für die Dauer der Reparaturmaßnahmen. Sie behaupten, dass Sie während dieser Zeit Urlaub nehmen mussten und deshalb Einkommenseinbußen in dieser Höhe hatten.

Hiermit weise ich sowohl Ihren Aufwendungs- als auch Schadensersatzanspruch zurück, denn Sie hätten mich vor der Beauftragung des Handwerkers über den Mangel informieren müssen. Des Weiteren hätten Sie mir die Möglichkeit geben müssen, den Mangel zu besichtigen und gegebenenfalls selbst beheben zu lassen. Dies haben Sie versäumt.

Beim Austausch eines Rollladengurts handelt es sich auch nicht um eine Notreparatur, die keinerlei Aufschub duldet. Die Kosten des von Ihnen beauftragten Handwerkers sowie Ihr entgangener Gewinn sind daher von Ihnen zu tragen. Sie werden aufgefordert, mich künftig rechtzeitig über entstandene Mängel in Kenntnis zu setzen.

Mit freundlichen Grüßen

Franz Huber

ARBEITSHILFE ONLINE

MUSTER: Zurückweisung von Schadens- und Aufwendungsersatzansprüchen

Weitere Muster stehen als Arbeitshilfen online bereit.

10 Mietminderungstabelle

Wie stark der Mieter die Miete kürzen oder mindern darf, lässt sich nicht immer klar festlegen. Es gibt weder Gesetze noch verbindliche Richtlinien, sondern nur eine Fülle von Gerichtsurteilen, die für den konkreten Einzelfall einen bestimmten Prozentsatz als zulässig bewertet haben. Allerdings geben diese Urteile nur sehr bedingt Aufschluss darüber, ob eine Mietminderung angemessen ist.

Abflussgeruch im Bad	3 %	AG Schöneberg 31.10.1990 5 C 72/90 GE 1991, 527	Defekter Badewannenabfluss
Abflussrohr undicht	2 %	LG Berlin 8.11.1994 64 S 189/94 GE 1996, 471	Das Abflussrohr im Waschbecken ist undicht und der Fenstergriff lose.
Abflussstau mit Geruchsbeeinträchtigung	38 %	AG Groß-Gerau 19.7.1979 21 C 1336/78, WuM 1980, 128	Durch Abflussstau im Badezimmer tritt übelriechendes Abwasser aus.
Abgase durch Parkplatz	5 %	AG Spandau 5.1.2000 6 C 526/99 MM 2000, 178	In unmittelbarer Nähe zum Wohn- und Schlafzimmer sowie der Terrasse der Mietwohnung wird ein Parkplatz eingerichtet, wodurch Lärm und Abgase entstehen.
Abluft durch Wäschetrockner	10 %	LG Köln 20.12.1989 10 S 201/89 WuM 1990, 385	Die Abluft des fast täglich betriebenen Wäschetrockners eines Nachbarn zieht beim Lüften in die Wohnung des Mieters.
Abluftgeräusch	20 %	AG Lichtenberg 16.3.2004 6 C 239/03 MM 2004, 339	Lärm einer Gaststätte und laute Geräusche der Abzugsanlage beeinträchtigen die Balkonnutzung erheblich.
Abriss, Lärmbelästigung	15 %	AG Münster 17.12.2008 8 C 4499/08 WuM 2009, 177	Lärmbelästigung durch ganztägige Abrissarbeiten mittels Bagger und Abrissbirne auf Großbaustelle gegenüber der Mietwohnung.

Abstellkammer, fehlende Dämmung	0 %	LG Bonn 5.3.2009 6 S 84/08	Die fehlende Wärmedämmung eines Abstellraums stellt einen unerheblichen Mangel dar.
Abwasser, Geruchsbelästigung im Bad	38 %	AG Groß-Gerau 19.7.1979 21 C 1336/78 WuM 1980, 128	Durch Abflussstau im Badezimmer tritt übel riechendes Abwasser aus.
Abwasserleitung WC verstopft	5 %	AG Schoneberg 31.10.1990 5 C 72/90 GE 1991, 527	Zeitweise Fäkalienrückfluss in die Toilette
Abwasserleitung WC verstopft	38 %	AG Groß-Gerau 19.7.1979 21 C 1336/78 WuM 1980, 128	Die Abflussleitung ist zeitweise verstopft, Abwässer stauen sich und laufen in das WC-Becken und die Badewanne ein (zweimalige Überschwemmung).
Allergie durch Hundehaltung im Haus	0 %	AG Frankfurt/Main 8.11.2011 33 C 2792/11 NZM 2012, 115	Hundehaltung im Mietshaus gibt auch einem auf Hundehaar allergischen Mieter kein Minderungsrecht.
Allergie durch Katzenhaltung im Haus	0 %	AG Arolsen 8.3.2007 2 C 18/07 NZM 2008, 83	Katzenhaltung im Mietshaus berechtigt nicht zur Minderung, auch nicht bei Katzenhaarallergie.
Altbau, Aufstockung	0 %	BGH 6.10.2004 VIII ZR 355/03 WuM 2004, 715	Wird Altbau nachträglich um ein weiteres Wohngeschoss aufgestockt, entsteht an der Mietwohnung, die vor der Aufstockung im obersten Wohngeschoss gelegen war, ein Mangel, wenn die Trittschalldämmung der neu errichteten Wohnung nicht den Anforderungen der im Zeitpunkt der Aufstockung geltenden DIN-Norm an normalen Trittschallschutz genügt.
Altbau, Dielen	0 %	AG Charlottenburg 19.6.2009 206 C 317/07 GE 2010, 129	Wippende Dielen sind im Altbau typisch.

Altbau, Dielen	0 %	LG Berlin 5.1.2010 65 S 322/09 GE 2010, 547	Wippende Dielen sind kein erheblicher Mangel im Altbau.
Altbau, feuchter Keller	0 %	LG Osnabrück 11.4.2001 6 S 1247/00 WuM 2001, 233	Feuchter Keller im Altbau berechtigt nicht zur Minderung.
Altbau, feuchter Keller	0 %	AG Ansbach 5.2.2013 2 C 2268/11 ZMR 2013, 638	Leichte Durchfeuchtungen im Keller sind bei Altbauten kein Mangel.
Altbau, Schallschutz	0 %	BGH 7.7.2010 VIII ZR 85/09 GE 2010, 1110	Mindestschallschutz war zum Zeitpunkt der Errichtung des Hauses noch nicht vorgeschrieben.
Altbau, schlechte Isolierung	0 %	OLG Karlsruhe 17.9.2009 9 U 42/09 GE 2010, 542	Temperaturen von über 26 °C in Büroräumen in einem Altbau berechtigen nicht zur Minderung.
Altbau, „Stehpinkler“	0 %	LG Berlin 12.4.2013 65 S 159/12 GE 2013, 814	In einem nicht modernisierten Altbau aus den 1950er Jahren stellt die Vernehmbarkeit von Urinstrahlgeräuschen aus der Nachbarwohnung keinen Mangel dar.
Altbau, überlastete Elektrik	0 %	AG Köln 17.10.2005 222 C 210/05 WuM 2004, 94	Kein Mangel einer Altbauwohnung bei Überlastung der Elektroleitung, weil Mieter die installierte Gasversorgung nicht nutzt und eigenen Elektroherd betreibt.
Altbau, undichte Fenster	0 %	LG Karlsruhe 23.9.2005 9 S 157/05 DWW 2005, 426	Altbautypische Unzulänglichkeiten wie Zugluft durch undichte Fenster sind hinzunehmen.
Altbau, Wohngeräusche	0 %	AG München 29.1.2004 453 C 24551/03 NZM 2004, 499	Wohngeräusche durch Mitbewohner in einem Altbau
Altpapier, blaue Tonne	0 %	AG Hamburg-Blankenese 19.2.2010 518 C 399/09 NZM 2011, 312	Fehlen einer „blauen Tonne“ zur Altpapierentsorgung

Aluminium-fenster, Neueinbau	15 %	AG Emden 28.10.1988 5 C 1197/86 NJW-RR 1989, 523	Neu eingebaute Aluminiumfenster verursachen hohen Heizaufwand und zusätzliches Lüften.
Ameisen	0 %	AG Köln 6.4.1998 213 C 548/97 WuM 1999, 364	Auftreten von Ameisen in geringem Umfang (ein bis vier Tiere an einem bis sieben Tagen im Monat)
Antenne, defekt	1 %	LG Berlin 8.11.1994 64 S 189/94 GE 1996, 471	Defekte Gemeinschaftsantenne
Antenne, entfernt	5 %	LG Berlin 12.4.1994 63 S 439/93 MM 1994, 396	Die Fernsehantenne wird entfernt.
Antenne, Kabelfernsehen	0 %	LG Berlin 25.5.2012 63 S 426/11 GE 2012, 956	Wird die Gemeinschaftsantenne durch Kabelfernsehen ersetzt und empfängt der Mieter dieselben Programme wie bisher, scheidet eine Minderung aus.
Antenne, Störung	0 %	AG Frankfurt/Main 1.10.1991 33 C 2578/91 WuM 1992, 242	Störung der Fernsehempfangs für fünf Tage
Asbest, Asbeststaub	100 %	LG Dresden 25.2.2011 4 S 73/10 NZM 2011, 743	Asbestbelastung einer Atelierwohnung mit sichtbaren Ablagerungen von Asbeststaub
Asbest, Bodenfliesen	10 %	LG Berlin 16.1.2013 65 S 419/10 GE 2013, 353	Durch beschädigte asbesthaltige Bodenfliesen können Asbestfasern freigesetzt werden.
Asbest, Nachtspeicher-ofen	18 %	LG Hannover 30.5.1997 8 S 203/96 WuM 1997, 434	Asbesthaltige Nachtspeicheröfen; produktionsbedingt ist die ernsthafte Möglichkeit des Auftretens von Asbest nicht nur unwesentlich erhöht.
Asbest, Nachtspeicher-ofen	20 %	AG Hof 4.4.1997 15 C 2065/95 WuM 1998, 281	Asbestfreisetzung aus Nachtspeicherheizung

Asbest, Nachtspeicherofen	50 %	LG Dortmund 16.2.1994 11 S 197/93 ZMR 1994, 410	Asbestgefahr durch Nachtspeicheröfen
Asbest, Trennwände	0 %	LG Berlin 3.12.2010 63 S 42/10 GE 2011, 205	Asbesthaltige Trennwände innerhalb der Wohnung stellen unerhebliche Gebrauchsbeeinträchtigung dar.
Asylantenheim in der Nachbarschaft	0 %	AG Gronau 13.12.1990 4 C 430/90 WuM 1991, 161	Asylbewerber in der Nachbarschaft, kein Milieuschutz
Asylbewerber	0 %	AG Lünen 16.12.1987 14 C 182/86 WuM 1988, 348	Allein die Fremdartigkeit des Wohnverhaltens von Asylbewerbern rechtfertigt nicht die Minderung für die alteingesessenen Wohnungsinhaber.
Aufstockung, Verlust der Aussicht	0 %	LG Berlin 13.3.2013 65 S 321/11 GE 2013, 552	Ein infolge Aufstockung verbauter Fernblick stellt nur dann einen Mangel dar, wenn eine mietvertragliche Vereinbarung bezüglich des Fernblicks getroffen wurde.
Aufzug, Ausfall	7,5 %	AG Bremen 4.12.1986 10 C 300/86 WuM 1987, 383	Der Aufzug bei einer im fünften Obergeschoss liegenden Wohnung fällt aus.
Aufzug, Ausfall	10 %	AG Charlottenburg 15.12.1989 2 C 484/89 GE 1990, 423	Der Lift bei einer im vierten Obergeschoss gelegenen Wohnung fällt aus.
Aufzug, Ausfall	20 %	AG Berlin-Mitte 19.4.2007 10 C 24/07 MM 2007, 227	Lift fällt bei einer im zehnten Obergeschoss gelegenen Wohnung aus.
Aufzug, Lärm	10 %	AG Wiesbaden 19.1.2006 93 C 2004/05 WuM 2006, 219	Lärm durch Aufzuggeräusche
Aufzug, Lärm	10 %	LG Berlin 11.11.2010 67 S 241/08 GE 2011, 58	Geräusche durch einen Aufzug

Aufzug, nicht vorhanden	13 %	LG Konstanz 4.3.2010 61 S 40/09 WuM 2011, 361	Vertraglich zugesicherter Aufzug wird nicht gebaut.
Außenisolierung, Wasserschaden	25 %	AG Osnabrück 31.3.1995 14 C 231/94 NJW-RR 1995, 971	Wasserschäden an der Decke wegen mangelhafter Isolierung der Wände
Außenlage, höhere Heizkosten	0 %	AG Steinfurt 14.4.1983 4 C 490/82 WuM 1983, 235	Die Außenlage der Wohnung ist selbst bei höheren Heizkosten kein Mangel.
Außenmauer, Riss	15 %	AG Bergheim 9.6.1998 22 C 634/97 WuM 2000, 435	Durchgehender Riss in der Außenmauer des Badezimmers
Aussicht, Verlust durch Aufstockung	0 %	LG Berlin 13.3.2013 65 S 321/11 GE 2013, 552	Ein infolge Aufstockung verbauter Fernblick stellt nur dann einen Mangel dar, wenn mietvertragliche eine Vereinbarung bezüglich des Fernblicks getroffen wurde.
Aussicht, Verlust durch Baulückenbebauung	5 %	AG Potsdam 5.6.2002 25 C 533/01 WuM 2004, 233	Minderung wegen sichtbeeinträchtigender Baulückenbebauung unter Anbringung eines Balkons direkt gegenüber von einem Schlafzimmerfenster
Aussicht, Verlust durch Mauer	10 %	LG Hamburg 12.12.1989 16 S 232/89 WuM 1991, 90	Vor der Erdgeschosswohnung wird eine 5,5 Meter hohe Mauer in 7,5 Metern Entfernung errichtet.
Aussicht, Verlust durch Neubau	16 %	AG Köpenick 3.5.2000 7 C 524/99 NZM 2001, 334	Der Ausblick aus dem Wohnzimmer wird durch einen Neubau um 40 % verdeckt.
Aussicht, Verlust durch Sichtschutzwand	0 %	LG Karlsruhe 2.12.2011 9 S 236/11	Nachträglich errichtete Sichtschutzwand verhindert Blick in den Garten.
Backofen, defekt	2 %	LG Berlin 7.7.1992 63 S 142/92 GE 1992, 1043	Defekter Backofen

Backofen, teilweise defekt	2 %	AG Warendorf 28.3.2000 5 C 472/99 WuM 2000, 379	Der Backofen (Klappe) funktioniert nicht ordnungsgemäß.
Bad, Badewanne rau	3 %	LG Stuttgart 13.5.1987 13 S 347/86 WuM 1988, 108	Die Badewanne ist unzumutbar aufgeraut und zur Benutzung nicht geeignet.
Bad, defekte Fliesen	2 %	LG Berlin 28.8.2001 64 S 108/01 NZM 2002, 143	Für sechs defekte Fliesen im Bad ist eine Minderung von 2 % gerechtfertigt.
Bad, erschwerter Zugang	20 %	LG Berlin, 10.7.1998 64 S 21/98 GE 1998, 1151	Wegen Arbeiten in der Wohnung ist an drei Tagen der Zugang zum Bad erschwert und dessen Benutzbarkeit leicht eingeschränkt.
Bad, Fäkalienrückstau	38 %	AG Groß-Gerau 19.7.1979 21 C 1336/78 WuM 1980, 128	Durch Abflussstau im Badezimmer tritt übel riechendes Abwasser aus.
Bad, kein Baden und Duschen	33 %	AG Köln 1.4.1996 206 C 85/95 WuM 1998, 690	Der Mieter kann weder baden noch duschen.
Bad, Lüftungsmangel	10 %	AG Schöneberg 8.5.1990 16 C 50/90 MM 1990, 231	Das Bad lässt sich nur über die Küche entlüften.
Bad, mangelhafte Dusche	5 %	LG Berlin, 18.12.1990 64 T 187/90 MM 1991, 194	Warmes Duschen ist ohne Störungen nicht möglich.
Bad, mangelhafter Wasserdruck	5 %	AG Warendorf 28.3.2000 5 C 472/99 WuM 2000, 379	Zu geringer Wasserdruck, sodass die WC-Spülung mindestens fünf- bis sechsmal betätigt werden muss.
Bad, unzureichende Spülung	15 %	AG Münster 19.1.1993 49 C 133/92 WuM 1993, 124	Die Toilettenspülung ist unzureichend.

Bad, verkalkte Toilette	1 %	LG Berlin 13.1.2004 64 S 334/03 WuM 2004, 233	Bei einer stark verkalkten Toilette darf die Miete um 1 % gemindert werden.
Bad, verschiedene Fliesen	0 %	AG Köln 8.9.1994 215 C 256/93 WuM 1997, 41	Die Badezimmerfliesen sind nicht mehr in gleicher Farbe verfügbar.
Bad, verschiedene Mängel	7 %	LG Berlin 13.1.2004 64 S 334/03 WuM 2004, 233	Mängel im Bad (Armaturen, Wanne, Fliesen verkeimt, Duschwand verkalkt, verkeimt und verdreckt, Geruchsbeeinträchtigung)
Bad, Waschbeckenablauf undicht	2 %	LG Berlin 8.11.1994 64 C 189/94 GE 1996, 471	Der Ablauf des Handwaschbeckens ist undicht und ein Fenstergriff ist locker.
Bad, WC defekt	80 %	LG Berlin 15.3.1988 29 S 84/87 MM 1988, Nr. 8, 21	Die Toilette ist nicht benutzbar.
Bad, WC-Schüssel defekt	10 %	AG Büdingen 1.8.1997 20 C 372/97 WuM 1998, 281	Gesprungene WC-Schüssel
Bad, WC-Spülung defekt	10 %	LG Berlin 8.11.1994 64 S 189/94 GE 1996, 471	Kurzfristig defekte Toilettenspülung
Badewanne	3 %	LG Wuppertal 30.8.1996 10 S 111/96 DWW 1996, 371	Nach jedem Benutzen der Küchenspüle gelangt verschmutztes Spülwasser durch Rohrsystem in die Badewanne und verschmutzt diese.
Badewanne	24 %	AG Helmstedt 10.2.1987 3 C 672/86 WuM 1989, 564	Einschränkung des Gebrauchs der Badewanne durch Hausordnung
Badewanne, Abdichtung defekt	3 %	LG Berlin 14.9.2006 62 S 90/06 GE 2006, 1407	Die mangelhafte Badewannenabdichtung rechtfertigt eine Minderung von 3 %.

Badewanne, Abfluss defekt	3 %	AG Schöneberg 31.10.1990 5 C 72/90 GE 1991, 527	Defekter Badewannenabfluss
Badewanne, lange Vorlaufzeit	0 %	LG Berlin 31.10.2006 63 S 194/06 GE 2007, 655	Das Befüllen der Badewanne dauert 30 Minuten.
Badewanne, rau	3 %	LG Stuttgart 13.5.1987 13 S 347/86 WuM 1988, 108	Die Badewanne ist unzumutbar aufgeraut und zur Benutzung nicht geeignet.
Badewanne, Rückstau, Gerüche	38 %	AG Groß-Gerau 19.7.1979 21 C 1336/78 WuM 1980, 128	Defekte Abwasseranlage, übel riechendes Abwasser tritt aus Badewannenabfluss aus.
Badewanne, unbenutzbar	20 %	AG Charlottenburg 26.6.2013 221 C 250/11 MM 2013, Nr. 11, 29	Eine 50 Jahre alte Badewanne mit aufgerauter Oberfläche und Emailleabplatzungen rechtfertigt eine Minderung von 20 %.
Balkon	0 %	LG Berlin 1.12.2009 63 S 162/09 GE 2010, 547	Im Zuge der Balkonsanierung wird der Blumenkastenhalter entfernt. Die Nutzbarkeit des Balkons wird dadurch nicht infrage gestellt.
Balkon	0 %	LG Berlin 5.10.2010 63 S 619/09 GE 2010, 1541	Pfützen auf dem Balkon nach heftigem Regen
Balkon	2,5 %	AG Hamburg 1.9.1999 319 C 349/99 NZM 2000, 335	Ein auf vier Stahlträgern ruhender Balkon wird nachträglich für die Wohnung im ersten Stock errichtet. Hierdurch wird die Nutzung der Wohnung im Erdgeschoss und des Gartens beeinträchtigt.
Balkon	3 %	LG Berlin 24.6.1986 29 S 24/86 MM 1986, Nr. 9, 27	Der Balkon ist wegen Reparaturbedürftigkeit nicht benutzbar.

Balkon	3 %	AG Wetzlar 15.12.2008 38 C 1467/08 ZMR 2009, 542	Selbst bei vollständig aufgehobener Nutzung eines kleinen Balkons kommt bei einer Wohnungsgröße von knapp 50 m^2 allenfalls eine Minderung von 3 % in Betracht.
Balkon	4 %	LG Berlin 8.2.2000 65 S 152/99 MM 2000, 222	Einsichtsmöglichkeit auf dem Balkon nach Dachausbau
Balkon	4 %	LG Berlin 8.2.2000 65 S 152/99 MM 2000, 222	Das Wohngebäude wird aufgestockt mit der Folge, dass dadurch der neue Bewohner Einblick in den bislang geschützten Balkon des Mieters hat.
Balkon	10 %	AG Hamburg-Wandsbek 8.2.2002 716A C 265/01 WuM 2002, 486	Der nachträgliche Anbau eines Balkons führt zu eingeschränktem Lichteinfall.
Balkon, Abriss	5 %	AG Potsdam 7.4.1994 26 C 281/93 WuM 1994, 376	Der Balkon wird abgerissen.
Balkon, Lärm	20 %	AG Lichtenberg 16.3.2004 6 C 239/03 MM 2004, 339	Lärm einer Gaststätte und laute Geräusche der Abzugsanlage beeinträchtigen die Balkonnutzung erheblich.
Balkon, Nikotin	0 %	AG Wennigsen 14.9.2001 9 C 156/01 WuM 2001, 487	Belästigung durch Tabakrauch vom Nachbarbalkon ist kein Mangel.
Balkon, Tauben	5 %	AG Hamburg 6.1.1988 40a C 2574/87 WuM 1988, 121	Der Balkon ist durch nistende Tauben massiv verschmutzt.
Balkondecke	2 %	AG Schöneberg 21.6.2011 4 C 52/11 GE 2011, 957	Abblätternde Farbe an der Balkondecke
Bauarbeiten	0 %	OLG Düsseldorf 14.12.2004 I-10 U 150/04	Der Wegfall von Bushaltestellen und Parkplätzen während Straßenbauarbeiten ist kein Mangel des angemieteten Blumenladens.

Bauarbeiten	0 %	OLG München 26.3.1993 21 U 6002/92 WuM 1993, 609	Baumaßnahmen auf Nachbargrundstück, deren Ausmaß vor Abschluss des Mietvertrags erkennbar war
Bauarbeiten	15 %	AG Eschweiler 19.5.1994 5 C 114/94 WuM 1994, 427	Die Terrasse kann wegen Bauarbeiten nicht genutzt werden.
Bauarbeiten	20 %	LG Göttingen 15.11.1986 5 S 60/85 WuM 1986, 114	Bauarbeiten innerhalb der Nachbarschaft
Bauarbeiten	20 %	AG Saarburg 2.12.1998 5 C 487/98 WuM 1999, 548	Abriss zweier Häuser mit Lärm- und Staubbelästigung
Bauarbeiten	33 %	LG Berlin 8.3.1996 64 S 357/95 GE 1996, 1051	Dachgeschossausbau, Baugerüst und starker Schmutz
Bauarbeiten	50 %	AG Weißwasser 18.4.1994 3 C 0701/93 WuM 1994, 601	Umfangreiche Bau- und Sanierungsmaßnahmen
Bauarbeiten, Einrüstung	15 %	AG Hamburg 24.8.1995 38 C 483/95 WuM 1996, 30	Das Gebäude wird eingerüstet und mit Planen verhangen.
Bauarbeiten, Fassade	5 %	LG Berlin 12.4.1994 63 S 439/93 MM 1994, 396	Einrüstung der Fassade
Bauarbeiten, Großbaustelle	35 %	LG Hamburg 5.7.2001 333 S 13/01 WuM 2001, 444	Extreme Belästigungen durch Einwirkungen von benachbarter Großbaustelle
Baugerüst	0 %	LG Berlin 31.10.2006 63 S 194/06 GE 2007, 655	Ein Baugerüst am Nachbargebäude, das allenfalls Küche und Speisekammer verdunkelt, stellt keinen Mangel dar.

Baugerüst	0 %	AG Charlottenburg 16.8.1996 8 C 207/96 MM 1996, 456	Allein die Tatsache, dass vor dem Haus ein Gerüst aufgebaut wird, führt noch nicht zwingend zu einer Beeinträchtigung des vertragsgemäßen Gebrauchs.
Baugerüst	5 %	LG Berlin 12.4.1994 63 S 439/93 MM 1994, 396	Einrüstung der Fassade
Baugerüst	10 %	BGH 12.12.2012 VIII ZR 181/12 GE 2013, 207	Vier Monate Gerüst vor dem Fenster einer Dachgeschosswohnung rechtfertigen eine Minderung von 10 %.
Baugerüst	10–15 %	AG Ibbenbüren 10.12.2003 3 C 554/03 WuM 2007, 405	Baugerüst vor Balkon im Winter rechtfertigt eine Minderung von 10 bis 15 %.
Baugerüst	15 %	AG Hamburg 24.8.1995 38 C 483/95 WuM 1996, 30	Zur Durchführung von Bauarbeiten wird das Gebäude eingerüstet und mit Planen verhangen.
Baugerüst	20 %	AG Wiesbaden 25.6.2012 93 C 2696/11 WuM 2012, 439	Baulärm aufgrund von Totalsanierung samt Baugerüst (ohne Baulärm ist Minderung von 3 % für Baugerüst angemessen).
Baujahr	0 %	LG Lüneburg 2.10.1986 1 S 151/86 ZMR 1987, 224	Der Mieter ist verpflichtet, so zu heizen und zu lüften, dass es beim Bauzustand der Wohnung mit schlechterer Wärmedämmung nicht zu Schäden kommt.
Baulärm	0 %	LG Berlin 8.2.2001 12 O 603/00 GE 2003, 115	Das Haus befindet sich in einem Sanierungsgebiet, die Fassaden der Nachbarhäuser sind in einem schlechten Zustand. Es liegt kein Mangel vor, wenn in der Nachbarschaft eine Fassade erneuert wird, da dort mit Bauarbeiten zu rechnen war.
Baulärm	0 %	LG Berlin 11.3.2013 67 S 465/12 GE 2013, 689	Minderungsrecht scheidet aus, wenn in der Innenstadt eine Nachverdichtung stattfindet.

Baulärm	0 %	LG Berlin 13.3.2013 65 S 321/11 ZMR 2013, 888	Im Innenstadtbereich muss der Mieter mit Bauarbeiten rechnen.
Baulärm	0 %	LG Berlin 18.10.2013 63 S 446/12 GE 2014, 55	Keine Minderung wegen Baulärm, wenn Wohnhaus im innerstädtischen Bereich liegt und Baulücken geschlossen werden.
Baulärm	0 %	LG Berlin 22.3.2007 12 O 47/06 GE 2009, 719	Im dicht bebauten Innenstadtbereich muss ein Mieter mit Abriss- und Bauarbeiten rechnen, auch wenn dies bei Mietbeginn nicht absehbar war.
Baulärm	0 %	AG Münster 21.2.2006 3 C 3583/05 WuM 2006, 220	Wenn sich die Wohnung in der Innenstadt befindet, stellt Baulärm gegenüber den üblichen Verkehrs- und Umweltgeräuschen keine größere Beeinträchtigung dar, sodass eine Minderung ausscheidet.
Baulärm	0 %	LG Berlin 26.9.2013 67 S 251/13 GE 2013, 1515	Im Innenstadtbereich muss Mieter mit Lärmbelästigungen durch Straßenbau rechnen.
Baulärm	0 %	BGH 21.2.2012 VIII ZR 22/11 NZM 2012, 456	Großbaustelle auf Nachbargrundstück, Pumpengeräusch wird als unerheblicher Lärm im Rahmen der zulässigen Immissionswerte eingestuft.
Baulärm	0 %	LG Berlin 4.3.2013 65 S 201/12 GE 2013, 548	War bei Mietbeginn ein Bauzaun auf dem Nachbargrundstück vorhanden, bestand ein hohes Baurisiko, sodass bei späteren Bauarbeiten eine Minderung ausscheidet.
Baulärm	10 %	LG Berlin 12.4.1994 63 S 439/93 MM 1994, 396	Beeinträchtigung durch Dachgeschossausbau
Baulärm	10 %	AG Frankfurt/Main 2.11.2011 33 C 2424/11 NZM 2011, 307	Großbaustelle in uneingeschränkter Sichtweite (100 Meter) mit intensivem Pressluft- und Bohrhammerlärm in Innenstadtbereich

Baulärm	15 %	LG Siegen 9.11.1989 3 S 87/89 WuM 1990, 17	Langwierige Straßenbauarbeiten in lauter Umgebung
Baulärm	15 %	AG Köln 3.5.1995 207 C 14/95 WuM 1996, 92	Ununterbrochene Arbeiten an Großbaustelle
Baulärm	21 %	AG Hamburg 6.4.2005 46 C 5/04	Sanierungsarbeiten im Nachbarhaus sind mit erheblichen Geräuschen, Schmutz und Baustaub verbunden.
Baulärm, Bauschuttrutsche	40 %	BGH 12.12.2012 VIII ZR 181/12 GE 2013, 207	Bei Dachsanierung werden die Dachpfannen über eine Bauschuttrutsche in Container befördert.
Baulärm, Dachgeschossausbau	20 %	LG Berlin 9.4.2001 62 S 421/00 GE 2001, 771	Dachgeschossausbau
Baulärm, Dachgeschossausbau	33 %	LG Berlin 8.3.1996 64 S 357/95 GE 1996, 1051	Erhebliche Lärm- und Schmutzbeeinträchtigungen durch Dachgeschossausbau für die darunterliegende Wohnung
Baulärm, Spundwände	20 %	AG Regensburg 16.4.1991 4 C 275/91 WuM 1992, 476	Großbaustelle von 6:00 bis 17:00 Uhr, Einbau von Spundwänden
Baumbestand	0 %	AG Gronau 21.2.1991 3 C 288/90 WuM 1991, 262	Ein auf dem Grundstück vorhandener Baumbestand wird teilweise beseitigt.
Bäume	0 %	LG Berlin 5.12.2000 63 S 155/00 NZM 2001, 986	Wachsen auf dem Grundstück viele große Bäume, die zur Beschattung der Wohnung führen, liegt kein Mangel vor.
Bäume	5 %	AG Charlottenburg 7.9.2006 211 C 70/06 GE 2006, 1557	Lässt der Vermieter Bäume auf seinem Grundstück nicht beschneiden, sodass auch tagsüber das Licht im Wohnzimmer eingeschaltet werden muss, liegt ein Mangel vor.

Bäume, Verschattung	0 %	LG Berlin 5.12.2000 63 S 155/00 NZM 2001, 986	Wachsen auf dem Grundstück viele große Bäume, die zur Beschattung der Wohnung führen, liegt kein Mangel vor.
Bäume, Verschattung	0 %	LG Hamburg 10.9.1998 307 S 130/98 NZM 2001, 91	Die Bäume in der Nachbarschaft wachsen im Lauf der Mietzeit so hoch, dass sie zu viel Schatten spenden.
Bauschutt-rutsche	40 %	BGH 12.12.2012 VIII ZR 181/12 GE 2013, 207	Bei Dachsanierung werden die Dachpfannen über eine Bauschuttrutsche in Container befördert.
Baustelle	10 %	LG Berlin 28.8.2001 64 S 108/01 NZM 2002, 143	Ständig in die Wohnung eindringender Sand von einer nahe gelegenen Baustelle berechtigt zur Minderung.
Bausubstanz	25 %	LG Aachen 12.7.1990 2 S 114/90 WuM 1991, 89	Feuchtigkeitsschäden mit Schimmelpilz, das Schlafzimmer ist wegen vorhandener Thermotapeten nicht mehr nutzbar.
Beheizung	0 %	AG Langenfeld 23.1.1996 23 C 232/93 DWW 1996, 216	Bei neuen Fenstern ist fehlerhaftes Lüften schadensursächlich, sodass Minderung ausscheidet.
Beheizung	20 %	LG Gießen 12.4.2000 1 S 63/00 ZMR 2000, 537	Massiver Schimmelpilzbefall, nach Einbau neuer Fenster wurde der Mieter nicht auf erhöhten Heiz- und Lüftungsbedarf hingewiesen.
Beleuchtung	1 %	AG Schöneberg 31.10.1990 5 C 72/90 GE 1991, 527	Die Hausbeleuchtung funktioniert nicht.
Beleuchtung, Hausnummer	0 %	LG Berlin 15.3.2002 63 S 54/00 MM 2002, 225	Ausfall der Hausnummernbeleuchtung
Beschattung	0 %	LG Berlin 5.12.2000 63 S 155/00 NZM 2001, 986	Wachsen auf dem Grundstück viele große Bäume, die zur Beschattung der Wohnung führen, liegt kein Mangel vor.

Beschattung	0 %	LG Hamburg 10.9.1998 307 S 130/98 NZM 2001, 91	Bäume in der Nachbarschaft wachsen im Lauf der Mietzeit so hoch, dass sie zu viel Schatten spenden.
Beschattung	5 %	AG Charlottenburg 7.9.2006 211 C 70/06 GE 2006, 1557	Ein Mangel liegt vor, wenn der Vermieter seine Bäume nicht beschneiden lässt, sodass der Mieter tagsüber Licht einschalten muss.
Beschimpfung	10 %	AG Neukölln 9.12.1982 10 C 255/82 MM 1986, 30	Beschimpfungen durch den Hausmeister
Bespitzelung	100 %	AG München 19.10.2006 473 C 18682/06	Installiert ein Vermieter im Bad venezianische Spiegel, um den Mieter bespitzeln zu können, ist eine Minderung von 100 % gerechtfertigt.
Bewegungs-melder	2 %	LG Berlin 14.9.2006 62 S 90/06 GE 2006, 1407	Der gartenseitige Bewegungsmelder ist defekt.
Biergarten	10 %	AG Rudolstadt 20.5.1999 1 C 914/98 WuM 2000, 19	Lärm bis 23:00 Uhr durch betrunkene Personen, klappende Autotüren, laut aufgedrehte Autoradios, aufheulende Motoren und quietschende Bremsen abfahrender Fahrzeuge sowie Livemusik.
Biofilm	0 %	LG Münster 7.1.2010 8 S 185/09 WuM 2010, 87	Ablagerungen von Biofilm in den Trinkwasserleitungen stellen keinen Mangel dar, wenn keine weiteren Beeinträchtigungen vorliegen.
Biofilm	20 %	LG Arnsberg 24.4.2007 5 S 136/06	Biofilmabriss in Form von weißen Flocken stellt einen erheblichen Mangel dar, da das Trinkwasser nicht dem Reinheitsgebot gemäß § 4 Abs. 1 Satz 1 der TrinkwV entspricht.
Blei	0 %	LG Berlin 15.3.2002 63 S 54/00 MM 2002, 225	Kein Mangel, wenn sich der Bleigehalt durch kurzes Ablaufenlassen des Standwassers auf die nach der TrinkwV unbedenklichen Werte senkt

Blei	5 %	AG Hamburg-St. Georg 28.2.2011 910 C 117/10 ZMR 2011, 559	Muss Wasser zehn bis 15 Minuten ablaufen, um zulässige Bleiwerte nach TrinkwV zu erreichen, liegt ein Mangel vor.
Blei	5 %	AG Hamburg 23.8.1991 43b C 2777/86 ZMR 1992, 26	Der Bleigehalt im Frischwasser in einer Mietwohnung liegt weit über dem nach der TrinkwV bis zum 30.11.2003 geltenden Grenzwert von 0,04 mg/l. Seit 1.12.2003 liegt der Grenzwert bei 0,025 mg/l, seit 1.12.2013 bei 0,01 mg/l.
Boden- erwärmung	10 %	LG Hamburg 5.3.2009 307 S 130/08 ZMR 2009, 532	Häufige Bodenerwärmung auf 18 bis 19 °C durch die unter dem Erdgeschoss befindliche Heizzentrale rechtfertigt eine Minderung von 10 %.
Bordell	0 %	AG Hamburg 22.2.2002 47 C 666/00 WuM 2002, 264	Ein nach Beginn des Mietvertrags im Gebäude eröffnetes Fensterbordell begründet keine Mietminderung.
Bordell	10 %	LG Berlin 21.7.1995 64 S 84/95 GE 1995, 1133	Geringfügige Belästigung durch Kunden des Bordells
Bordell	10 %	LG Berlin 13.1.2004 64 S 334/03 WuM 2004, 233	Bereits das Vorhandensein eines Bordells im Haus rechtfertigt eine Minderung.
Bordell	15 %	AG Schöneberg 29.10.1992 8 C 171/92 MM 1993, 141	Bordellbetrieb, Haustür unverschlossen, Unbefugte gelangen ins Haus, Verschmutzungen
Bordell	20 %	AG Wiesbaden 10.2.1998 92 C 3285/97 WuM 1998, 315	In der Nachbarwohnung arbeitet eine Prostituierte, nachts wird geklingelt und Kunden irren umher.
Bordell	30 %	AG Charlottenburg 11.8.1988 18 C 612/87 MM 1988, Nr. 12, 31	Wird der Mieter durch den Betrieb eines Bordells im Hause unmittelbar belästigt, ist eine Mietminderung von 30 % gerechtfertigt.

Brand	100 %	LG Frankfurt/Main 12.9.1995 2-11 S 147/95 WuM 1996, 535	Die Wohnung ist nach einem Brand unbewohnbar.
Briefkasten	0 %	LG Frankfurt/Oder 28.5.2010 6a S 126/09 7MR 2011, 551	Keine Briefkästen außerhalb des Mietshauses
Briefkasten	0,5 %	LG Berlin 11.5.1990 29 S 20/90 MM 1990, 261	Aufgrund des zu kleinen Briefkastens können Zeitschriften und DIN-A4-Umschläge nur schwerlich zugestellt werden.
Briefkasten	0,5 %	AG Charlottenburg 16.5.2001 27 C 262/00 NZM 2002, 163	Der Einwurfschlitz des Briefkastens ist nicht DIN-A4-gerecht.
Briefkasten	1 %	AG Mainz 6.5.1996 8 C 98/96 WuM 1996, 701	Briefkasten durch Alter und Beschädigung funktionsuntüchtig
Briefkasten	2 %	AG Potsdam 9.3.1995 26 C 406/94 WuM 1996, 760	Defekter Briefkasten
Dachausbau	10 %	LG Berlin 12.4.1994 63 S 439/93 MM 1994, 396	Beeinträchtigung durch Dachgeschossausbau
Dachausbau	20 %	AG Cloppenburg 25.9.1996 1 C 678/95 WuM 1996, 760	Aufgrund des unterlassenen Einbaus der Trittschalldämmung dringen Geräusche aus dem ausgebauten Dachgeschoss in die darunterliegende Wohnung.
Dachboden	2,5 %	LG Berlin 4.2.1993 67 S 176/92 MM 1994, 140	Die Nutzungsmöglichkeit eines Nebengelasses auf dem Dachboden fällt weg.
Dachterrasse	15 %	AG Hamburg 30.8.2006 46 C 86/05	Verringerung der Dachterrassenfläche um die Hälfte

Dachterrasse	15,49 %	BGH 22.4.2009 VIII ZR 86/08 NZM 2009, 477	Flächenabweichung über 10 %, Dachterrassen gehen nur zu einem Viertel in die Wohnflächenberechnung ein, wenn nichts anderes vereinbart.
Dämpfe	10 %	LG Köln 20.12.1989 10 S 201/89 WuM 1990, 170	Die Abluft des fast täglich betriebenen Wäschetrockners eines Nachbarn zieht beim Lüften in die Wohnung des Mieters.
Drogen	40 %	OLG Hamburg 6.2.2002 4 U 43/01 WuM 2003, 90	Die Einrichtung einer Drogenberatungsstelle im selben Haus führt zu einer deutlichen Verschlechterung des Milieus.
Drogen	50 %	OLG Hamm 24.10.1995 7 U 171/94 NJWE-MietR 1996, 80	Beratungsstelle im Nachbarhaus mit Begleiterscheinungen der Drogenszene
Durchlauferhitzer	0 %	LG Berlin 31.10.2006 63 S 194/06 GE 2007, 655	Verzögertes Anspringen des Durchlauferhitzers (15 Sekunden) stellt keinen Mangel dar.
Durchlauferhitzer	0 %	LG Berlin 4.4.1997 63 S 443/96 GE 1997, 689	Es liegt kein Mangel vor, wenn der Durchlauferhitzer bei der Wannendusche Temperaturschwankungen unterliegt.
Durchlauferhitzer	3 %	LG Berlin 8.11.1994 64 S 189/94 GE 1996, 471	Durchlauferhitzer liefert nicht kontinuierlich Warmwasser.
Durchlauferhitzer	3 %	AG Köln 9.4.2008 220 C 152/07	Es wird nicht ausreichend Wasser erwärmt, sodass es nicht möglich ist, dass eine Person duscht und eine andere gleichzeitig Geschirr abwäscht oder mit warmem Wasser kocht.
Dusche	5 %	LG Berlin 18.12.1990 64 T 187/90 MM 1991, 194	Es kann nicht störungsfrei geduscht werden.

Dusche	13 %	AG Charlottenburg 27.3.2003 204 C 349/02 MM 2003, 210	Schwankende Wassertemperatur beim Duschen
Dusche	16 %	AG Köln, 28.11.1986 221 C 85/86 WuM 1987, 271	Die Dusche funktioniert nicht, ein Sechstel der Miete darf gekürzt werden.
Dusche	33 %	AG Köln 1.4.1996 206 C 85/95 WuM 1998, 690	Die Dusche und das Bad fallen komplett aus, ein Drittel der Miete darf gemindert werden.
DVB-T-Fernsehen	0 %	AG Lichtenberg 26.3.2004 5 C 4/03 GE 2004, 629	Fernsehempfang ist nach Einführung des digitalen Fernsehens nur noch über eine Zimmerantenne und eine Set-Top-Box möglich.
Efeu	0 %	AG Köpenick 26.4.2013 12 C 384/12 GE 2013, 751	Weder der Lärm noch der Schmutz durch im Efeu nistende Vögel oder das im Efeu lebende Ungeziefer rechtfertigen eine Minderung.
Einbauküche	20 %	LG Dresden 5.5.1998 15 S 603/97 WuM 2001, 336	Die vertraglich überlassene Einbauküche ist nicht benutzbar.
Einbauküche	100 %	LG Itzehoe 25.2.1997 1 S 397/96 WuM 1999, 41	Die Einbauküche, mit der die Wohnung vom Vermieter auszustatten ist, fehlt.
Einbruchgefahr	0 %	OLG Düsseldorf 6.6.2002 10 U 12/01 NZM 2002, 737	Es liegt kein Mangel bei nur gelegentlichen Einbrüchen vor (viermal in zwei Jahren).
Einbruchgefahr	0 %	AG Berlin-Mitte 6.9.2012 27 C 30/12 GE 2012, 1325	Auch wenn sich aufgrund gehäufter Einbrüche das Sicherheitsbedürfnis des Mieters erhöht hat, besteht kein Rechtsanspruch auf eine spezielle Einbruchsicherung.
Einfach-verglasung	0 %	OLG Saarbrücken 8.5.2013 2 U 3/13 GE 2013, 943	Einfachverglasung ist trotz hoher Energiekosten kein Mangel, da dies zum Zeitpunkt der Errichtung des Gebäudes zulässig war.

Elektroanlage, veraltet	0 %	LG Berlin 8.7.2003 64 S 103/03 GE 2003, 1331	Mieter rügt veraltete Elektroleitungen, er hat keinen Anspruch auf Modernisierung
Elektrosmog	0 %	AG Köln 22.9.1993 213 C 77/93 ZMR 1994, 369	Die Sendeanlage eines Hobbyfunkers berechtigt nicht zur Minderung, da wissenschaftlich fundierte Grenzwerte bis 1997 fehlten (ElektrosmogVO seit 1.1.1997 in Kraft).
Elektrosmog	0 %	AG Traunstein 3.3.1999 310 C 2158/98 ZMR 2000, 389	Eine Mobilfunkantenne ist in der Nähe, bloße Gesundheitsängste reichen für eine Minderung nicht aus.
Elektrosmog	0 %	BGH 13.2.2004 V ZR 217/03 WuM 2004, 217	Es bestehen keine Ansprüche, wenn die Grenzwerte (siehe ElektrosmogVO) eingehalten werden.
Elektrosmog	0 %	LG Freiburg 3.3.2005 3 S 19/01 GE 2005, 547	Bei Einhaltung der Grenzwerte der ElektrosmogVO besteht kein Mietminderungsrecht.
Energiekosten	0 %	BGH 18.12.2013 XII ZR 80/12 GE 2014/245	Kein Minderungsrecht, wenn alte Heizanlage hohe Energiekosten verursacht und unwirtschaftlich arbeitet
Fahrradabstellraum, Wegfall	5 %	AG Hamburg 22.8.2007 46 C 1/07 NZM 2007, 802	Der Wegfall des abschließbaren Fahrradraums im Erdgeschoss stellt einen Mangel dar. Ersatzraum im fünften Obergeschoss oder Abstellen der Räder im Treppenhaus sind keine Alternativen.
Fahrradkeller	2,5 %	AG Menden 7.3.2007 4 C 407/06 NZM 2007,883	Entzug des zur Mitbenutzung zugesicherten Fahrradkellers
Fahrradschuppen	2,5 %	LG Berlin 4.2.1993 67 S 176/92 MM 1994, 140	Der Fahrradschuppen ist unbenutzbar.

Fahrstuhl	7,5 %	AG Bremen 4.12.1986 10 C 300/86 WuM 1987, 383	Der Aufzug bei einer im fünften Obergeschoss liegenden Wohnung fällt aus.
Fahrstuhl	10 %	AG Wiesbaden 19.1.2006 93 C 2004/05 WuM 2006, 219	Lärm durch Aufzuggeräusche
Fahrstuhl	10 %	AG Charlottenburg 15.12.1989 2 C 484/89 GE 1990, 423	Der Lift bei einer im vierten Obergeschoss gelegenen Wohnung fällt aus.
Fäkaliengrube	100 %	LG Potsdam 4.8.1997 6 S 192/96 WuM 1997, 677	Unbenutzbarkeit der Fäkaliengrube
Fenster	0 %	AG Steinfurt 14.3.1996 4 C 484/95 WuM 1996, 268	Geringfügiger Luftdurchgang an Fenstern eines Altbaus begründet keinen Mangel.
Fenster	0 %	OLG Saarbrücken 8.5.2013 2 U 3/13 GE 2013, 943	Einfachverglasung ist trotz hoher Energiekosten kein Mangel, da dies zum Zeitpunkt der Errichtung des Gebäudes zulässig war.
Fenster	0 %	AG Hannover 15.2.2007 409 C 13401/06 Mietrecht kompakt 2007, 62	Tauwasserbildung an den Fenstern einer Altbauwohnung stellt keinen Mangel dar.
Fenster	0 %	AG Pasewalk 1.10.1992 7 C 94/92 WuM 1992, 683	Die Thermopanescheiben beschlagen von innen.
Fenster	0 %	BGH 10.8.2010 VIII ZR 316/09 ZMR 2011, 107	Vereisung einzelner Kastenfenster im Fenster ist ein üblicher und hinzunehmender Zustand, genauso ein Sprung in der äußeren Scheibe.
Fenster	3 %	LG Berlin 21.3.1995 64 S 290/94 GE 1995, 821	Das Schlafzimmerfenster ist in einem mangelhaften Zustand.

Fenster	3 %	LG Köln 7.9.1989 1 S 117/89 WuM 1990, 17	Der Schließmechanismus von zwei Schlafzimmerfenstern ist defekt.
Fenster	5 %	KreisG Görlitz 16.12.1992 7 C 371/92 WuM 1993, 113	Die Thermopanescheiben sind blind.
Fenster	6,25 %	AG Rheine 9.9.1993 10 C 150/93 WuM 1993, 670	Die Fenster sind schadhaft verkittet und daher undicht.
Fenster	10 %	AG Landsberg 24.4.2008 3 C 575/07 GuT 2008, 343	Regenwasser und Zugluft durch undichte Fenster in Küche und Gastzimmer der Wirtschaft
Fenster	10 %	AG Gotha 24.3.2003 2 C 116/02 WuM 2003, 601	Vermieter lässt neue dicht schließende Fenster einbauen, ohne den Mieter auf notwendiges geändertes Lüftungsverhalten hinzuweisen mit der Folge, dass Schimmel entsteht.
Fenster	14,4 %	AG Dortmund 24.5.2011 425 C 10136/10 NZM 2011, 708	Undichte Aluminiumfenster führen zu Kondenswasserbildung.
Fenster	15 %	AG Neukölln 11.7.2013 6 C 540/12 GE 2013, 1072	Undichte Fenster
Fenster	15 %	AG Emden 28.10.1988 5 C 1197/86 NJW-RR 1989, 523	Neu eingebaute Aluminiumfenster verursachen hohen Heizungsaufwand und zusätzliche Lüftung.
Fenster	20 %	LG Kassel 30.7.1987 1 S 274/84 WuM 1988, 108	Nicht ordnungsgemäße Dichtungen an Fenstern und Außentüren führen zu Zugluft und nicht nur zu einem zumutbaren Luftaustausch.

Fenster	20 %	LG Gießen 12.4.2000 1 S 63/00 ZMR 2000, 537	Erfordert der Einbau neuer Isolierglasfenster ein geändertes Lüftungsverhalten und kommt es wegen zu geringer Lüftung zu Schimmelbildung, ist der Vermieter mangels ausreichender Aufklärung verantwortlich.
Fenster, Zugluft	7,5 %	LG Potsdam 4.8.1997 6 S 192/96 WuM 1997, 677	Sämtliche Türen sind undicht; in Verbindung mit undichten Fenstern entstehen Fußkälte und Zugluft.
Feriengäste	0 %	BGH 8.1.2014 VIII ZR 210/13 NJW 2014, 622	Vermietung an Feriengäste in einem Mehrfamilienhaus stellt keinen Mangel dar.
Ferienwohnung	0 %	LG Berlin 28.1.2011 63 S 240/10 GE 2011, 755	Kein Mangel, wenn einige Wohnungen in der Anlage als Ferienwohnung vermietet werden
Fernblick	0 %	LG Berlin 13.3.2013 65 S 321/11 ZMR 2013, 888	Ein infolge Aufstockung des Nachbargebäudes verbauter Fernblick begründet keine Minderung, wenn keine vertragliche Vereinbarung bezüglich des Fernblicks vorliegt.
Fernsehempfang	0 %	AG Lichtenberg 26.3.2004 5 C 4/03 GE 2004, 629	Fernsehempfang ist nach Einführung des digitalen Fernsehens nur noch über eine Zimmerantenne und eine Set-Top-Box möglich.
Fernsehempfang	0 %	AG Frankfurt/Main 1.10.1991 33 C 2578/91-29 NJW-RR 1992, 971	Fünftägige Störung des Fernsehempfangs
Fernsehempfang	0 %	AG Hamburg 22.6.1988 40b C 2213/87 WuM 1990, 70	Schlechter Fernsehempfang, der auf örtliche Gegebenheiten zurückzuführen ist
Fernsehempfang	2 %	LG Berlin 16.2.1999 64 S 356/98 NZM 2001, 986	Der Anschluss an die Gemeinschaftsantenne funktioniert nicht.

Fernsehempfang	5 %	LG Berlin 12.4.1994 63 S 439/93 MM 1994, 396	Störung des Fernsehempfangs durch Beseitigung der Gemeinschaftsantenne
Fernsehempfang	5 %	LG München I 21.10.1988 20 S 22475/87c WuM 1989, 563	Der Empfang ausländischer Sender ist aus Gründen, die der Vermieter zu vertreten hat, nicht möglich.
Feuchtigkeit	0 %	LG Frankfurt/Main 7.2.2012 2-17 S 89/11 ZMR 2012, 552	Feuchtigkeitsbildung kann durch Stoßlüften vermieden werden. Auch einem berufstätigen Mieter ist drei- bis viermaliges Stoßlüften täglich zumutbar.
Feuchtigkeit	0 %	LG Hagen 19.7.2012 1 S 53/12 DWW 2012, 263	Feuchtigkeitsschäden, die durch zumutbares Lüftungsverhalten der Mieter verhindert werden könnten
Feuchtigkeit	0 %	LG Berlin 16.8.2011 65 S 422/10 GE 2011, 1310	Feuchtigkeit im Mauerwerk führt nur dann zur Minderung, wenn dadurch der Gebrauch der Wohnung nicht unerheblich beeinträchtigt wird.
Feuchtigkeit	0 %	AG Steinfurt 9.5.1996 4 C 23/96 WuM 1996, 759	Schwitzwasserbildung in einem Neubau
Feuchtigkeit	0 %	LG Aachen, 31.1.1991 6 S 298/90	Feuchtigkeitsschäden durch falsches Lüftungsverhalten des Mieters
Feuchtigkeit	2,95 %	AG Dortmund 7.3.1997 125 C 16832/96 DWW 1997, 157	Im Bad befindet sich ein abgetrockneter Wasserfleck von 80 × 40 Zentimeter, in der Küche von 40 × 40 Zentimeter.
Feuchtigkeit	5 %	LG Hamburg 11.7.2000 316 S 227/99 WuM 2001, 193	Der bauliche Zustand der Wohnung lässt bei üblicher Luftfeuchtigkeit die Bildung von Kondenswasser erwarten, was zu Feuchtigkeitsschäden und Schimmelpilzbefall führt.
Feuchtigkeit	10 %	AG Hamburg 13.10.1993 45 C 1322/92 WuM 1998, 570	Ein undichtes Flachdach kann zu Feuchtigkeitsschäden führen.

Feuchtigkeit	15 %	LG Berlin 16.2.1999 64 S 356/98 NZM 2001, 986	Die Außenwände aller Zimmer, die Wände und Decke im Bad sind durchfeuchtet, in der Küche sind Schimmelflecken vorhanden.
Feuchtigkeit	20 %	LG Berlin 30.5.1989 64 S 71/89 GE 1990, 705	Die Decke ist in verschiedenen Zimmern feucht.
Feuchtigkeit	20 %	LG Köln 12.7.1990 6 S 79/90 WuM 1990, 547	Feuchtigkeitsschäden an der Wohnung trotz normgerechter Bauweise
Feuchtigkeit	20 %	LG Berlin 30.5.1989 64 S 71/89 GE 1990, 705	Bei Deckenfeuchtigkeit im Wohnzimmer, Schlafzimmer, Erkerzimmer nebst Loggia sowie Bad ist eine Minderung von 20 % gerechtfertigt.
Feuchtigkeit	25 %	AG Osnabrück 31.3.1995 14 C 231/94 NJW-RR 1995, 971	Wasserschäden an Wohnzimmerdecke durch mangelhafte Isolierung der Wände
Feuchtigkeit	30 %	AG Erkelenz 26.1.1995 14 C 157/95 DWW 1996, 22	Feuchtigkeitsschäden nach Modernisierung der Fenster
Feuchtigkeit	50 %	LG Berlin 28.2.1991 64 T 19/91 GE 1991, 573	Erhebliche Putzschäden, die eine vollständige Erneuerung der Bausubstanz erforderlich machen würden, verbunden mit einer erheblichen Durchfeuchtung der Wand zwischen Bad und Schlafzimmer
Feuchtigkeit	60 %	AG Bad Vilbel 20.9.1996 3b C 52/96 WuM 1996, 701	Die Erdgeschosswohnung wird durch aus dem Boden auftretende Feuchtigkeit stark beeinträchtigt.
Feuchtigkeit	80 %	LG Berlin 8.1.1991 65 S 205/89 GE 1991, 625	Der Aufenthalt in Küche, Wohn- und Schlafzimmer ist nahezu unmöglich, weil diese Räume ständig durchfeuchtet, modrig und von Schimmelpilz befallen sind.

Feuchtigkeit	100 %	LG Berlin 19.12.1988 61 S 211/87 GE 1989, 149	Die Wohnung ist durch Feuchtigkeitsschäden an den Wänden, die dadurch entstehende hohe Luftfeuchtigkeit und den Gestank zum Wohnen nicht geeignet.
Feuchtigkeit	100 %	AG Potsdam 15.6.1995 26 C 533/93 WuM 1995, 534	Die ständige Durchfeuchtung der Außenwände der Wohnung und Rattenbefall im Umfeld der Wohnung mindern die Miete um 100 %.
Flachdach	10 %	AG Hamburg 13.10.1993 45 C 1322/92 WuM 1998, 570	Ein undichtes Flachdach kann zu Feuchtigkeitsschäden führen
Fläche	0 %	BGH 16.12.2009 VIII ZR 39/09 NZM 2010, 196	Wohnflächenabweichung von weniger als 10 % bei Anrechnung der Fläche der Galerie
Fläche	0 %	BGH 16.9.2009 VIII ZR 275/08 NJW 2009, 3421	Dachfläche darf zur Wohnfläche hinzugerechnet werden, auch wenn sie nach öffentlich-rechtlichen Vorschriften nicht genutzt werden darf.
Fläche	0 %	BGH 23.6.2010 VIII ZR 256/09 WuM 2010, 480	Flächenabweichung ohne schriftlichen Vermerk der Wohnungsgröße
Fläche	0 %	BGH 10.11.2010 VIII ZR 306/09 WuM 2011, 20	Flächenabweichung über 10 %, der Mietvertrag enthält aber keine Flächenangabe.
Fläche	0 %	AG Menden 22.2.2006 4 C 444/05 WuM 2006, 248	Eine Vertragsverhandlung und Wohnflächenvereinbarung erfolgt nicht bereits mit der Angabe der Wohnfläche in einer Vermietungsanzeige.
Fläche	10 %	BGH 24.3.2004 VIII ZR 133/03 GE 2004, 683	Bei Flächenabweichung von mehr als 10 % nimmt der BGH eine Minderung an, wenn die Fläche im Mietvertrag genannt wird.

Fläche	10 %	BGH 20.7.2005 VIII ZR 347/04 WuM 2005, 573	Wenn der Mietvertrag eine Circa-Angabe enthält, die tatsächliche Fläche aber mehr als 10 % abweicht, ist eine entsprechende Minderung der Bruttomiete gerechtfertigt.
Fläche	10 %	AG Plößneck 30.11.2005 4 C 279/05 WuM 2006, 144	Wohnflächenabweichung von mehr als 10 % bei neu vermessener Raumhöhe
Fläche	10 %	BGH 28.10.2009 VIII ZR 164/08 GE 2010, 54	Flächenabweichung von mehr als 10 % bei Vermietung eines Einfamilienhauses mit Garten; der Garten wird bei der Wohnfläche nicht berücksichtigt.
Fläche	10 %	BGH 23.6.2010 VIII ZR 256/09 WuM 2010, 483	Vereinbarung der Wohnfläche durch Absprachen im Vorfeld des Vertragsabschlusses
Fläche	11,5 %	BGH 2.3.2011 VIII ZR 209/10 WuM 2011, 213	Flächenabweichung von mehr als 10 % bei möblierter Wohnung
Fläche	15,49 %	BGH 22.4.2009 VIII ZR 86/08 NZM 2009, 477	Flächenabweichung über 10 %; Dachterrassen gehen nur zu einem Viertel in die Wohnflächenberechnung ein, wenn nichts anderes vereinbart ist.
Fläche	19 %	BGH 10.3.2010 VIII ZR 144/09 NZM 2010, 313	Flächenabweichung bei einer Circa-Angabe im Mietvertrag
Fliesen	0 %	AG Köln 8.9.1994 215 C 256/93 WuM 1997, 41	Die Badezimmerfliesen sind nicht mehr in gleicher Farbe verfügbar.
Fliesen	2 %	LG Berlin 28.8.2001 64 S 108/01 NZM 2002, 143	Für sechs defekte Fliesen im Bad ist eine Minderung von 2 % gerechtfertigt.

Fliesen	3 %	AG Köln 13.4.2012 201 C 481/10 ZMR 2012, 632	Teilweise Neuverfliesung mit weißen Kacheln, da frühere grüne nicht mehr erhältlich
Fluglärm	0 %	LG Berlin 18.2.2013 67 S 275/12 GE 2013, 487	Mieter kann nicht wegen zunehmenden Fluglärms mindern, da bei Vertragsabschluss der Flughafen bereits vorhanden und mit einer zunehmenden Verkehrsentwicklung zu rechnen war.
Fluglärm	0 %	AG Frankfurt/Main 27.11.2012 33 C 3517/12 WuM 2013, 352	Kein Minderungsrecht wegen gestiegenen Fluglärms, da sich lediglich ein Risiko verwirklicht hat, das dem Mieter bei Vertragsabschluss bekannt sein musste
Fogging	20 %	LG Berlin 20.6.2003 63 S 282/02 GE 2003, 1019	Steht die Ursache für die Schwarzfärbung (Fogging) der Wohnung nicht fest, ist der Mieter zur Minderung berechtigt (aber: BGH, 25.1.2006, VIII ZR 223/04, WuM 2006, 147: keine Schadensersatzansprüche, wenn der Mieter nicht beweisen kann, dass der Vermieter für das Fogging verantwortlich ist).
Fogging	40 %	AG Hamburg-Wandsbek 29.5.2000 412D C 27/99 GE 2000, 57	Verschwärzung im oberen Wohnzimmer bei ungeklärter Ursache
Fogging	40 %	AG Düsseldorf 23.10.2009 30 C 10487/08 WuM 2009, 664	Schwarzfärbung aller Wände in der Wohnung aufgrund von Fogging
Formaldehyd	25 %	AG Bad Säckingen 21.8.1992 1 C 191/91 WuM 1996, 140	Die Formaldehydbelastung der Wohnung liegt über dem vom Bundesgesundheitsamt festgesetzten Grenzwert von 0,1 ppm.
Formaldehyd	50 %	AG Mettmann 13.2.1990 21 C 202/88 VuR 1990, 208	Die Formaldehydbelastung liegt über dem vom Bundesgesundheitsamt festgelegten Grenzwert.

Formaldehyd	56 %	AG Köln 30.9.1986 217 C 346/86 WuM 1987, 120	Die Formaldehydkonzentration ist so erhöht, dass die Geruchsschwelle überschritten ist und Reizungen der Augen auftreten können.
Frettchen	33 %	AG Köln 27.9.1988 201 C 457/87 WuM 1989, 234	Bestialischer Gestank durch Frettchen in Nachbarwohnung
Fußleisten	0 %	AG Rheine 27.3.2013 14 C 230/11 WuM 2013, 375	Fehlende Fußleisten stellen eine minimale ästhetische Beeinträchtigung dar.
Garage	0 %	BGH 31.8.2010 VIII ZR 268/09 WuM 2010, 678	Der Wohnraummietvertrag begründet keine Nebenpflicht des Vermieters, seinem Mieter auch zusätzlich zur Wohnung eine Garage zur Verfügung zu stellen.
Garage	0 %	AG Kassel 15.12.1988 801 C 4534/88 WuM 1989, 171	Der Defekt des Tores einer Sammelgarage mindert nicht die Nutzungsmöglichkeit des Stellplatzes.
Garage	15 %	LG Hamburg 26.3.2009 333 S 65/08 WuM 2009, 347	Lärmbelästigung in der Wohnung durch defektes Garagentor der Tiefgarage
Garage	20 %	AG Mainz 13.11.2002 81 C 230/01 WuM 2003, 87	Der Mieter hat einen Anspruch darauf, dass technisch vermeidbare Lärmbelästigungen beim Öffnen und Schließen von Garagentoren unterbunden werden.
Garten	0 %	LG Berlin 16.8.2011 65 S 422/10 GE 2011, 1310	Ungepflegte Rasenflächen im Herbst und Winter führen nicht zu einer erheblichen Gebrauchsbeeinträchtigung.
Garten	0 %	LG Köln 8.8.1985 6 S 100/85 WuM 1987, 271	Ist dem Mieter die Nutzung des Gartens zum Wäschetrocknen zugesagt worden, ist der Entzug dieser Möglichkeit unerheblich, wenn ein Trockenraum zur Verfügung gestellt wird.

Garten	17,6 %	AG Köln 6.10.2000 218 C 138/00 WuM 2000, 691	Der Garten kann nur eingeschränkt genutzt werden, da er als Lagerplatz dient. Die Benutzung der Waschküche und des Trockenspeichers sind gleichzeitig entzogen. Minderung ist gerechtfertigt unabhängig davon, ob die Räume überhaupt genutzt werden.
Gaststätte	40 %	LG Berlin 5.8.2002 67 S 342/01 MM 2003, 46	Erhebliche nächtliche Ruhestörung zwischen 22:00 und 3:00 Uhr durch Gaststätte im Erdgeschoss
Gaststätte	50 %	AG Schöneberg 17.3.1994 2 C 6/94 MM 1995, 28	Belästigungen durch neuen Wirt durch Lärm und Musik bis in die frühen Morgenstunden
Gaststätte	100 %	BGH 18.1.1995 XII ZR 30/93 ZMR 1995, 715	Fehlende Genehmigung durch WEG für eine Gaststätte
Gegensprechanlage	1 %	AG Schöneberg 31.10.1990 5 C 72/90 GE 1991, 527	Defekte Gegensprechanlage
Gegensprechanlage	2 %	LG Berlin 7.7.1992 63 S 142/92 GE 1992, 1043	Ausfall der Klingel- und Gegensprechanlage
Gegensprechanlage	5 %	LG Berlin 10.7.1998 64 S 21/98 GE 1998, 1151	Die Klingel- und Türöffnungsanlage fallen aus.
Gegensprechanlage	5 %	LG Dessau-Roßlau 31.1.2012 1 T 16/12 NZM 2012, 457	Ausfall der Gegensprech- und Klingelanlage einer Dachgeschosswohnung
Geruch	0 %	AG Wennigsen 14.9.2001 9 C 156/01 WuM 2001, 487	Der Tabakrauch vom Nachbarbalkon ist hinzunehmen.

Geruch	0 %	LG Essen 23.9.1999 10 S 491/98 ZMR 2000, 302	Die Kochgewohnheiten ausländischer Mitbewohner sind hinzunehmen.
Geruch	3 %	AG Schöneberg 31.10.1990 5 C 72/90 GE 1991, 527	Defekter Badewannenabfluss
Geruch	10 %	AG Schöneberg 8.5.1990 16 C 50/90 MM 1990, 231	Das Bad lässt sich nur über die Küche entlüften.
Geruch	10 %	LG Berlin 28.1.2011 65 S 296/10 GE 2011, 821	Dringen üble Gerüche eines kranken und alten Mieters ins Treppenhaus und teilweise in die anderen Wohnungen, liegt ein Mangel vor.
Geruch	15 %	AG Augsburg 12.10.2001 73 C 2442/01 WuM 2002, 605	Störender Heizölgeruch in Wohn- und Arbeitsräumen
Geruch	20 %	AG Münster 22.6.1995 8 C 749/94 WuM 1995, 534	Treppenverunreinigung durch Hund des Nachbarn
Geruch	20 %	LG Stuttgart 27.5.1998 5 S 421/97 WuM 1998, 724	Essens- und Nikotingerüche dringen aus der Nachbarwohnung.
Geruch	20 %	AG Gifhorn 7.3.2001 33 C 426/00 WuM 2002, 215	Geruchsbelästigungen durch einen Supermarkt in der Nachbarschaft
Geruch	33 %	AG Köln 27.9.1988 201 C 457/87 WuM 1989, 234	Bestialischer Gestank durch Frettchen in Nachbarwohnung
Geruch	90 %	AG Schöneberg 27.3.1996 6 C 32/92 MM 1996, 250	Starke Geruchsbelästigung durch das Lösungsmittel Tuluol, das bei der Renovierung der Nachbarwohnung verwendet wurde.

Glatteis	0 %	LG Berlin 15.3.2002 63 S 54/00 MM 2002, 225	Dass sich bei Temperaturen um den Gefrierpunkt auf der Hauseingangsstufe Glätte bildet, stellt keinen Mangel dar.
Graffiti	0 %	LG Berlin 5.10.2010 63 S 619/09 GE 2010, 1541	Ohne vertragliche Zusicherung (zum Beispiel wegen repräsentativen Zwecks) stellen Graffiti im Treppenhaus keinen Mangel dar.
Graffiti	0 %	AG Leipzig 27.9.2000 49 C 5267/00 NZM 2001, 102	Es ist eine Arztpraxis vermietet. Die Fassade ist mit Graffiti besprüht.
Graffiti	5 %	AG Charlottenburg 22.6.2006 233 C 47/06 NJW 2007, 2647	Umfang der Graffiti überschreitet das Maß des Ortsüblichen, der dadurch entstandene schlechte Gesamteindruck des Hauses rechtfertigt Minderung.
Haarrisse	0 %	LG Berlin 16.5.1988 61 S 433/87 WuM 1988, 301	Das Vorliegen von Haarrissen an der Zimmerdecke stellt einen unerheblichen Mangel dar.
Hauseingang	0 %	LG Berlin 15.3.2002 63 S 54/00 MM 2002, 225	Glatte Hauseingangsstufe bei Frost
Hausmusik	0 %	AG Tiergarten 4.10.1989 7 C 259/88 NJW-RR 90, 398	Es besteht kein Recht des Mieters zur Mietminderung, wenn andere Hausbewohner bei seinem Klavierspiel mitklopfen.
Hausmusik	0 %	AG Münster 5.7.1991 4 C 83/91 WuM 1991, 545	Eine Mietminderung scheidet bei Hausmusik des Nachbarn, die außerhalb der Ruhezeiten und grundsätzlich mit Zimmerlautstärke erfolgt, aus.
Hausmusik	0 %	LG Berlin 16.11.2001 64 S 492/00 GE 2002, 397	Der Mieter muss beweisen, dass das Klavierspielen eines Mitmieters den zulässigen Rahmen von zwei Stunden täglich übersteigt.
Hausnummernbeleuchtung	0 %	LG Berlin 15.3.2002 63 S 54/00 MM 2002, 225	Ausfall der Hausnummernbeleuchtung ist kein Mangel.

Haustürschloss	0 %	LG Berlin 15.3.2002 63 S 54/00 MM 2002, 225	Das Haustürschloss klemmt gelegentlich.
Heizkosten	0 %	AG Steinfurt 14.4.1983 4 C 490/82 WuM 1983, 235	Die Außenlage der Wohnung ist selbst bei höheren Heizkosten kein Mangel.
Heizkosten	0 %	BGH 18.12.2013 XII ZR 80/12 NZM 2014, 163	Hohe Energiekosten stellen keinen Mangel dar, wenn die Heizanlage dem technischen Stand bei Errichtung des Gebäudes entspricht.
Heizkosten	15 %	LG Berlin 14.9.2005 64 S 77/05 GE 2005, 1489	Bei ungeeichten Warmwasseruhren kann die Heizkostenabrechnung um 15 % gekürzt werden.
Heiztemperatur	20 %	AG Köln 13.4.2012 201 C 481/10 ZMR 2012, 632	Heiztemperatur lässt sich nur zentral, aber nicht zimmerweise regulieren.
Heizung	0 %	AG Köln 9.4.2008 220 C 152/07	Fällt die Heizanlage in der Zeit vom 1.5. bis 30.9. aus, stellt dies in der Regel keinen Mangel dar, außer die Außentemperatur beträgt an mindestens drei aufeinander folgenden Tagen weniger als 12 °C.
Heizung	0 %	AG Frankfurt/Main 29.8.2013 33 C 1402/13	Heizungsausfall im September führt nicht zur Minderung, wenn Mieter nicht nachweist, dass die Wohnungstemperatur unter 20 °C ist.
Heizung	0 %	Brandenburgisches OLG 1.10.2007 3 U 10/07	Kurzfristiger Heizungsausfall an einzelnen Tagen ist als geringfügiger Mangel anzusehen.
Heizung	0 %	LG Berlin 22.6.1983 63a S 69/83 GE 1983, 919	Die Nichtregulierbarkeit von Heizkörperventilen stellt einen unerheblichen Mangel dar, da die Funktion des Heizkörpers nicht beeinträchtigt wird.

Heizung	0 %	LG Wiesbaden 29.9.1989 8 S 135/89 WuM 1990, 71	Heizung fällt im Sommer aus.
Heizung	5 %	AG Hamburg 8.1.1987 49 C 836/96 WuM 1987, 271	Rauschende und knackende Heizungsanlage im April
Heizung	5 %	LG Berlin 7.7.1992 63 S 142/92 GE 1992, 1043	Beim Ausfall einer Heizanlage im Winter ist bei Erreichen einer Raumtemperatur von 18 °C eine Minderung von 5 % gerechtfertigt.
Heizung	5 %	LG Berlin 8.6.2012 63 S 423/11 WuM 2012, 670	Wird nur eine Raumtemperatur von 19 °C erreicht, ist die Erheblichkeitsgrenze knapp überschritten, sodass eine Minderung von 5 % angemessen ist.
Heizung	10 %	AG Charlottenburg 27.5.1999 19 C 228/98 MM 2000, 223	Es werden Durchschnittstemperaturen von nur maximal 18 °C erreicht.
Heizung	10 %	LG Hamburg 5.3.2009 307 S 130/08 ZMR 2009, 532	Häufige Bodenerwärmung auf 18 bis 19 °C durch die unter dem Erdgeschoss befindliche Heizzentrale rechtfertigt eine Minderung von 10 %.
Heizung	10 %	LG Hannover 15.4.1994 9 S 211/93 WuM 1994, 463	Nachts treten Klopf- und Knackgeräusche an der Heizungsanlage (Gasraumheizer) auf.
Heizung	10 %	AG Potsdam 30.4.2012 23 C 236/10 WuM 2012, 670	Wird die Mindesttemperatur von 20 °C teilweise für die Dauer von mehreren Stunden nahezu täglich um bis zu 2 °C unterschritten, rechtfertigt dies eine Minderung von 10 %.
Heizung	10,2 %	OLG Düsseldorf 4.11.1982 10 U 109/82 ZMR 1983, 377	Eine unwirtschaftliche, energieaufwändige Heizanlage ist ein Fehler der Mietsache.

Heizung	12 %	LG Münster 2.11.2000 8 S 167/00 WuM 2000, 691	Die Heizung verursacht Klopfgeräusche.
Heizung	20 %	AG Köln 13.4.2012 201 C 481/10 ZMR 2012, 632	Die Heiztemperatur lässt sich nicht zimmerweise regulieren, alle Räume haben die gleiche Temperatur.
Heizung	30 %	AG Görlitz 3.11.1997 1 C 1320/96 WuM 1998, 180	In den Mieträumen ist eine maximale Raumtemperatur von 16 bis 18 °C erreichbar.
Heizung	35 %	KG Berlin 11.3.2002 8 U 9211/00 GE 2002, 730	Die Raumtemperatur in einem Café bleibt mangels Heizleistung im Winter unter 20 °C.
Heizung	70 %	LG Berlin 29.7.2002 61 S 37/02 MM 2002, 480	Die Heizung fällt im Winter aus.
Heizung	70 %	LG Berlin 18.8.2002 67 T 70/02 MM 2002, 427	Der Ausfall der Gasheizung in den Heizmonaten berechtigt zu einer Minderung von mindestens 70 %.
Heizung	70 %	AG Charlottenburg 7.6.2013 216 C 7/13 WuM 2014, 91	Fehlende Heizanlage in der Heizperiode
Heizung	75 %	LG Berlin 10.1.1992 64 S 291/91 ZMR 1992, 302	Völlige Unbeheizbarkeit einer Wohnung im Winter
Heizung	80 %	AG Dortmund 19.11.2013 425 C 5019/12 WuM 2013, 750	Nicht beheizbare Wohnung im Dezember rechtfertigt eine Minderung von 80 %.
Heizungsgeräusche	10 %	LG Hamburg 5.3.2009 307 S 130/08 ZMR 2009, 532	Geräusche durch die Heizungspumpen sind in der Wohnung deutlich wahrnehmbar.

Hellhörigkeit	10,4 %	LG Berlin 22.8.2013 67 S 121/12 GE 2013, 1517	Minderung wegen extremer Hellhörigkeit nicht verwirkt, da sich der Mangel erst bei Mieterwechsel in der Nachbarwohnung gezeigt hat.
Hitze	19 %	AG Hamburg 10.5.2006 46 C 108/04 WuM 2006, 609	Ein unzureichender Wärmeschutz führt im Sommer zu Temperaturen von 30 °C.
Hitze	16,5 %	OLG Rostock 29.12.2000 3 U 83/98 NZM 2001, 425	Unabhängig vom Anwendungsbereich der ArbStättV ist die Mietsache mangelhaft, wenn die Raumtemperaturen oberhalb von 26 °C bei einer Außentemperatur von 32 °C liegen.
Holzschutzmittel	30 %	AG Rheinbach 11.1.1989 3 C 454/88 VuR 1990, 212	Die PCP-Belastung liegt zwischen 2,4 und 7,2 mg/m^3, die Lindanbelastung zwischen 0,0035 und 0,0051 mg/m^3.
Holzschutzmittel	50 %	LG Kiel 22.6.1995 10 S 24/95 WuM 1997, 674	Belastung der Holztäfelung im Elternschlaf- und Kinderzimmer mit PCP (Pentachlorphenol) und Lindan (gemessene Konzentration: 254 mg/kg Holz)
Holzschutzmittel	100 %	AG Stade 14.3.2000 63 C 437/98 WuM 2000, 417	Gesundheitsbeeinträchtigung durch Holzschutzmittel in der Holzdecke der Mietwohnung begründet fristlose Kündigung und Minderung.
Hotelbetrieb	0 %	AG München 25.6.2010 412 C 25702/09 AIZ 2010, Nr. 9, 52	Beeinträchtigung durch einen Hotelbetrieb im Haus bei Anmietung erkennbar
Hund	20 %	AG Münster 22.6.1995 8 C 749/94 WuM 1995, 534	Treppenverunreinigung durch den Hund des Nachbarn
Hundegebell	16 %	BGH 20.6.2012 VIII ZR 268/11 GE 2012, 1032	Lärmbelästigung durch fortwährendes Hundegebell

Hundehaare	0 %	AG Frankfurt/Main 8.11.2011 33 C 2792/11 NZM 2012, 115	Es liegt kein Mangel vor, wenn ein Mieter seinen Hund vor der Wohnungstür abbürstet und die Hundehaare eine Allergie des Kindes eines anderen Mieters auslösen.
Hundehaltung	0 %	AG Frankfurt/Main 8.11.2011 33 C 2792/11 NZM 2012, 115	Hundehaltung im Mietshaus gibt auch einem auf Hundehaar allergischen Mieter kein Minderungsrecht.
Isolierverglasung	5 %	AG Köln 24.9.1999 217 C 536/98 WuM 2001, 467	Die Isolierverglasung in mehreren Räumen ist infolge der durch Undichtigkeiten verursachten Kondenswasserbildung schlierig und milchig geworden.
Isolierverglasung	20 %	LG Gießen 12.4.2000 1 S 63/00 ZMR 2000, 537	Erfordert der Einbau neuer Isolierglasfenster ein geändertes Lüftungsverhalten und kommt es wegen zu geringer Lüftung zu Schimmelbildung, ist der Vermieter mangels ausreichender Aufklärung verantwortlich.
Kabelfernsehen	0 %	LG Berlin 25.5.2012 63 S 426/11 GE 2012, 956	Wird die Gemeinschaftsantenne durch Kabelfernsehen ersetzt und empfängt der Mieter dieselben Programme wie bisher, scheidet eine Minderung aus.
Käfer	100 %	AG Trier 14.8.2001 6 C 549/00 WuM 2001, 486	Unbenutzbarkeit der Wohnung durch Einsatz von Insektiziden, um Kugelkäferplage zu bekämpfen
Kakerlaken	10 %	AG Bonn 8.2.1985 6 C 277/84 WuM 1986, 113	Bei vermehrtem Auftreten von Mäusen und Kakerlaken in Stadtwohnung
Kakerlaken	20 %	KG Berlin 17.5.2001 20 U 8310/98 GE 2001, 1671	Schaben- bzw. Kakerlakenbefall eines Restaurants

Kaltwasservorlauf	3,5 %	LG Berlin 2.6.2008 67 S 26/07 MM 2008, 298	Zur Verhütung von Legionellen darf die zirkulierende und bis zur Erwärmung des abfließenden Wassers auf 55 °C anfallende Wassermenge maximal drei Liter betragen; hier erst nach 15 Litern (etwa 50 Sekunden).
Kamin	5 %	LG Karlsruhe 10.7.1987 9 S 66/87 WuM 1987, 382	Der offene Kamin im Wohnzimmer ist während der Wintermonate nicht benutzbar.
Katze	0 %	AG Arolsen 8.3.2007 2 C 18/07 WuM 2007,191	Allein die Katzenhaltung einer anderen Mietpartei rechtfertigt keine Mietminderung. Unsauberkeit im Haus infolge der Katzenhaltung kann einen Mangel darstellen.
Katzenflöhe	100 %	AG Bremen 14.1.1998 25 C 180/97 ZMR 1998, 234	Befall der Wohnung mit Katzenflöhen, 80 Flohbisse innerhalb von zwei Monaten
Katzenhaltung	0 %	AG Arolsen 8.3.2007 2 C 18/07 NZM 2008, 83	Die Haltung von Katzen in einem Mehrfamilienhaus begründet keine Minderung.
Keller	0 %	LG Berlin 15.3.2002 63 S 54/00 MM 2002, 225	Sporadisch auftretende Regenwasserpfützen im Kellergang
Keller	0 %	AG München 11.6.2010 461 C 19454/09	Kein Recht zur Minderung wegen Feuchtigkeit des Altbaukellers
Keller	0 %	LG Berlin 7.2.2011 67 S 61/10 GE 2011, 408	Bei einem Altbaukeller muss mit einer gewissen Feuchtigkeit gerechnet werden.
Keller	0 %	LG Osnabrück 11.4.2001 6 S 1247/00 WuM 2001, 233	Feuchter Keller im Altbau berechtigt nicht zur Minderung.

Keller	0 %	AG Ansbach 5.2.2013 2 C 2268/11 ZMR 2013, 638	Leichte Durchfeuchtungen im Keller ist bei Altbauten kein Mangel.
Keller	0 %	BGH 29.9.2009 VIII ZR 242/08 WuM 2009, 662	Mitvermieteter Kellerbereich zur Nutzung als Wohnung verstößt zwar gegen das öffentliche Baurecht, es liegt aber keine Nutzungsuntersagung durch Behörde vor.
Keller	5 %	LG Berlin 10.7.1998 64 S 21/98 GE 1998, 1151	Der Keller fehlt.
Keller	10 %	AG Bad Bramstedt 20.7.1989 5 C 44/89 WuM 1990, 71	Die Kellerräume sind feucht.
Keller	15 %	AG Bergheim 12.4.2011 28 C 147/10 WuM 2011, 359	Keller weist massive Feuchtigkeit bis hin zur Pfützenbildung auf.
Kinderlärm	0 %	AG Braunschweig 25.6.1999 117 C 1270/99 WuM 2002, 50	Die Geräusche in einem älteren Mehrparteienhaus, verursacht durch normales Spielen von Kindern, sind hinzunehmen.
Kinderlärm	0 %	LG München I 27.11.1985 20 S 8842/85 WuM 1987, 121	Bei zweckbestimmter Nutzung eines zum Haus gehörenden Kinderspielplatzes ist der Mieter nicht berechtigt, wegen der auftretenden Lärmbelästigung zu mindern.
Klingel	3 %	LG Berlin 14.9.2006 62 S 90/06 GE 2006, 1407	Die Klingel- und die Gegensprechanlage sind defekt.
Klingel	5 %	AG Potsdam 9.3.1995 26 C 406/94 WuM 1996, 760	Eine fehlende Klingel berechtigt zur Minderung.

Klingel	5 %	LG Berlin 10.7.1998 64 S 21/98 GE 1998, 1151	Die Klingel- und Türöffnungsanlage funktioniert nicht.
Klingelanlage	2 %	LG Berlin 7.7.1992 63 S 142/92 GE 1992, 1043	Ausfall der Klingel- und Gegensprechanlage
Klingelanlage	5 %	LG Dessau-Roßlau 31.1.2012 1 T 16/12 NZM 2012, 457	Ausfall der Gegensprech- und Klingelanlage einer Dachgeschosswohnung
Kondenswasser	0 %	AG München 20.4.2012 474 C 2793/12	Bei Verfärbung des Parkettbodens infolge des Kondenswassers ist keine Minderung möglich, wenn der Mieter unzureichend heizt und lüftet.
Konkurrenz	0 %	KG Berlin 2.9.2013 12 U 101/12 GE 2013, 1513	Kein Verstoß gegen Konkurrenzschutzklausel, wenn neben einer chirurgischen Praxis eine orthopädische Praxis eröffnet wird
Konkurrenz	25 %	KG Berlin 16.4.2007 8 U 199/06 GE 2007, 1551	Ein Sachmangel liegt vor, wenn vertragswidrig eine Konkurrenzsituation entsteht, indem der Vermieter in fünf Metern Abstand zum Mietobjekt einen Gewerbebetrieb betreibt.
Küche, Arbeitsplatte	1 %	LG Berlin 14.9.2006 62 S 90/06 GE 2006, 1407	Die Küchenarbeitsplatte ist beschädigt.
Küche, Backofen	2 %	AG Warendorf 28.3.1998 5 C 472/99 WuM 2000, 379	Die Klappe des mitvermieteten Küchenherd-Backofens kann nicht ordnungsgemäß bedient werden.
Küche, defekte Spüle	5 %	LG Berlin 8.11.1994 64 S 189/94 GE 1996, 471	Undichtigkeit der Küchenspüle

Küche, defekter Herd	2 %	LG Berlin 7.7.1992 63 S 142/92 GE 1992, 1043	Mangelnde Funktionstüchtigkeit des Küchenherds
Küche, E-Herd statt Gasherd	4 %	LG Berlin 13.2.2001 64 S 21/01 MM 2001, 152	Wenn der Vermieter den Gasherd durch einen Elektroherd ersetzt, darf der Mieter mindern.
Küche, Einbau-küche fehlt	100 %	LG Itzehoe 25.2.1997 1 S 397/96 WuM 1999, 41	Die Einbauküche, mit der die Wohnung vom Vermieter auszustatten ist, fehlt.
Küche, Einbauküche unbenutzbar	20 %	LG Dresden 5.5.1998 15 S 0603/97 WuM 2001, 336	Die vertraglich überlassene Einbauküche ist nicht benutzbar.
Küche, Gasherd fällt aus	10 %	LG Berlin 18.8.2002 67 T 70/02 MM 2002, 427	Der Ausfall der Gasversorgung, soweit davon der Betrieb des Herdes betroffen ist, berechtigt zu einer 10%igen Minderung.
Küche, Setzrisse	2 %	LG Berlin 8.9.1998 63 S 192/98 GE 1998, 1275	Bei hochpreisiger Wohnung berechtigen Setzrisse in der Küche zur Minderung.
Küchenherd, defekt	2 %	LG Berlin 7.7.1992 63 S 142/92 GE 1992, 1043	Mangelnde Funktionstüchtigkeit des Küchenherds
Küchenspüle	5 %	LG Berlin 8.11.1994 64 S 189/94 GE 1996, 471	Undichtigkeit der Küchenspüle
Lärm durch Aufzug	10 %	AG Wiesbaden 19.1.2006 93 C 2004/05 WuM 2006, 219	Lärm durch Aufzuggeräusche
Lärm durch Bad-/ Küchensanierung	20 %	AG Neuruppin 12.11.2004 42 C 263/04 WuM 2005, 653	In der Nachbarwohnung werden Einbauküche und Einbaubadewanne erneuert.

Lärm durch Bahn	7 %	AG Schöneberg 8.12.1999 7 C 135/99 ZMR 2000, 308	Erweiterung der bei Mietvertragsbeginn dem Mieter bekannten Bahnlinie in unmittelbarer Nähe der Wohnung auf zwei Gleise und damit verbundene weitere Lärmbeeinträchtigungen
Lärm durch Biergarten	10 %	AG Rudolstadt 20.5.1999 1 C 914/98 WuM 2000, 19	Lärm aus einem Biergarten bis 23:00 Uhr durch Betrunkene, klappende Autotüren, laut aufgedrehte Autoradios, aufheulende Motoren und quietschende Bremsen abfahrender Fahrzeuge sowie Livemusik.
Lärm durch Dachterrasse	0 %	BGH 23.9.2009 VIII ZR 300/08 NJW 2010, 1133	Erhöhte Geräuschbelästigung durch neu erbaute Dachterrasse, aber noch im Normbereich
Lärm durch Flughafen	0 %	LG Berlin 28.8.2001 64 S 108/01 GE 2001, 1607	Die Wohnung liegt in der Einflugschneise des Flughafens, was bei Mietbeginn bekannt war.
Lärm durch Garagentor	15 %	LG Hamburg 26.3.2009 333 S 65/08 WuM 2009, 347	Lärmbelästigung in der Wohnung durch defektes Garagentor der Tiefgarage.
Lärm durch Garagentor	20 %	AG Mainz 13.11.2002 81 C 230/01 WuM 2003, 87	Besonderer Lärm durch Garagentore (35 bis 49 dB(A) und 28 bis 52 dB(A)) und die Haustür (bis 45,9 dB(A)).
Lärm durch Garagentor	20 %	AG Mainz 13.11.2002 81 C 230/01 WuM 2003, 87	Der Mieter hat einen Anspruch darauf, dass technisch vermeidbare Lärmbelästigungen beim Öffnen und Schließen von Garagentoren unterbunden werden.
Lärm durch Gaststätte	40 %	LG Berlin 5.8.2002 67 S 342/01 MM 2003, 46	Erhebliche nächtliche Ruhestörung zwischen 22:00 und 3:00 Uhr durch Gaststätte im Erdgeschoss
Lärm durch Gaststätte	50 %	AG Schöneberg 17.3.1994 2 C 6/94 MM 1995, 28	Belästigungen durch neuen Wirt durch Lärm und Musik bis in die frühen Morgenstunden

Lärm durch Glascontainer	10 %	LG Berlin 17.1.1995 64 S 322/94 GE 1995, 427	Geräuschbelästigung durch Einwerfen von Glasflaschen in Container nach 22:00 Uhr und an Sonn- und Feiertagen
Lärm durch Hahn	0 %	LG Kleve 17.1.1989 6 S 311/88 DWW 1989, 362	In ländlichen Gegenden ist das Hahnenkrähen (ab 3:00 Uhr morgens) genauso hinzunehmen wie das Kuhglockengeläut (a. A. LG München I, Urteil vom 3.3.1989, 30 O 1123/87, NJW-RR 1989, 1178).
Lärm durch Hauptwasserrohr	10 %	LG Berlin 10.10.1985 62 S 328/84 MM 1996, Nr. 3, 28	Das am Schlafzimmer des Mieters vorbeiführende Hauptwasserrohr ist nicht ausreichend gedämmt. Der Grenzwert von 35 dB(A) ist nicht eingehalten, es werden 44 dB(A) erreicht.
Lärm durch Hausmusik	0 %	AG Münster 5.7.1991 4 C 83/91 WuM 1991, 545	Die Hausmusik des Nachbarn, die außerhalb der Ruhezeiten und grundsätzlich mit Zimmerlautstärke erfolgt, berechtigt nicht zur Minderung.
Lärm durch Heizung	5 %	AG Hamburg 8.1.1987 49 C 836/96 WuM 1987, 271	Rauschende und knackende Heizungsanlage im April
Lärm durch Heizung	10 %	LG Hannover 15.4.1994 9 S 211/93 WuM 1994, 463	Nachts treten Klopf- und Knackgeräusche an der Heizungsanlage (Gasraumheizer) auf.
Lärm durch Heizung	10 %	LG Hamburg 5.3.2009 307 S 130/08 ZMR 2009, 532	Geräusche durch die Heizungspumpen sind in der Wohnung deutlich wahrnehmbar.
Lärm durch Kinder	0 %	AG Braunschweig 25.6.1999 117 C 1270/99 WuM 2002, 50	Die Geräusche in einem älteren Mehrparteienhaus, verursacht durch normales Spielen von Kindern, sind hinzunehmen.
Lärm durch Kinder	0 %	AG Frankfurt/Main 9.9.2005 33 C 3943/04 WuM 2005, 764	Kinderlärm stellt keinen Mangel dar.

Lärm durch Kinder	0 %	LG München I 24.2.2005 31 S 20796/04 NZM 2005, 339	Kinderlärm (auch im Treppenhaus) ist normal und hinzunehmen.
Lärm durch Kinder	5 %	AG Frankfurt/Main 15.4.2005 33 C 1726/04 NZM 2005, 617	Lärm durch spielende Kinder auf einer Grünfläche, der Vermieter stellte keine Verbotsschilder auf
Lärm durch Klavier	0 %	AG Tiergarten 4.10.1989 7 C 259/88 NJW-RR 90, 398	Keine Minderung, wenn andere Hausbewohner beim Klavierspiel des Mieters mitklopfen
Lärm durch Livemusik	7 %	LG Berlin 3.3.2005 67 S 238/02 GE 2005, 869	Ein zur Minderung berechtigender Mangel liegt auch dann vor, wenn die Grenzwerte der TA Lärm nur in einzelnen Spitzenwerten überschritten werden (hier: Musik aus Jazzkeller in den Nachtstunden).
Lärm durch Mitmieter	0 %	AG Pankow-Weißensee 10.9.2007 100 C 163/07	Bei Lärmbeeinträchtigungen durch Mitmieter kann der Mieter nur mindern, wenn er in regelmäßigen Abständen die Mängelanzeige wiederholt.
Lärm durch Nachbarn	5 %	AG Bergisch-Gladbach 24.7.2001 64 C 125/00 WuM 2003, 29	Nächtliche Lärmbelästigung durch überlaut geführte Streitgespräche der Nachbarn
Lärm durch Nachbarn	20 %	LG Dortmund 19.5.1988 17 S 47/88 WuM 1988, 348	Lautstarkes und häufiges Feiern anderer Mieter
Lärm durch Nachbarn	20 %	AG Lünen 16.12.1987 14 C 182/86 WuM 1988, 348	Der Mieter wird in der Nachtruhe durch häufiges Feiern der anderen Mieter insbesondere am Wochenende gestört.
Lärm durch Nachbarn	20 %	AG Bremen 9.3.2011 17 C 105/10 WuM 2011, 362	Enorme Lärmbelästigung durch laute Musik und Schreien anderer Hausbewohner

Lärm durch Spielplatz	0 %	LG München I 27.11.1985 20 S 8842/85 WuM 1987, 121	Bei zweckbestimmter Nutzung eines zum Haus gehörenden Kinderspielplatzes ist der Mieter nicht berechtigt, wegen der auftretenden Lärmbelästigung zu mindern.
Lärm durch Swingerclub	55–70 %	AG Charlottenburg 4.11.1998 20b C 182/96 NZM 1999, 71	Lärmbeeinträchtigungen infolge des Betriebs eines Swingerclubs
Lärm durch Trittschall	15 %	LG Karlsruhe 8.5.1987 9 S 394/86 DWW 1987, 234	Der belästigende Trittschall aus einem über der Wohnung gelegenen Büro berechtigt zur Minderung.
Lärm durch Verkehr	8 %	AG Köpenick 17.1.2006 3 C 262/05 WuM 2006, 145	Eröffnung einer Sackgasse für den Durchgangsverkehr
Lärm durch Wasserspülung	0 %	AG Münster 18.1.1983 28 C 539/82 WuM 1983, 236	Der Nachbar betätigt Wasserspülung, lässt Wasser laufen, schließt und öffnet Fenster nach 22:00 Uhr. Diese Geräusche stellen übliche Wohngeräusche dar.
Lärm, Altbau	0 %	LG Berlin 12.4.2013 65 S 159/12 GE 2013, 814	In einem nicht modernisierten Altbau aus den 1950er Jahren stellt die Vernehmbarkeit von Urinstrahlgeräuschen aus der Nachbarwohnung keinen Mangel dar.
Lärm, kurzzeitig	0 %	AG Frankfurt/Main 1.10.1991 33 C 2578/91-29 NJW-RR 1992, 971	Lärmbelästigung an nur einem Vormittag
Lärm, Nachbarlärm	0 %	OLG Dresden 10.2.2009 5 U 1336/08 NZM 2009, 703	Normaler Nachbarlärm ist auch einer Anwaltskanzlei zumutbar.
Lärm, vorübergehende Verkehrsumleitung	0 %	BGH 19.12.2012 VIII ZR 152/12 GE 2013, 261	Eine vorübergehende Erhöhung der Lärmbelästigung wegen einer Verkehrsumleitung stellt keinen erheblichen Mangel dar. Es wurde bei Vertragsabschluss kein geringer Lärmpegel stillschweigend vereinbart.

Leerstand	0 %	BGH 26.5.2004 XII ZR 149/02 NZM 2004, 618	Wenn Vollvermietung nicht zugesichert wurde, besteht bei Auszug von Mietern im Einkaufscenter kein Mangel.
Leerstand, Heizkosten	0 %	AG Frankfurt/Oder 24.11.2004 25 C 1002/04 ZMR 2005, 131	Die Nachbarwohnung steht leer, es liegt kein Mangel trotz höherer Heizkosten vor.
Lichteinfall	0 %	LG Berlin 19.12.2003 64 S 353/03 GE 2004, 352	In der Großstadt stellt Belästigung durch grelle Leuchtreklame eines Einkaufzentrums kein Mangel dar.
Lichteinfall	3 %	LG Berlin 6.11.2013 67 S 502/11 GE 2013, 1589	Verringerter Lichteinfall infolge Ersetzung der Doppelkastenfenster durch Isolierglasfenster
Lichtentzug durch Bäume	0 %	LG Hamburg 10.9.1998 307 S 130/98 NZM 2001, 91	Bäume in der Nachbarschaft wachsen im Lauf der Mietzeit so hoch, dass sie zu viel Schatten spenden.
Lichtentzug, Bäume	0 %	LG Berlin 5.12.2000 63 S 155/00 NZM 2001, 986	Wachsen auf dem Grundstück viele große Bäume, die zur Beschattung der Wohnung führen, liegt kein Mangel vor.
Lift, Ausfall	7,5 %	AG Bremen 4.12.1986 10 C 300/86 WuM 1987, 383	Der Aufzug bei einer im fünften Obergeschoss liegenden Wohnung fällt aus.
Lift, Ausfall	10 %	AG Charlottenburg 15.12.1989 2 C 484/89 GE 1990, 423	Der Lift bei einer im vierten Obergeschoss gelegenen Wohnung fällt aus.
Lösungsmittel	3,5 %	AG Torgau 27.9.2002 1 C 604/01 WuM 2003, 316	Eine geringe Belastung der Raumluft mit Lösungsmitteln kann bereits eine Mietminderung begründen.
Malerarbeiten	0 %	AG Saarburg 28.11.2001 5 C 473/01 WuM 2002, 29	Streichen und Tapezieren des Flurs in einem Neubau

Marder	30 %	AG Hamburg-Barmbek 24.1.2003 815 C 238/02 ZMR 2003, 582	Nächtliche Lärmstörung durch einen im Dachbereich nistenden Marder
Mäuse auf dem Land	0 %	AG Prüm 11.7.2001 6 C 434/00 ZMR 2001, 808	Im ländlichen Wohngebiet ist das Auftreten von Mäusen normal.
Mäuse in der Stadt	20 %	AG Wedding 21.5.2001 19 C 577/00 MM 2001, 444	Befall einer Wohnung in der Stadt durch Mäuse
Mäuse, Stadtwohnung	10 %	AG Bonn 8.2.1985 6 C 277/84 WuM 1986, 113	Bei vermehrtem Auftreten von Mäusen und Kakerlaken in einer Stadtwohnung
Mäuse, Stadtwohnung	100 %	AG Brandenburg 6.8.2001 32 C 520/00 WuM 2001,605	Mäuseplage in einer Stadtwohnung mit mehreren gleichzeitig sichtbaren Mäusen im Wohnzimmer
Milieu	0 %	AG Hamburg 23.3.2006 49 C 474/05	Begegnungen mit szenetypisch gekleideten Besuchern eines Cafés, das als Treffpunkt der Sado-Maso-Szene dient, gibt kein Minderungsrecht.
Milieu	0 %	BGH 26.9.2012 XII ZR 122/11 GE 2012, 1553	Ohne vertragliche Vereinbarung hat der Mieter keinen Anspruch auf ein bestimmtes Milieuniveau.
Milieu, Asylbewerber	0 %	AG Gronau 13.12.1990 4 C 430/90 WuM 1991, 161	Asylbewerber in der Nachbarschaft, kein Milieuschutz
Milieu, Asylbewerber	0 %	AG Lünen 16.12.1987 14 C 182/86 WuM 1988, 348	Allein die Fremdartigkeit des Wohnverhaltens von Asylbewerbern rechtfertigt nicht die Minderung für die alteingesessenen Wohnungsinhaber.
Milieuschutz	0 %	BGH 15.10.2008 XII ZR 1/07 NZM 2009, 124	Kein Anspruch des Mieters auf Milieuschutz hinsichtlich des Publikumsverkehrs

Mobilfunk-antenne	0 %	AG Lichtenberg 6.7.2001 IX C 59/01 ZMR 2002, 574	Wenn die Richtfunkantenne für Mobilfunknetze die Grenzwerte der 26. BImSchV einhält, berechtigt auch die Furcht vor möglichen Gesundheitsschäden nicht zur Minderung.
Mobilfunk-antenne	0 %	BGH 15.3.2006 VIII ZR 74/05 WuM 2006,195	Keine Mietminderung, wenn die Mobilfunkanlage die in der 26. BImSchV festgelegten Grenzwerte für elektromagnetische Felder nicht überschreitet.
Mobilfunk-antenne	0 %	AG Traunstein 3.3.1999 310 C 2158/98 ZMR 2000, 389	Eine Mobilfunkantenne befindet sich in der Nähe. Bloße Gesundheitsängste reichen für eine Minderung nicht aus.
Mobilfunk-antenne	0 %	LG Berlin 29.10.2002 63 S 24/02 NZM 2003, 60 AG Tiergarten 4.12.2001 6 C 411/01 NZM 2002, 949	Auf dem Dach des Hinterhauses ist eine Mobilfunkantenne montiert, bei deren Betrieb die Richtwerte der BImSchV eingehalten werden.
Mobilfunk-antenne	0 %	AG Gießen 9.7.2001 48 M C 903/00 WuM 2002, 546	Auf dem Dach des Mietshauses ist eine Mobilfunkantenne angebracht. Es besteht eine theoretische, aber entfernt liegende vom Mieter empfundene Möglichkeit der Gesundheitsbeeinträchtigung durch Strahlungen.
Mobilfunk-antenne	0 %	AG Spandau 4.7.2001 4 C 305/01 MM 2001, 443	Die auf dem Dach des Mietshauses montierte Mobilfunkantenne hält die Richtwerte der BImSchV ein.
Motten	25 %	AG Bremen 6.12.2001 25 C 0118/01 WuM 2002, 215	Erheblicher Mottenbefall in der Wohnung
Müllplatz	2,5 %	AG Köpenick 28.11.2012 6 C 258/12 GE 2013, 215	Mietminderung ist gerechtfertigt wegen der Verlegung des Müllplatzes.

Müllschlucker	0 %	AG Hamburg 31.1.1984 37a C 344/83 WuM 1985, 260	Der Müllschlucker ist außer Betrieb.
Müllschlucker	0 %	AG Wedding 5.4.2011 16 C 513/10 GE 2011, 760	Stilllegung der bei Anmietung vorhandenen Müllschluckanlage, um das Mülltrennungsverhalten der Mieter zu verbessern (mit mietvertraglichem Vorbehalt)
Müllschlucker	0 %	LG Berlin 1.12.2009 63 S 162/09 GE 2010, 547	Entfernung des zuvor vorhandenen Müllschluckers stellt keine erhebliche Beeinträchtigung dar.
Mülltonne	0 %	LG Berlin 15.3.2002 63 S 54/00 MM 2002, 225	Fehlendes Schloss am Müllplatz
Mülltonne	5 %	AG Potsdam 9.3.1995 26 C 406/94 WuM 1996, 760	Die Mülltonnen sind ständig überfüllt.
Mülltonne	5 %	AG Lichtenberg 16.3.2004 6 C 239/03 MM 2004, 339	Zu geringe Zahl von Mülltonnen führt zu Verwahrlosung des Müllplatzes und Geruchsbelästigungen.
Mülltonne, Altpapiertonne	0 %	AG Fulda 20.10.2011 31 C 126/11 WuM 2011, 721	Der Vermieter muss Altpapiertonnen nicht in so großer Anzahl aufstellen, dass eine vollständige Entsorgung sämtlichen Altpapiers gewährleistet ist.
Mülltonne, Altpapiertonne	0 %	AG Hamburg-Blankenese 19.2.2010 518 C 399/09 NZM 2011, 312	Fehlen einer „blauen Tonne" zur Altpapierentsorgung
Mülltonne, gelbe Tonne	0 %	AG Fulda 20.10.2011 31 C 126/11 WuM 2011, 721	Überquellende gelbe Tonnen für die Plastikmüllentsorgung rechtfertigen keine Mietminderung.
Nachbarlärm	0 %	OLG Dresden 10.2.2009 5 U 1336/08 NZM 2009, 703	Normaler Nachbarlärm ist auch einer Anwaltskanzlei zumutbar.

Nachtabsenkung	15 %	LG Berlin 4.5.2000 32 O 281/05 GE 2006, 913	Der Geschäftsraummieter ist zur Minderung berechtigt, wenn die Heizung für die Räume im Souterrain nachts heruntergedreht wird.
Nachtspeicher-ofen	18 %	LG Hannover 30.5.1997 8 S 203/96 WuM 1997, 434	Asbesthaltige Nachtspeicheröfen; produktionsbedingt ist die ernsthafte Möglichkeit des Auftretens von Asbest nicht nur unwesentlich erhöht.
Nachtspeicher-ofen	20 %	AG Hof 4.4.1997 15 C 2065/95 WuM 1998, 281	Asbestfreisetzung aus Nachtspeicherheizung
Nachtspeicher-ofen	50 %	LG Dortmund 16.2.1994 11 S 197/93 ZMR 1994, 410	Asbestgefahr durch Nachtspeicheröfen
Neubau	0 %	AG Steinfurt 9.5.1996 4 C 23/96 WuM 1996, 759	Schwitzwasserbildung in einem Neubau
Nichtraucher-schutz	0 %	BGH 13.7.2011 XII ZR 189/09 WuM 2011, 520	Rauchverbot stellt keinen Mangel einer verpachteten Gaststätte dar
Nickel	0 %	LG Berlin 28.8.2001 64 S 108/01 NZM 2002, 143	Die bloße Überschreitung der Grenzwerte für Nickel nach der TrinkwV berechtigt nicht zur Mietminderung, wenn eine gesundheitliche Gefährdung nicht zu befürchten ist.
Nikotin	0 %	AG Wennigsen 14.9.2001 9 C 156/01 WuM 2001, 487	Tabakrauch vom Nachbarbalkon ist hinzunehmen.
Nikotin	0 %	LG Berlin 3.3.2009 63 S 470/08 GE 2009, 781	Wohnungsnachbar kann die Miete nicht mindern, weil der Nachbar in seiner Wohnung raucht.

Nikotin	5 %	LG Hamburg 15.6.2012 311 S 92/10 NZM 2012, 806	Mieter rauchen in erheblichem Maß auf ihrem Balkon, sodass der Rauch in die darüberliegende Wohnung und in die Dachgaube zieht; die anderen Mieter sind gezwungen, eine Belüftung zu unterlassen.
Nikotin	10 %	LG Berlin 7.10.2008 65 S 124/08	Kalter Zigarettenrauch aus unterer Nachbarwohnung
Nikotin	10 %	LG Berlin 30.4.2013 67 S 307/12 GE 2013, 810	Häufiger Zigarettenrauch vom Balkon der darunterliegenden Wohnung
Nikotin	20 %	LG Stuttgart 27.5.1998 5 S 421/97 WuM 1998, 724	Essens- und Nikotingerüche dringen aus der Nachbarwohnung.
Nutzungs-änderung	0 %	BGH 20.11.2013 XII ZR 77/12 NZM 2014, 165	Solange eine beantragte Nutzungsänderung nicht abgelehnt wurde, liegt kein Mangel vor und ist eine außerordentliche Kündigung nicht gerechtfertigt.
Nutzungsbe-schränkung	100 %	LG Frankfurt/Oder 5.4.2007 15 S 129/06 GE 2007, 1385	Behördliche Nutzungsbeschränkung hindert den vertragsgemäßen Gebrauch.
Nutzungsverbot	0 %	BGH 20.1.2013 XII ZR 77/12 MDR 2014, 141	Rechtsmangel als Mietmangel nur bei unanfechtbarem Nutzungsverbot
Parkett	15 %	AG Frankfurt/Main 1.2.2000 33 C 1398/99-67 NZM 2001, 422	Der Parkettboden ist mit schädlichem Mittel versiegelt worden, der Mieter muss täglich feucht wischen und lüften.
Parkett	15 %	LG Berlin 13.1.2003 61 S 152/02 GE 2003, 884	Der Parkett wurde abgezogen, im Parkettkleber befindet sich PAK (polyzyklischer Kohlenwasserstoff), das entweicht. Durch die mit PAK belastete Luft erhöht sich das Krebsrisiko.

Parkett, lose	2 %	LG Berlin 15. 3.2002 63 S 54/00 MM 2002, 225	Lose Stäbe, Fugen und Höhenunterschiede am Parkettboden berechtigen zur Mietminderung.
Parkettkleber	30 %	BGH 15.1.2013 VIII ZR 411/12 GE 2013, 601	Durch mangelhaften Parkettkleber ausgelöste Schadstoffbelastung kann durch ausreichendes Lüften auf normalem Niveau gehalten werden.
Perchlorethylen PER	10–15 %	LG Hamburg 17.9.1991 316 S 261/88 VuR 1992, 115	Im Haus befindet sich eine chemische Reinigung, die PER einsetzt. PER gelangt durch Fensterritzen und Türspalten in die Wohnung und führt zu gesundheitsgefährdender Konzentration (Grenzwert: 0,1 mg PER/m^3 Raumluft gemäß 2. BImSchV).
Ratten	2 %	LG Berlin 16.2.1999 64 S 356/98 NZM 2001, 986	Befall des Anwesens mit Ratten
Ratten	10 %	AG Aachen 19.4.2000 5 C 5/00 WuM 2000, 379	Im Hof des Mietshauses leben Ratten.
Ratten	15 %	AG Schöneberg 6.4.2010 11 C 164/09 MM 2010, Nr. 11	Rattenbefall einer Wohnung (mehrmals wöchentlich im Bad)
Ratten	80 %	AG Dülmen 15.11.2012 3 C 128/12 WuM 2013, 35	Ein erheblicher Teil der Wohnung (Küche, Wohn- und Arbeitszimmer) ist wegen der gegen den Rattenbefall ergriffenen Maßnahmen nur eingeschränkt nutzbar.
Ratten	100 %	AG Potsdam 15.6.1995 26 C 533/93 WuM 1995, 534	Ständige Durchfeuchtung der Außenwände der Wohnung und Rattenbefall im Umfeld der Wohnung mindern die Miete um 100 %.
Rauchverbot	0 %	BGH 13.7.2011 XII ZR 189/09 WuM 2011, 520	Rauchverbot stellt keinen Mangel einer verpachteten Gaststätte dar.

Rauchverbot	0 %	OLG München 23.9.2009 32 U 3956/09 NZM 2010, 201	Rauchverbot in einem Altersheim nach Einführung des Nichtraucherschutzgesetzes
Rechtsmangel	0 %	BGH 20.1.2013 XII ZR 77/12 MDR 2014, 141	Rechtsmangel als Mietmangel nur bei unanfechtbarem Nutzungsverbot
Rollläden	3 %	LG Berlin 14.9.2006 62 S 90/06 GE 2006, 1407	Defekte Rollläden stellen eine nicht unerhebliche Gebrauchsbeeinträchtigung dar.
Rollläden	5 %	AG Warendorf 28.3.2000 5 C 472/99 WuM 2000, 379	Mängel beim Heben und Senken der Rollläden
Schaben	20 %	KG Berlin 17.5.2001 20 U 8310/98 GE 2001, 1671	Schaben bzw. Kakerlakenbefall eines Restaurants
Schallschutz	20 %	AG Trier 22.5.2002 5 C 346/01 WuM 2002, 308	Gravierende Schallisolierungsprobleme einer Doppelhaushälfte trotz normgerechter Bauweise mindern die Tauglichkeit zum vertragsgemäßen Gebrauch.
Schimmel	0 %	KG Berlin 26.2.2004 12 U 1493/00 ZMR 2004, 513	Wenn Gesundheitsgefährdung durch Schimmel nicht detailliert nachgewiesen wird, ist mangels festgelegter Grenzwerte die fristlose Kündigung nicht gerechtfertigt.
Schimmel	20 %	AG Köpenick 8.2.2001 17 C 475/00 MM 2002, 185	Schimmelpilzbefall mit verminderter Stellmöglichkeit von Möbeln
Schimmel	20 %	LG Konstanz 20.12.2012 61 S 21/12 NZM 2013, 506	Geringe Beheizung von 18 °C ist nicht schuldhaft. Wenn Schimmelbildung sich durch zumutbaren Aufwand nicht vermeiden lässt, liegt ein Mangel vor.

Schimmel	25 %	AG Marbach 24.5.2007 3 C 462/06 WuM 2007,385	Haus ist nach gültigen DIN-Normen wärmegedämmt, dennoch entstehen Wärmebrücken. Laut Gericht kommt es nicht auf DIN-Norm zur Zeit des Hausbaus, sondern zur Zeit der Überlassung der Mietsache an (deutlich sichtbarer Schimmel in Küche und WC sowie ansatzweise in den übrigen Zimmern).
Schimmel	30 %	AG Pasewalk 1.10.1992 7 C 94/92 WuM 1992, 683	Feuchtigkeits- und Schimmelflecken in mehreren Zimmern
Schimmel	30 %	AG Siegburg 3.11.2004 4 C 227/03 ZMR 2005, 543	Schimmelbildung in Bade- und Schlafzimmer
Schimmel	100 %	AG München 11.6.2010 412 C 11503/09	Extreme Schimmelbildung in gesamter Wohnung, die nur durch ständiges Lüften verhindert werden könnte
Schimmel in allen Räumen	75 %	LG Köln 15.11.2000 9 S 25/00 WuM 2001, 604	Schimmelbefall in allen Räumen einer Neubauwohnung bei Erstbezug verhindert das Anstellen von Schränken.
Schimmel wegen Tiefgarage	50 %	AG Krefeld 12.6.2007 12 C 301/06	Schimmelbefall in Wohnung über Tiefgarage
Schimmel, Nachtabsenkung	15 %	LG Berlin 4.5.2000 32 O 281/05 GE 2006, 913	Der Geschäftsraummieter ist zur Minderung berechtigt, wenn die Heizung für die Räume im Souterrain nachts heruntergedreht wird.
Schimmel, neue Fenster	10 %	AG Gotha 24.3.2003 2 C 116/02 WuM 2003, 601	Vermieter lässt neue dicht schließende Fenster einbauen, ohne den Mieter auf notwendiges geändertes Lüftungsverhalten hinzuweisen mit der Folge, dass Schimmel entsteht.

Schimmel, neue Fenster	20 %	LG Gießen 12.4.2000 1 S 63/00 ZMR 2000, 537	Massiver Schimmelpilzbefall; nach Einbau neuer Fenster wurde der Mieter nicht auf einen erhöhten Heiz- und Lüftungsbedarf hingewiesen.
Schimmel, Wasserschaden in Nachbarwohnung	0 %	LG Köln 3.6.2009 10 S 241/08 ZMR 2009, 921	Schimmel an Büchern nach einem Leitungswasserschaden in der Nachbarwohnung stellt keinen Mangel, sondern einen Mangelfolgeschaden dar.
Schwalbe	0 %	AG Eisleben 21.9.2006 21 C 118/06 NZM 2006, 898	In ländlichen Gegenden sind die durch Schwalben auftretenden Einwirkungen (Hineinfliegen in Wohnung und Vogelkot nistender Schwalben auf dem Fensterbrett) ortsüblich.
Schwarzfärbung	40 %	AG Düsseldorf 23.10.2009 30 C 10487/08 WuM 2009, 664	Schwarzfärbung aller Wände in der Wohnung aufgrund von Fogging
Sichtschutzwand	0 %	LG Karlsruhe 2.12.2011 9 S 236/11	Nachträglich errichtete Sichtschutzwand verhindert Blick in den Garten.
Silberfische	0 %	LG Lüneburg 25.6.1998 4 S 394/97 WuM 1998, 570	Zeitweiliges Vorkommen von Silberfischen in Feuchträumen
Silberfische, starker Befall	15 %	AG Tiergarten 14.3.1990 7 C 118/89 MM 1990, 233	Die Wohnung weist einen starken Befall mit Silberfischen auf.
Silberfische, starker Befall	20 %	AG Lahnstein 12.10.1987 2 C 675/87 WuM 1988, 55	Silberfische sind in beträchtlicher Anzahl vorhanden.
Skaterbahn, Lärm	5 %	AG Emmerich 5.5.2000 9 C 72/00 NZM 2000, 544	Die Wohnung liegt im Mischgebiet. Eine neueröffnete Skaterbahn verursacht Musik- und Rollgeräusche.

Speisekammer, unbenutzbar	2,5 %	LG Berlin 4.2.1993 67 S 176/92 MM 1994, 140	Die Speisekammer ist unbenutzbar.
Spinnen	0 %	AG Köln 26.11.1992 215 C 355/92 WuM 1993, 670	Spinnen sind in Parterrewohnungen mit Garten unvermeidlich.
Steckdose	0,5 %	AG Schöneberg 31.10.1990 5 C 72/90 GE 1991, 527	Nicht ordnungsgemäße Steckdose
Stellplatz	100 %	AG Steinfurt 5.3.2009 4 C 310/08 WuM 2009, 227	Unbenutzbarkeit eines Stellplatzes bei Regenwetter, weil Schotterplatz und Zuwegung nicht ausreichend befestigt sind
Stromgenerator	20 %	AG Wedding 8.6.2011 3 C 13/11 GE 2011, 409	Lärmstörung der Nachtruhe durch Stromgenerator auf Nachbargrundstück mit 50 dB
Stromversorgung	0 %	BGH 15.12.2010 VIII ZR 113/10 GE 2011, 261	Unterbrechung der Stromversorgung verursacht durch Zahlungsrückstand des Mieters bei Stromlieferanten
Swingerclub	55–70 %	AG Charlottenburg 4.11.1998 20b C 182/96 NZM 1999, 71	Lärmbeeinträchtigungen infolge des Betriebs eines Swingerclubs
Tabakrauch	0 %	AG Wennigsen 14.9.2001 9 C 156/01 WuM 2001, 487	Der Tabakrauch vom Nachbarbalkon ist hinzunehmen.
Tauben	0 %	AG Schönefeld 3.9.2007 16b 180/07 GE 2007, 1325	Die Montage eines Taubenabwehrnetzes stellt keinen Mangel dar.
Tauben	5 %	AG Hamburg 6.1.1988 40a C 2574/87 WuM 1988, 121	Ekelerregender Zustand durch Taubenkot auf dem Balkon

Tauben	30 %	AG Pforzheim 9.3.2000 2 C 160/98 WuM 2000, 302	Vor dem Fenster nisten Tauben, Taubenkot verunreinigt Oberlichter der Fenster, Fenstersimse und Dachgiebel. Lärmbelästigung und nicht unerhebliche Gesundheitsgefährdung durch Taubenkot rechtfertigen eine Mietminderung.
Teppichboden	0 %	AG Lichtenberg 9.6.2011 111 C 319/09 GE 2011, 1027	Aufgrund des zu geringen Abstands der Türblätter zum vorhandenen PVC-Boden kann ein Teppichboden nur unter Anpassung der Türblätter verlegt werden.
Teppichboden	0 %	AG Wetzlar 10.3.2009 38 C 736/08 ZMR 2009, 543	Der Teppichboden war bereits bei Anmietung in mangelhaftem Zustand und von hohem Alter, sodass diesbezüglich eine Beschaffenheitsvereinbarung vorlag.
Teppichboden	15 %	OLG Celle 19.10.1994 2 U 216/93 WuM 1995, 584	In einem Alten- und Pflegeheim haben sich die Kanten des Teppichbodens abgelöst und aufgeworfen, sodass akute Stolpergefahr besteht.
Terrasse	5 %	AG Potsdam 9.3.1995 26 C 406/94 WuM 1996, 760	Wegen einer nicht benutzbaren Terrasse ist eine Minderung von 5 % zulässig.
Terrasse	15 %	AG Eschweiler 19.5.1994 5 C 114/94 WuM 1994, 427	Die Terrasse ist im Sommer wegen Bauarbeiten nicht nutzbar.
Thermostatventil	0 %	AG Lichtenberg 15.12.2009 2 C 406/08 GE 2010, 207	Die teilweise Erwärmung des Heizkörpers bei geschlossenem Thermostatventil ist bei einer Einrohrheizung im Plattenbau systembedingt.
Toilette	10 %	AG Büdingen 1.8.1997 20 C 372/97 WuM 1998, 281	Gesprungene WC-Schüssel

Toilette, defekt	80 %	LG Berlin 15.3.1988 29 S 84/87 MM 1988, Nr. 8, 21	Die Toilette ist nicht benutzbar.
Toilette, defekte Spülung	10 %	LG Berlin 8.11.1994 64 S 189/94 GE 1996, 471	Eine kurzfristig defekte Toilettenspülung berechtigt zu einer Mietminderung von 10 %.
Toilette, Rückstau	5 %	AG Schöneberg 31.10.1990 5 C 72/90 GE 1991, 527	Zeitweise Fäkalienrückfluss in die Toilette
Toilette, unzureichende Spülung	15 %	AG Münster 19.1.1993 49 C 133/92 WuM 1993, 124	Die Toilettenspülung ist unzureichend.
Toilette, verkalkt	1 %	LG Berlin 13.1.2004 64 S 334/03 WuM 2004, 233	Eine stark verkalkte Toilette, deren Funktion nicht beeinträchtigt ist, weist nur einen unerheblichen ästhetischen Mangel auf.
Treppengeländer	10 %	AG Jülich 10.4.2012 4 C 85/11 WuM 2012, 552	Fehlkonstruiertes und infolgedessen nicht verkehrssicheres Treppengeländer stellt einen erheblichen Mangel dar.
Treppenhaus	0 %	AG Frankfurt/Main 1.10.1991 33 C 2578/91-29 NJW-RR 1992, 971	Kurzfristig verschmutztes und verstaubtes Treppenhaus
Treppenhaus	0 %	LG Berlin 31.10.2006 63 S 194/06 GE 2007, 655	Kein Mangel, wenn nur an einigen Stufen im Treppenhaus Trittkantenschutz fehlt
Treppenhaus	0 %	LG Berlin 15.3.2002 63 S 54/00 MM 2002, 225	Die teilweise abgeplatzte Farbe im Treppenhaus stellt lediglich einen optischen Mangel dar.
Treppenhaus	2 %	LG Berlin 12.4.1994 63 S 439/93 MM 1994, 396	Verschmutztes Treppenhaus infolge Renovierungsarbeiten

Treppenhaus, sanierungs-bedürftig	5 %	AG Hamburg-Altona 23.2.1995 314b C 554/94 WuM 1996, 535	Die Wände im Treppenhaus müssen grundlegend saniert und gestrichen werden. Die Treppenstufen sind unzumutbar abgerundet.
Treppenhaus, schmutzig	5 %	LG Berlin 4.2.1993 67 S 176/92 MM 1994, 140	Das Treppenhaus ist nach Umbauarbeiten unansehnlich und schmutzig.
Treppenhaus, verrußt	3,5 %	AG Hamburg 15.8.2001 45 C 35/01 WuM 2002, 265	Ruß im Treppenhaus aufgrund eines Brandes und Rußpartikel in der Wohnung
Treppenhaus, verschmutzt	10 %	AG Schöneberg 31.10.1990 5 C 72/90 GE 1991, 527	Abblätternde Farbe und Verschmierungen im Treppenhaus
Trinkwasser	0 %	LG Berlin 28.8.2001 64 S 108/01 NZM 2002, 143	Die bloße Überschreitung der Grenzwerte für Nickel nach der TrinkwV berechtigt nicht zur Mietminderung, wenn eine gesundheitliche Gefährdung nicht zu befürchten ist.
Trinkwasser, Biofilm	20 %	LG Arnsberg 24.4.2007 5 S 136/06	Biofilmabriss in Form von weißen Flocken stellt einen erheblichen Mangel dar, da das Trinkwasser nicht dem Reinheitsgebot gemäß § 4 Abs. 1 Satz 1 der TrinkwV entspricht.
Trinkwasser, Blei	0 %	LG Berlin 15.3.2002 63 S 54/00 MM 2002, 225	Bleihaltiges Trinkwasser ist kein Mangel, wenn der Bleigehalt durch Ablaufenlassen des Standwassers auf nach TrinkwV unbedenkliche Werte sinkt.
Trinkwasser, Blei	5 %	AG Hamburg 23.8.1991 43b C 2777/86 ZMR 1992, 26	Der Bleigehalt im Frischwasser in einer Mietwohnung liegt weit über dem nach der TrinkwV bis zum 30.11.2003 geltenden Grenzwert von 0,04 mg/l. Seit 1.12.2003 liegt der Grenzwert bei 0,025 mg/l, seit 1.12.2013 bei 0,01 mg/l.

Trinkwasser, Braunfärbung	0 %	LG Braunschweig 13.5.1988 6 S 132/87 WuM 1990, 145	Die Braunfärbung des Trinkwassers beruht weder auf Eisengehalt des Wassers (Grenzwert 0,1 mg/l) noch auf baulichen Veränderungen, sondern auf Umständen, die der Mieter zu vertreten hat.
Trinkwasser, Braunfärbung	10 %	AG Dortmund 6.6.1990 126 C 799/90 WuM 1990, 425 AG Köln 24.3.1999 213 C 270/97 WuM 2000, 34	Eine bräunliche Verfärbung des Trinkwassers aus der Wasserleitung der Mietwohnung rechtfertigt die Minderung. Braunfärbung deutet auf hohen Eisengehalt hin.
Trinkwasser, Braunfärbung	10 %	LG Berlin 14.9.2005 64 S 77/05 GE 2005, 1489	Das Trinkwasser weist eine Braunfärbung wegen unzulässig hohem Eisengehalt oder Rost auf.
Trinkwasser, Braunfärbung	15 %	AG Bad Segeberg 10.3.1998 17a C 164/97 WuM 1998, 280	Trinkwasser weist durch erhöhten Eisen- und Mangangehalt Braunfärbung auf. Der Eisengehalt lag zehnfach, der Mangangehalt fünffach über dem Grenzwert, sodass die Frage nach einer konkreten Gesundheitsgefährdung nicht mehr von Bedeutung war.
Trinkwasser, Braunfärbung	20 %	AG Görlitz 3.11.1997 1 C 1320/96 WuM 1998, 180	Die Rostverfärbung des Trinkwassers stellt eine erhebliche Beeinträchtigung dar, weil hierdurch der Eindruck erweckt wird, dass das Wasser infolge seiner Braunfärbung schmutzig sei und Krankheitserreger enthalte.
Trinkwasser, Epoxidharz	20 %	AG Köln 20.4.2011 201 C 546/10 NZM 2011, 629	Trinkwasser ist nach einer Wasserrohrinnensanierung mit Epoxidharz ungeeignet.
Trinkwasser, Nitrat	10 %	AG Osnabrück 11.5.1987 14 C 33/87 WuM 1989, 12	Überhöhte Nitratwerte im Trinkwasser sind gesundheitsgefährdend. Der Grenzwert für die Nitratkonzentration liegt nach der TrinkwV bei 50 mg/l und für Nitrit bei 5 mg/l.

Trittschall	0 %	BGH 17.6.2009 VIII ZR 131/08 MDR 2009, 580	Mangelnder Trittschallschutz; er entspricht aber den zur Zeit der Errichtung des Hauses geltenden DIN-Normen.
Trittschall	15 %	AG Bochum 18.3.2011 42 C 425/09 WuM 2011, 622	Wird bei einem Altbau im Mietvertrag ausdrücklich „kernsaniert" vermerkt, müssen die aktuellen DIN-Normen eingehalten werden.
Trittschall, Büro	15 %	LG Karlsruhe 8.5.1987 9 S 394/86 DWW 1987, 234	Der belästigende Trittschall aus einem über der Wohnung gelegenen Büro berechtigt zur Minderung.
Trittschall, Dachgeschossausbau	20 %	AG Cloppenburg 25.9.1996 1 C 678/95 WuM 1996, 760	Aufgrund des unterlassenen Einbaus der Trittschalldämmung dringen Geräusche aus dem ausgebauten Dachgeschoss in die darunterliegende Wohnung.
Trittschall, Nachrüstung	0 %	BGH 7.7.2010 VIII ZR 85/09 NZM 2010, 618	Kein Anspruch des Mieters auf erhöhten Schallschutz, wenn das Gebäude die bei Errichtung geltenden Normen erfüllt
Trittschall, neue Dachterrasse	0 %	BGH 23.9.2009 VIII ZR 300/08 WuM 2009, 659	Erhöhte Geräuschbelästigung durch neu angelegte Dachterrasse (aber noch innerhalb der technischen Normen)
Trittschall, Teilsanierung	0 %	BGH 5.6.2013 VIII ZR 287/12 NZM 2013, 575	Grundsätzlich gelten die zur Zeit der Errichtung des Gebäudes geltenden DIN-Normen, dies gilt auch noch bei einer Teilsanierung.
Trittschall, unzureichend	20 %	BGH 6.10.2004 VIII ZR 355/03 WuM 2004, 715	Nicht ausreichender Trittschallschutz
Trockengerät	100 %	AG Schöneberg 10.4.2008 109 C 256/07 WuM 2008, 477	Dauerhafter Lärmpegel von über 50 dB(A) durch Trockengeräte, durch die ein Feuchtigkeitsschaden behoben werden soll
Trockengerät, Wasserschaden	80 %	LG Köln 29.3.2012 1 S 176/11 ZMR 2012, 625	Lärm und Einschränkung durch Trockengeräte in Einzimmerappartement sowie eingeschränkte Wohnfläche durch Abrücken der Möbel

Tropfgeräusche	0 %	LG Berlin 15.2.2013 65 S 318/12 GE 2013, 421	Gelegentliche Installationsgeräusche (hier: Tropfgeräusche) berechtigen nicht zur Mietminderung.
Tuluol, Geruch	90 %	AG Schöneberg 27.3.1996 6 C 32/92 MM 1996, 250	Starke Geruchsbelästigung durch das Lösungsmittel Tuluol, das bei der Renovierung der Nachbarwohnung verwendet wurde.
Türen, Schwellen	0 %	AG Pasewalk 1.10.1992 7 C 94/92 WuM 1992, 683	Die Türschwellen sind nicht korrekt angebracht.
Türen, Schwellen abgetreten	0 %	LG Berlin 4.6.1984 61 S 204/83 WuM 1988, 108	Abgetretene Türschwellen
Türen, undicht	7,5 %	LG Potsdam 4.8.1997 6 S 192/96 WuM 1997, 677	Sämtliche Türen sind undicht; in Verbindung mit undichten Fenstern entstehen Fußkälte und Zugluft.
Türen, undicht	0 %	AG Saarburg 28.11.2001 5 C 473/01 WuM 2002, 29	Die Türränder sind nicht abgedichtet und verfugt.
Überhitzung	0 %	OLG Hamm 28.2.2007 30 U 131/06 OLGR Hamm 2007, 541	Nicht jede Überschreitung der Richtwerte der Arbeitsstättenrichtlinie stellt einen Mangel dar; kurzfristige Unannehmlichkeiten durch hohe Außentemperaturen im Hochsommer hat der Mieter hinzunehmen.
Überhitzung	0 %	OLG Frankfurt/Main 19.1.2007 2 U 106/06 NZM 2007, 330	Die Tauglichkeit von nicht klimatisiert vermieteten und den baurechtlichen Bestimmungen entsprechenden Büroräumen wird durch die sommerliche Hitze nicht eingeschränkt. Die ArbStättV findet keine Anwendung.
Umweltmängel	0 %	AG Fürth 17.10.2006 310 C 1727/06 WuM 2007,317	Umweltmängel (wie Staub-, Lärm- und Lichtimmissionen) bei einer Stadtwohnung sind ortsüblich.

Unbewohnbarkeit nach Brand	100 %	LG Frankfurt/Main 12.9.1995 2-11 S 147/95 WuM 1996, 535	Die Wohnung ist nach einem Brand unbewohnbar.
Urinpfützen	0 %	AG Berlin-Mitte 24.10.2012 7 C 90/12 GE 2012, 1703	Da nur eine kleine Fläche des Hauseingangs verunreinigt ist, liegt ein unerheblicher Mangel vor.
Venezianischer Spiegel	100 %	AG München 19.10.2006 473 C 18682/06	Venezianischer Spiegel im Bad ohne Kenntnis des Mieters stellt massive Störung der Intimsphäre des Mieters dar.
Verdunklung durch Balkon	10 %	AG Charlottenburg 13.2.2013 214 C 234/12 GE 2013, 625	Vor der Wohnung, die sich oberhalb der des betroffenen Mieters befindet, wird ein Balkon angebaut, der die darunterliegende Wohnung erheblich verdunkelt.
Verkehr	8 %	AG Köpenick 17.1.2006 3 C 262/05 WuM 2006, 145	Eröffnung einer Sackgasse für den Durchgangsverkehr
Verkehrslärm	0 %	AG Köpenick 9.4.2013 3 C 336/10 GE 2013, 1460	Keine Minderung wegen Lärmbelästigung durch erst lange nach Anmietung entstehenden Verkehrslärm
Verkehrslärm	0 %	BGH 19.12.2012 VIII ZR 152/12 GE 2013, 261	Eine vorübergehende Erhöhung der Lärmbelästigung wegen einer Verkehrsumleitung stellt keinen erheblichen Mangel dar. Es wurde bei Vertragsabschluss kein geringer Lärmpegel stillschweigend vereinbart.
Verschattung durch Bäume	5 %	AG Charlottenburg 7.9.2006 211 C 70/06 GE 2006, 1557	Lässt der Vermieter die Bäume seines Grundstücks nicht beschneiden, sodass tagsüber das Licht im Wohnzimmer eingeschaltet werden muss, liegt ein Mangel vor.
Verschmutzung, Treppenhaus	0 %	AG Frankfurt/Main 1.10.1991 33 C 2578/91-29 NJW-RR 1992, 971	Kurzfristig verschmutztes und verstaubtes Treppenhaus

Verschmutzung, Treppenhaus	5 %	LG Berlin 4.2.1993 67 S 176/92 MM 1994, 140	Das Treppenhaus ist nach Umbauarbeiten unansehnlich und schmutzig.
Verschmutzung, Treppenhaus	5 %	AG Kiel 19.9.1990 7 C 56/90 WuM 1991, 343	Ständige starke Verschmutzung der Treppenaufgänge, Flure, Eingangstür und des Aufzugs in einer Hochhausanlage
Wärmedämmung, Altbau	0 %	LG Waldshut-Tiengen 28.12.1990 1 S 57/90 WuM 1991, 479	Die Wärmedämmung eines Altbaus entspricht nicht dem neuesten Stand.
Warmwasser	0 %	LG Berlin 4.4.1997 63 S 443/96 GE 1997, 689	Es liegt kein Mangel vor, wenn der Durchlauferhitzer bei der Wannendusche Temperaturschwankungen unterliegt.
Warmwasser	33 %	AG Köln 1.4.1996 206 C 85/95 WuM 1998, 690	Der Mieter kann weder baden noch duschen.
Warmwasser	5 %	LG Berlin 18.12.1990 64 T 187/90 MM 1991, 194	Der Mieter ist zur Minderung berechtigt, wenn nicht störungsfrei warm geduscht werden kann.
Warmwasser, lange Vorlaufzeit	5 %	AG Charlottenburg 7.9.2006 211 C 70/06 GE 2006, 1557	Das Warmwasser erreicht erst nach 20 Litern Vorlauf eine Temperatur von 40 °C.
Warmwasser, lange Vorlaufzeit	10 %	AG Köpenick 15.11.2000 12 C 214/00 MM 2001, 106	Das Warmwasser kommt erst nach 10 Litern Kaltwasservorlauf.
Warmwasserkosten, ungeeichte Wasseruhren	15 %	LG Berlin 14.9.2005 64 S 77/05 GE 2005, 1489	Bei ungeeichten Warmwasseruhren kann die Heizkostenabrechnung um 15 % gekürzt werden.
Warmwasseruhr, ungeeicht	15 %	LG Berlin 14.9.2005 64 S 77/05 GE 2005, 1489	Bei ungeeichten Warmwasseruhren kann die Heizkostenabrechnung um 15 % gekürzt werden.

Warmwasser-versorgung	0 %	LG Berlin 31.10.2006 63 S 194/06 GE 2007, 655	Das Befüllen der Badewanne dauert 30 Minuten.
Warmwasser-versorgung	3 %	AG Köln 9.4.2008 220 C 152/07	Wegen des unzureichenden Durchlauferhitzers kann in der Wohnung nicht gleichzeitig geduscht und Geschirr abgespült werden.
Warmwasser-versorgung, Ausfall	20 %	LG Berlin 18.8.2002 67 T 70/02 MM 2002, 427	Der Ausfall der Warmwasserversorgung berechtigt den Mieter zu einer Mietminderung von 20 %.
Warmwasser-versorgung, Boiler defekt	15 %	AG München 10.1.1991 232 C 37276/90 NJW-RR 1991, 845	In der Wohnung ohne zentrale Warmwasserversorgung fällt der Warmwasserboiler im Bad aus.
Warmwasser-versorgung, Boiler defekt	15 %	AG Neukölln 11.7.2013 6 C 540/12 GE 2013, 1072	Defekter Warmwasserboiler
Warmwasser-versorgung, kurzer Ausfall	15 %	AG Köln 20.4.2011 201 C 546/10 NZM 2011, 629	Fehlende Warmwasserversorgung für einen Tag
Warmwasser, lange Vorlaufzeit	3,5 %	LG Berlin 2.6.2008 67 S 26/07 MM 2008	Erst nach Ablauf von 15 Litern (etwa 50 Sekunden) Kaltwasservorlauf kommt Warmwasser mit 55 °C. Nach dem Arbeitsblatt W551 darf das zur Erwärmung abfließende Kaltwasser maximal drei Liter ausmachen.
Warmwasser-versorgung, lange Vorlaufzeit	5 %	AG Charlottenburg 7.9.2006 211 C 70/06 GE 2006, 1557	Das Warmwasser wird erst nach 20 Litern Vorlauf 40 °C warm.
Warmwasser-versorgung, lange Vorlaufzeit	5 %	LG Berlin 28.8.2001 64 S 108/01 NZM 2002, 143	Das Warmwasser wird erst nach dem Vorlauf von 70 Litern Wasser 37 °C warm.

Warmwasserversorgung, Nachtabsenkung	7,5 %	AG Köln 24.4.1995 206 C 251/701 WuM 1996, 701	Die Warmwasserversorgung wird in der Zeit von 22:00 bis 4:00 Uhr nicht in Betrieb gehalten, sodass morgens um 4:00 Uhr nur kaltes Wasser zur Verfügung steht.
Waschküche, Entzug	17,6 %	AG Köln 6.10.2000 218 C 138/00 WuM 2000, 691	Entziehung des Mitbenutzungsrechts von Waschküchen, Trockenspeicher und Garten
Waschmaschinenanschluss, fehlt	0 %	AG Bayreuth 27.7.1977 1 C 215/77 WuM 1985, 260	Bei einem Appartement fehlt ein Waschmaschinenanschluss, es steht aber im Haus eine Waschküche mit Waschmaschine zur Verfügung.
Wasserdruck	20 %	LG Berlin 26.8.2005 63 S 98/05	Geringer Wasserdruck, sodass die Toilette mit einem Eimer Wasser nachgespült werden muss und das Befüllen der Badewanne 45 Minuten dauert.
Wasserschaden	10 %	BGH 6.4.2005 XII ZR 225/03 WuM 2005, 384	Schäden an Tapete und Fußboden nach Wasserrohrbruch
Wasserschaden	20 %	OLG München 20.12.2006 20 U 4428/06	Wasserschäden im Deckenbereich mit Herunterstürzen von Deckenteilen
Wasserschaden	20 %	LG Berlin 17.9.2012 67 S 28/12 WuM 2012, 605	Wassereintritt in Wohnung nach Überlaufen der Regenrinne, Parkett und Tapeten in einem Raum beschädigt, weitere Zimmer durch Möbel nur eingeschränkt nutzbar.
Wasserschaden	25 %	LG Düsseldorf 2.11.1994 24 S 242/94 DWW 1996, 282	Infolge schadhafter Abwasserrohre tritt Wasser aus, das den Parkettboden der ganzen Wohnung beschädigt und zur Durchfeuchtung einiger Wände führt.
Wasserschaden	25 %	OLG Düsseldorf 27.3.2012 24 U 83/11 MDR 2012, 1086	Eindringendes Wasser durch die Decke infolge starken Regens

Wasserschaden	75 %	LG Berlin 15.10.2010 65 S 136/10 GE 2010, 1621	Wegen durchnässter Wand Bauarbeiten in der Wohnung, Aufstellung von Trockengeräten. Nur die Möbel können in der Wohnung verbleiben.
Wasserschaden	25 %	AG Osnabrück 31.3.1995 14 C 231/94 NJW-RR 1995, 971	Wasserschäden an der Decke wegen mangelhafter Isolierung der Wände
Wasserschaden	50 %	LG Dresden 17.12.2002 S 152/02 ZMR 2003, 840	Minderung für die Austrocknungszeit nach Wasserschaden in Einzimmerappartement
Wasserschaden	80 %	AG Köln 25.10.2011 224 C 100/11 WuM 2012, 342	Wasserschaden im Bad, nasse Wohnzimmerwand und Lärm von Trockengeräten
Wasserversorgung	3 %	AG Rheine 9.9.1993 10 C 150/93 WuM 1993, 670	Druckabfall in der Wasserversorgung
Weichmacher	3,5 %	AG Torgau 27.9.2002 1 C 604/01 WuM 2003, 316	Eine geringe Belastung der Raumluft mit Lösungsmitteln kann bereits eine Mietminderung begründen.
Wohnungstür, kein Schlüssel für Mieter	100 %	OLG Düsseldorf 7.7.2005 10 U 202/04 ZMR 2005, 710	Ein Austausch der Wohnungseingangstür wird notwendig und der Vermieter versäumt es, nach der Maßnahme dem Mieter den neuen Schlüssel auszuhändigen.
Wohnungstür, mangelhaftes Schloss	1 %	LG Berlin 14.9.2006 62 S 90/06 GE 2006, 1407	Aufgrund der mangelhaften Schließbarkeit der Wohnungseingangstür ist eine Minderung von 1 % gerechtfertigt.
Wohnungstür, verzogen	0 %	AG Berlin-Mitte 6.9.2012 27 C 30/12 GE 2012, 1325	Auch eine leicht verzogene doppelflügelige Wohnungseingangstür ist vertragsgemäß.
Wohnungstür, zerkratzt	3 %	AG Stuttgart 8.11.2011 32 C 2842/11 ZMR 2011, 367	Zerkratzte Wohnungseingangstür stellt optische Beeinträchtigung dar.

Zigarettenrauch	5 %	LG Hamburg 15.6.2012 311 S 92/10 NZM 2012, 806	Mieter rauchen in erheblichem Maß auf ihrem Balkon, sodass der Rauch in die darüberliegende Wohnung und in die Dachgaube zieht; die anderen Mieter sind gezwungen, eine Belüftung zu unterlassen.
Zigarettenrauch	10 %	LG Berlin 7.10.2008 65 S 124/08	Kalter Zigarettenrauch aus unterer Nachbarwohnung
Zigarettenrauch	10 %	LG Berlin 30.4.2013 67 S 307/12 GE 2013, 810	Häufiger Zigarettenrauch vom Balkon der darunterliegenden Wohnung
Zugangs-versperrung	100 %	KG Berlin 12.11.2007 8 U 194/06 GE 2008, 52	Völlige Zugangsversperrung zu einem Ladenlokal wegen des Baus einer U-Bahn-Trasse
Zugluft	0 %	AG Steinfurt 14.3.1996 4 C 484/95 WuM 1996, 268	Geringfügiger Luftdurchgang an Fenstern eines Altbaus begründet keinen Mangel.
Zugluft	7,5 %	LG Potsdam 4.8.1997 6 S 192/96 WuM 1997, 677	Sämtliche Türen sind undicht; in Verbindung mit undichten Fenstern entstehen Fußkälte und Zugluft.
Zugluft	20 %	LG Kassel 30.7.1987 1 S 274/84 WuM 1988, 108	Nicht ordnungsgemäße Dichtungen an Fenstern und Außentüren führen zu Zugluft und nicht nur zu einem zumutbaren Luftaustausch.
Zweckent-fremdung	0 %	KG Berlin 14.10.1991 8 U 3562/90 GE 1991, 1195	Trotz fehlender behördlicher Genehmigung kann die Wohnung vertragsgemäß zu gewerblichen Zwecken genutzt werden.
Zweckent-fremdung	0 %	LG Berlin 4.3.1996 64 S 308/93 GE 1994,459	Die fehlende Genehmigung der Zweckentfremdung begründet solange kein Minderungsrecht, wie sich diese nicht auf den vertragsgemäßen Gebrauch auswirkt.

Zweckent- fremdung	0 %	LG Berlin 29.10.1996 32 O 162/96 GE 1998, 41	Das Wohnungsamt untersagt trotz möglichen Verstoßes gegen das Zweckentfremdungsverbot weder die Nutzung der Räume noch droht es konkret mit behördlichen Maßnahmen.
Zweckent- fremdung	0 %	KG Berlin 7.3.2002 8 U 8514/00 GE 2002, 664	Der Mieter kann sich nicht auf den Mangel einer Zweckentfremdung berufen, solange die Behörde die unzulässige Nutzung duldet.

Abkürzungsverzeichnis

II. BV	Zweite Berechnungsverordnung
a. A.	anderer Ansicht
AIZ	Allgemeine Immobilienzeitung
AG	Amtsgericht
ArbStättV	Arbeitsstättenverordnung
BayObLG	Bayerisches Oberstes Landesgericht
BGB	Bürgerliches Gesetzbuch
BGH	Bundesgerichtshof
BImSchG	Bundesimmissionsschutzgesetz
BImSchV	Bundesimmissionsschutzverordnung
BT-Drs.	Bundestagsdrucksache
DIN	Deutsche Industrienorm
DWW	Deutsche Wohnungswirtschaft (Zeitschrift)
EnEG	Energieeinsparungsgesetz
EnEV	Energieeinsparverordnung
GE	Grundeigentum (Zeitschrift)
GKG	Gerichtskostengesetz
HeizKV	Heizkostenverordnung
KG	Kammergericht
KJG	Gesetz über Anforderungen an den Lärmschutz bei Kinder- und Jugendspieleinrichtungen
KrsG	Kreisgericht
LG	Landgericht
mg/l	Milligramm pro Liter
MM	MieterMagazin (Berlin)
NJW	Neue Juristische Wochenschrift
NJW-RR	Neue Juristische Wochenschrift, Rechtsprechungsreport
NZM	Neue Zeitschrift für Miet- und Wohnungsrecht
OLG	Oberlandesgericht
OWiG	Ordnungswidrigkeitengesetz

Abkürzungsverzeichnis

PAK	Polyzyklischer Kohlenwasserstoff
PCP	Pentachlorphenol
PER	Perchlorethylen
ppm	entspricht: 0,12 mg/m^3 Luft
Rn	Randnummer
TrinkwV	Trinkwasserverordnung
vgl.	vergleiche
VuR	Zeitschrift Verbraucher und Recht
WoFlV	Wohnflächenverordnung
WuM	Wohnungswirtschaft und Mietrecht (Zeitschrift)
ZMR	Zeitschrift für Miet- und Raumrecht
ZPO	Zivilprozessordnung

Literaturverzeichnis

Börstinghaus/Börstinghaus: Miete mindern – aber richtig! München 2013

Flatow, jurisPR-MietR 7/2010, Anm. 1

Hopfensperger, Georg/Onischke, Stefan: Der Energieausweis für Gebäude, Freiburg 2014

Noack, Birgit: Trinkwasserverordnung für Vermieter und Verwalter, Freiburg 2013

Palandt: Bürgerliches Gesetzbuch, München 2014

Schmidt-Futterer, Mietrecht, 11. Auflage, München 2013

Spielbauer, Thomas/Schneider, Joachim: Mietrecht. Das gesamte Mietrecht einschließlich Leasing. Kommentar, Berlin 2013

Stürzer, Rudolf/Koch, Michael: Vermieterlexikon, Freiburg 2013

Stürzer, Rudolf/Koch, Michael/Noack, Birgit/Westner, Martina: Vermieterpraxishandbuch, Freiburg 2013

Arbeitshilfen

Stichwortverzeichnis